Jockel Birkholz
Monika Pinski

Arbeitsrecht

- Lernbuch -

5. Auflage

GaP-Verlag

Bibliografische Information Der Deutschen Bibliothek
Die Deutsche Bibliothek verzeichnet diese Publikation in der Deutschen Nationalbibliografie; detaillierte bibliografische Daten sind im Internet über http://dnb.ddb.de abrufbar.

ISBN 978-3-9811331-8-9

Arbeitsrecht
Lernbuch
Studienreihe Wissen & Können, Band 1
Herausgeber: Prof. Dr. Gerhard Ropeter

5. Auflage 2011

Druck und Verarbeitung: AktivDruck & Verlag GmbH, Göttingen

Bestellungen und Informationen:
GᵃP-Vertrieb Birkholz
Hühnerberg 18
29229 Celle

Telefon: 05086 955636
Telefax: 05086 955638

E-Mail: birkholz@gap-verlag.de
Internet: www.gap-verlag.de

Vorwort zur 5. Auflage

Das Tarifrecht des öffentlichen Dienstes ist im Jahr 2005 umfassend reformiert worden. Der Erneuerungsprozess ist noch nicht abgeschlossen. Jede Tarifrunde erbringt jedoch Veränderungen, so dass einige Kapitel neu konzipiert werden mussten. Noch ungelöst sind die Fragen zum Eingruppierungsrecht mit einer neuen Entgeltordnung. Verhandlungsergebnisse zeichneten sich bei Drucklegung nicht ab, so dass das Übergangsrecht soweit erforderlich mit behandelt wird.

Das Lernbuch stellt wie bewährt die allgemeinen Grundlagen des Arbeitsrechts dar, ohne dabei streng „wissenschaftlich" sein zu wollen – daher gibt es auch keinen Fußnotenapparat. Ebenso weist es keine hierarchische Gliederung auf, sondern eine themengebundene, abwechslungsreiche Folge von Informationen (Wissen), Übungen und Lernkontrollen (Können).

Die einzelnen Kapitel folgen der herkömmlichen Systematik des Arbeitsrechts, sie sind in Lernschritte und Kapitelelemente aufgegliedert, die zumeist unabhängig voneinander bearbeitet werden können. So gibt es **Basistexte** zur Information, **Fälle** mit Aufgaben zur Bearbeitung von Kernproblemen des Arbeitsrechts. **Übersichten** und **Definitionen** stellen Informationen anschaulich auf einen Blick dar. **Übungen** und **Wissenstests** geben Gelegenheit, erworbenes Wissen anzuwenden und zu überprüfen.

Bei der Auswahl der Lerninhalte war einerseits ihre Bedeutung für die praktische Berufstätigkeit, andererseits ihre thematische Relevanz für Prüfungen wegweisend. Ein besonderes Augenmerk wird auf das reformierte und zukunftsweisende Arbeitsrecht im öffentlichen Dienst und die Anwendung des TVöD gelegt, wenngleich zahlreiche Inhalte für Arbeitsverhältnisse jeder Art gelten.

Ziel des Buches ist es, die Leser zu befähigen, sich die allgemeinen Grundlagen des Arbeitsrechts möglichst selbsttätig zu erschließen, Normen zu analysieren und auf Sachverhalte anzuwenden. Damit verbunden ist die weitergehende Intention, selbstgesteuertes Lernen zu fördern. Das Lernbuch unterstützt und fördert die aktive Mitarbeit der Lernenden in der Lehrveranstaltung und will diese zugleich bereichern.

Für Dozenten ist es ein elegantes didaktisches Instrument zur lernwirksamen Gestaltung ihrer arbeitsrechtlichen Lehrveranstaltungen. Durch die zahlreichen Basistexte, Fälle und Übungen haben sie die Möglichkeit, teilnehmerorientierte Lehr-Lern-Arrangements zu gestalten.

Das Buch richtet sich in erster Linie an Lernende in Verwaltungsschulen, Studieninstituten (Verwaltungsfachangestellte, Angestellte I und II, Assistentenanwärter, Berufsakademien, Berufsschulen und ähnliche Einrichtungen. Durch zahlreiche weiterführende Informationen eignet es sich auch zur Verwendung an (Verwaltungs-) Fachhochschulen.

Zur besseren Lesbarkeit des Textes wurde durchgehend die männliche Form gebraucht. Sie schließt selbstverständlich die weibliche Form mit ein.

Wir wünschen allen Lesern viel Spaß und Erfolg beim Lernen mit diesem Buch.

Herausgeber und Redaktion   Hannover, im Februar 2011

Inhaltsübersicht

Inhaltsübersicht

Inhaltsübersicht

Verzeichnis der Fälle

Verzeichnis der Übersichten

Verzeichnis der Prüfungsschritte

Verzeichnis der Praxismuster

Abkürzungsverzeichnis

Abs. ....Absatz
AC ....Assessment-Center
Altersvorsorge-TV-K ....Tarifvertrag über die zusätzliche Altersversorgung der Beschäftigten
des öffentlichen Dienstes - Kommunal -
ArEV ....Arbeitsentgeltverordnung
AG ....Arbeitgeber oder Aktiengesellschaft
AGG ....Allgemeines Gleichbehandlungsgesetz
AN ....Arbeitnehmer
ArbG ....Arbeitsgericht
ArbGG ....Arbeitsgerichtsgesetz
ArbPlSchG ....Arbeitsplatzschutzgesetz
ArbZG ....Arbeitszeitgesetz
Art. ....Artikel
BAG.....................................Bundesarbeitsgericht
BAGE...................................Entscheidungen des Bundesarbeitsgerichts
BAT ....Bundes-Angestelltentarifvertrag
BAT-O ....Bundes-Angestelltentarifvertrag-Ost
BBiG ....Berufsbildungsgesetz
BEEG...................................Bundeselterngeld- und Elternzeitgesetz
BGB.....................................Bürgerliches Gesetzbuch
BGH ....Bundesgerichtshof
BGM ....Bürgermeister/ Bürgermeisterin
BMT-G.................................Bundesmanteltarifvertrag für Arbeiter der Gemeinden
BMT-G-O.............................Bundesmanteltarifvertrag für Arbeiter der Gemeinden Ost
Buchst. ....Buchstabe
BUrlG ....Bundesurlaubsgesetz
B. u. v. ....Beschlossen und verkündet
BZ ....Beschäftigungszeit
bzw. ....beziehungsweise
d. h. ....das heißt
EFZG ....Entgeltfortzahlungsgesetz
EG ....Entgeltgruppe
EU ....Europäische Union
FDGO ....Freiheitlich demokratische Grundordnung
ff. ....fortfolgende
gem. ....gemäß
GewO ....Gewerbeordnung
GG.......................................Grundgesetz
ggf. ....gegebenenfalls
GVBl. ....Gesetz- und Verordnungsblatt
i. d. R. ....in der Regel
JArbSchG.............................Jugendarbeitsschutzgesetz
Kap......................................Kapitel
KAV ....Kommunaler Arbeitgeberverband
Kita......................................Kindertagesstätte
KSchG ....Kündigungsschutzgesetz

Abkürzungsverzeichnis

Literaturhinweise

Dies Buch ist keine wissenschaftliche Abhandlung, sondern ist für anwendungsbezogenes Lernen entwickelt. Daher enthält es keinen Fußnotenapparat. Das Literaturverzeichnis beansprucht keine Vollständigkeit, sondern gibt Auskunft über die Bücher, die uns beeinflusst haben, und über Literatur, die zur Ergänzung und Vertiefung anregen kann.
Folgende Literatur wurde berücksichtigt:

Verfasser	Titel
Sachbücher	
Brox, Hans/ Rüthers, Bernd/ Henssler, Martin	Arbeitsrecht, 17. Auflage, Stuttgart 2007
Küttner, Wolfdieter	Personalbuch 2010, 17. Auflage, München 2010
Marschollek, Guenter	Arbeitsrecht, 17. Auflage, Münster 2009
Müller, Bernd/ Preis, Francisca	Arbeitsrecht im öffentlichen Dienst mit TVöD, 7. Auflage, München 2009
Kommentare	
Sponer, Wolfdieter/ Steinherr, Franz	Tarifvertrag für den öffentlichen Dienst, Loseblatt-Ausgabe, Heidelberg Stand: Dezember 2007
Dieterich, Thomas/ Müller-Glöge, Rudi/ Preis, Ulrich/ Schaub, Günter	Erfurter Kommentar zum Arbeitsrecht, 10. Auflage, München 2010
Schaub, Günter	Arbeitsrechts-Handbuch, 13. Auflage, München 2009
Nachschlagewerke für die Rechtsprechung	
Bundesarbeitsgericht	Entscheidungen des Bundesarbeitsgerichts (BAGE), Band 1 ...
Bundesarbeitsgericht	Arbeitsgerichtliche Praxis (AP), Nachschlagewerk des BAG
Dieterich, Thomas	Arbeitsrecht-Blattei, Elektronische Ressource, Heidelberg Stand: Dezember 2009
Stahlhacke, Eugen (Herausgeber)	Entscheidungssammlung zum Arbeitsrecht (EZA), Loseblatt-Ausgabe Stand: 2009

01 Unsere Stadt stellt sich vor

Die Stadt Welfenheim   **BASISTEXT**

Die in diesem Lernbuch beschriebenen Lebensvorgänge ereignen sich in der Stadt Welfenheim im Landkreis Weserberg in Niedersachsen. Hinsichtlich der Zuständigkeiten ist auf diese Angaben zurückzugreifen.

Die Stadt Welfenheim hat 20.513 Einwohner. Sie liegt inmitten einer reizvollen naturnahen Landschaft, ist aber durch Autobahnen verkehrsgünstig in alle Richtungen angebunden und hat eine gute Wirtschaftsstruktur. Die Politik schafft Raum für Kinder und Jugendliche. Die Stadt ist kunterbunt in Kunst und Kultur und bietet ausreichend Freizeitaktivitäten.

Die Verwaltung hat an sich den Anspruch gegeben, ein modernes Dienstleistungszentrum zu sein. Sie hat sich das folgende Leitbild gegeben: „Welfenheim ... wo der Bürger König ist." Um die Verwaltung den Erfordernissen der Zukunft anzupassen, verfügt die Stadt Welfenheim über eine Kosten- und Leistungsrechnung. Sie steuert ihre Finanzen über einen Produkthaushalt. Eine Projektgruppe hat ein Personalentwicklungskonzept erstellt, das konsequent umgesetzt wird.

Die Stadt Welfenheim ist Mitglied im kommunalen Arbeitgeberverband Niedersachsen und über die Verbandssatzung an die Tarifverträge des öffentlichen Dienstes gebunden. Der TVöD findet in der Stadt Welfenheim Anwendung.

 ÜBERSICHT 1   Organisationsstruktur der Stadt Welfenheim

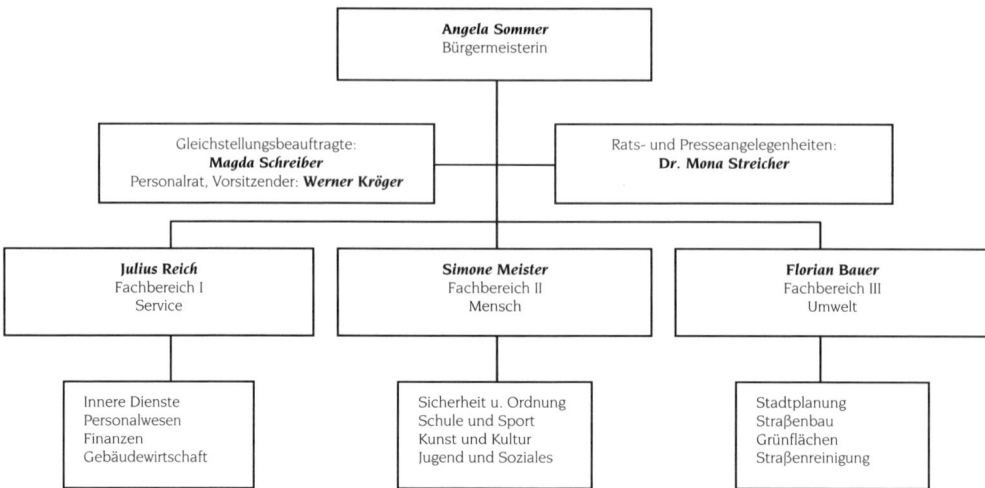

 BASISTEXT   Zuständigkeit für Personalentscheidungen

Die kommunalrechtlichen Normen der einzelnen Bundesländer regeln die Zuständigkeit für Einstellungen und Entlassungen in unterschiedlicher Weise. Sie sehen Delegationsmöglichkeiten vor. Die Delegation der Aufgabe hängt von der jeweiligen Größe der Kommune ab. In kleinen Gemeinden beispielsweise kann sie bei den politischen Gremien oder dem Bürgermeister liegen, in großen Städten und in Landkreisen bei dem Personalleiter. Weitere Unterscheidungen hinsichtlich der Zuständigkeit kann es bei einzelnen Statusgruppen (Beamte, Beschäftigte), bei besonderen Positionen (Führungskräfte) oder aber Besoldungs- bzw. Entgeltgruppen geben.

Zuständigkeitsregelung für Personalangelegenheiten bei der Stadt Welfenheim

Die Zuständigkeit für die Ernennung und Entlassung von Beamten des mittleren Dienstes, für die Einstellung, Höhergruppierung und Entlassung von Beschäftigten bis zur Entgeltgruppe 8 TVöD liegt im Rahmen der kommunalrechtlichen Vorschriften bei der Bürgermeisterin der Stadt Welfenheim.

ÜBUNG 1

Nennen Sie die kommunalrechtlichen Normen Ihres Bundeslandes, die Zuständigkeiten und Unterschriftsbefugnisse regeln.

Regelungsgegenstand	Norm	Regelungsinhalt	Delegationsregelung
Zuständigkeit für die Einstellung von Beschäftigten			
Arbeitgeber-unterschrift auf Arbeitsverträgen			

Personalverwaltung und Personalrat BASISTEXT

In der Organisationseinheit des Fachbereiches I werden in der **Personalverwaltung** alle Personalangelegenheiten der Stadt Welfenheim bearbeitet. Dazu gehören die Begründung von Arbeitsverhältnissen, die Zahlung der Entgelte, das Aussprechen von Abmahnungen und Kündigungen sowie personalplanerische Aufgaben. Die Aus- und Fortbildung und Personalentwicklungsplanung ist hier ebenfalls angesiedelt.

Die Personalverwaltung der Stadt Welfenheim betreut 240 Beschäftigte, die sich in folgende Statusgruppen aufteilen:

Beamtinnen und Beamte	30
Beschäftigte	210

Der **Personalrat** arbeitet mit der Verwaltungsleitung **partnerschaftlich** zusammen. Obwohl Personalrat und Verwaltungsleitung mitunter unterschiedliche Interessen verfolgen (müssen) und es daher manchmal zu engagierten Diskussionen kommt, herrscht grundsätzlich ein gegenseitiges Vertrauen vor. Unabhängig von formellen Mitbestimmungsverfahren treffen sich der Personalratsvorsitzende Werner Kröger, die Bürgermeisterin Angela Sommer und der Fachbereichsleiter I Julius Reich jeden Monat einmal, um aktuelle Probleme zu erörtern.

Der Personalrat wird von den Beschäftigten grundsätzlich für eine Wahlperiode von vier Jahren gewählt. Seine Zusammensetzung sowie seine Rechte und Pflichten sind in den jeweiligen Personalvertretungsgesetzen der Länder geregelt. Der Personalrat hat im Wesentlichen folgende allgemeine Aufgaben:

1. Beantragung von Maßnahmen, die der Dienststelle und den Beschäftigten dienen.
2. Überwachung der Einhaltung von Gesetzen und Tarifverträgen.
3. Entgegennahme von Anregungen und Beschwerden der Beschäftigten und ggf. Hinwirken auf Abhilfe.
4. Förderung der Eingliederung von Schwerbehinderten.
5. Hinwirken auf Beachtung der Gleichberechtigung der Geschlechter.

Für die Erfüllung seiner Aufgaben sind dem Personalrat **gesetzliche Mitbestimmungsrechte** eingeräumt worden. Einigen sich Dienststelle und Personalrat nicht, gibt es ein besonderes Verfahren. Die abschließende Entscheidung über eine Maßnahme trifft dann die Einigungsstelle oder die oberste Dienstbehörde. Oberste Dienstbehörde in Welfenheim ist der Rat.

Die **Einigungsstelle** ist ein besonderes Gremium, das nach dem jeweiligen Landespersonalvertretungsgesetz im Bedarfsfall vom Arbeitgeber und Personalrat gebildet wird. Sie besteht aus der gleichen Anzahl von Arbeitgeber- und Arbeitnehmervertretern und einem unparteiischen Vorsitzenden, auf den sich beide Seiten bei der Bildung der Einigungsstelle einigen müssen. Kommt eine Einigung über die Person des Vorsitzenden nicht zu Stande, so bestellt ihn der Präsident des Oberverwaltungsgerichts.

ÜBUNG 2

Beantworten Sie folgende Fragen mit Hilfe des Personalvertretungsgesetzes Ihres Landes.

Frage	Antwort mit Rechtsgrundlage
1. Wie viele Mitglieder hat der Personalrat der Stadt Welfenheim und wie viele entfallen auf die Statusgruppe der Beamten und Arbeitnehmer?	
2. Welche Beteiligungsarten kennt das Personalvertretungsgesetz und worin bestehen die Unterschiede im kommunalen Bereich?	
3. Welche Unterlagen sind dem Personalrat im Rahmen eines Einstellungsverfahrens vorzulegen?	

Frage	Antwort mit Rechtsgrundlage
4. Was ist unter dem Begriff „Zustimmungsfiktion" zu verstehen?	

Frauenbeauftragte/Gleichstellungsbeauftragte   BASISTEXT

Art. 3 Abs. 3 GG garantiert die Gleichberechtigung von Frauen und Männern. Dieser allgemeine Gleichbehandlungsgrundsatz gehört zu den tragenden Ordnungsprinzipien im Arbeitsrecht. Er wirkt bei Entgeltfragen ebenso wie bei der Ausübung des Direktionsrechtes des Arbeitgebers. Ein Verstoß gegen den Gleichbehandlungsgrundsatz liegt nach der Rechtsprechung des BAG dann vor, wenn der Arbeitgeber einzelne Arbeitnehmer oder Arbeitnehmergruppen aus sachfremden Gründen ungünstiger behandelt als andere Arbeitnehmer in vergleichbarer Lage.

Die Wirklichkeit entsprach aber nicht immer dem Postulat des Grundgesetzes. Um dieses Ziel tatsächlich zu erreichen, wurden im Bereich des öffentlichen Dienstes zahlreiche gesetzliche Regelungen getroffen, um die **Gleichberechtigung** tatsächlich durchzusetzen. In den Verwaltungen des öffentlichen Dienstes wurden daraufhin unabhängige Stellen geschaffen, die auf die Einhaltung der Gleichstellungsgesetze achten. Institutionalisiert wurden damit begrifflich **„Frauenbeauftragte"** oder **„Gleichstellungsbeauftragte"**, deren Rechte und Interventionsmöglichkeiten unterschiedlich in den Organisationen ausgestaltet sind. Auf Länderebene gibt es Landesarbeitsgemeinschaften, die sich zu einer Bundesarbeitsgemeinschaft der kommunalen Frauenbüros und Gleichstellungsstellen zusammengeschlossen haben. Mit diesem Netzwerk soll ein bundesweites Forum für frauenpolitische Diskussionen geschaffen werden. In Welfenheim wurde als hauptamtliche Gleichstellungsbeauftragte Magda Schreiber vom Rat berufen.

ÜBUNG 3

Nennen Sie einige Rechte der Frauenbeauftragten bzw. Gleichstellungsbeauftragte in Ihrem Bundesland unter Angabe der Rechtsgrundlagen. Diskutieren Sie sodann mit Ihrem Nachbarn die Frage, welche Wirkungen die Institution „Frauenbeauftragte bzw. Gleichstellungsbeauftragte" in Ihrer Verwaltung entfaltet.

1.	2.
3.	4.

02 Grundlagen

BASISTEXT   **Rechtsgrundlagen im Arbeitsrecht**

Das Arbeitsrecht ist Teil des Privatrechts und damit vom Prinzip der **Vertragsfreiheit** bestimmt. Das führt dazu, dass Hauptquelle für gegenseitige Rechte und Pflichten der – grundsätzlich frei aushandelbare – **Arbeitsvertrag** ist. Dennoch sind auch Arbeitgeber und Arbeitnehmer bei ihren Verhandlungen eingebettet in ein System von Rechtsvorschriften. Oberste Rechtsquelle ist das **EU-Recht**, das etwa Regelungen zum Diskriminierungsverbot oder zur sogenannten Arbeitnehmerfreizügigkeit enthält.

Das **Grundgesetz** der Bundesrepublik Deutschland kennt zweitens vor allem mit Art. 9 und Art. 3 GG wichtige Vorgaben. Schließlich gibt es zahlreiche (einfache) **Gesetze**, die Vorschriften über unterschiedlichste (arbeitsrechtliche) Regelungsbereiche enthalten. Eine einheitliche Kodifikation, d. h. ein zusammenfassendes Arbeitsgesetzbuch vergleichbar dem Bürgerlichen Gesetzbuch gibt es jedoch nicht. Es obliegt vielmehr in weiten Teilen der **Rechtsprechung** und der Wissenschaft, Gesetzeslücken zu schließen und das Recht entsprechend der gesellschaftlichen Entwicklung fortzubilden.

Beispiele:

- Recht der **Arbeitnehmerhaftung**
  Zum Nachlesen: BAG NZA 1990, 95 ff.; 1991, 597; 1993, 262; 1998,140; 2004, 649; 2007,1230
- **Arbeitskampfrecht**
  Zum Nachlesen: BAGE 1, 291; 6, 321; 15, 186; 23, 292; 41, 209; 62, 171 BAG NZA 1980, 1642; 1994,1121;1995, 1097
- Normen zur **Treue- und Fürsorgepflicht**

Im öffentlichen Dienst sind zahlreiche Angelegenheiten ferner in **Tarifverträgen** geregelt.

Tarifverträge

sind **Vereinbarungen**, die auf Grund des Tarifvertragsgesetzes zwischen **Arbeitnehmer- und Arbeitgeberverbänden** oder einem **einzelnen Arbeitgeber** geschlossen werden.

Unter den Tarifverträgen gibt es übergreifende, sogenannte **Manteltarifverträge**. Dazu zählt der **TVöD** mit den allgemeinen Arbeitsbedingungen. Daneben gibt es Tarifverträge, die besondere Rechte, Pflichten oder Ansprüche regeln. Dazu zählen die Tarifverträge zur betrieblichen Altersvorsorgung, die Spartenregelungen (u. a. Besonderer Teil Verwaltung) oder die in Anlagen geführten Entgelttabellen. Letztere sind regelmäßig Gegenstand tariflicher Auseinandersetzungen. Auf Grund des Art. 9 Abs. 3 GG **(Koalitionsfreiheit)** hat sich im öffentlichen Dienst auf der Arbeitnehmerseite die Gewerkschaft ver.di – Vereinte Dienstleistungsgewerkschaft e. V. gebildet. Ihr gegenüber stehen auf der Arbeitgeberseite die Bundesrepublik Deutschland, die Tarifgemeinschaft deutscher Länder (TdL) und die Vereinigung der kommunalen Arbeitgeberverbände (VKA).

Auf Länderebene gibt es jeweils einen **kommunalen Arbeitgeberverband**, der die Personalverwaltungen der Kommunen im Bedarfsfall in arbeitsrechtlichen Fragen berät und in der zweiten Arbeitsgerichtsinstanz die Prozessvertretung übernimmt. Voraussetzung hierfür ist, dass die Kommune auch Mitglied im Arbeitgeberverband ist, wie in unserem Fall die Stadt Welfenheim.

Rechtsgrundlagen im Arbeitsrecht **ÜBERSICHT 2**

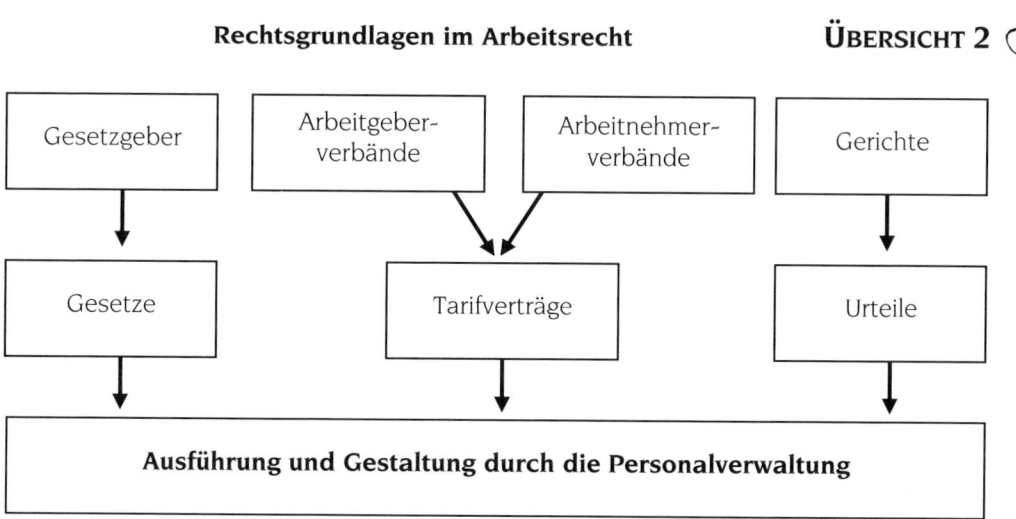

ÜBUNG 4

Nennen Sie wichtige arbeitsrechtliche Gesetze und Tarifverträge. Suchen Sie ferner zwei höchstrichterliche Urteile des BAG heraus, die eine Sie interessierende arbeitsrechtliche Fragestellung behandeln und legen Sie kurz den Inhalt dar. Nutzen Sie dazu ggf. Ihre Verwaltungsbibliothek.

Gesetze:

Tarifverträge:

Gerichtsurteile:

ÜBERSICHT 3   Rangfolge arbeitsrechtlicher Rechtsquellen

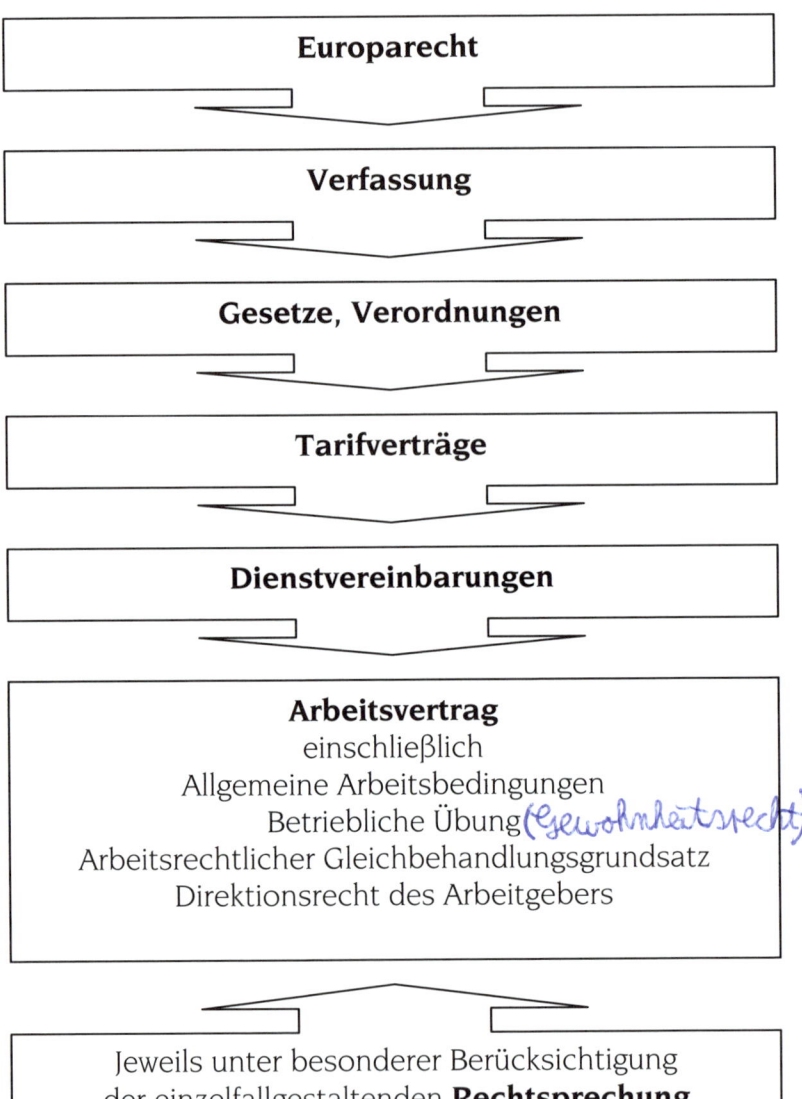

Europarecht

Verfassung

Gesetze, Verordnungen

Tarifverträge

Dienstvereinbarungen

Arbeitsvertrag
einschließlich
Allgemeine Arbeitsbedingungen
Betriebliche Übung (Gewohnheitsrecht)
Arbeitsrechtlicher Gleichbehandlungsgrundsatz
Direktionsrecht des Arbeitgebers

Jeweils unter besonderer Berücksichtigung
der einzelfallgestaltenden **Rechtsprechung**

ÜBUNG 5

Nennen Sie Normen des Grundgesetzes, die einen spezifischen Bezug zum Arbeitsrecht haben, und geben Sie eine Dienstvereinbarung aus Ihrer Ausbildungsstelle an.

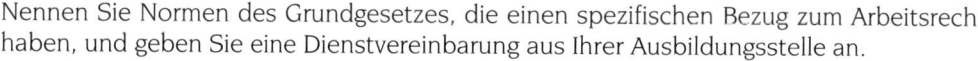

1. Normen des Grundgesetzes mit arbeitsrechtlicher Bedeutung:

2. Dienstvereinbarung in Ihrer Ausbildungsstelle:

Auszüge aus der Tagespresse   PRAXISMUSTER 1

Tarifverhandlungen
Im öffentlichen Dienst droht Streik

BERLIN. Im öffentlichen Dienst stehen die Zeichen auf Streik. Nach dem gestrigen Scheitern der Schlichtungsverhandlungen hat die Dienstleistungsgewerkschaft ver.di damit begonnen, Urabstimmungen durchzuführen. Wenn 75 % der Mitglieder für einen Streik stimmen, muss in der nächsten Woche mit Arbeitskampfmaßnahmen gerechnet werden. Die öffentlichen Arbeitgeber hatten zuletzt die Anhebung der Entgelte um 1,1 Prozent mit einer Laufzeit von 12 Monaten angeboten.

Kündigung
Arbeitsgericht gibt der Stadt Recht

WELFENHEIM. Auch ein kleiner Diebstahl kann den Arbeitsplatz kosten. Dies musste sich ein Meister des städtischen Bauhofes vom Arbeitsgericht sagen lassen. Zur Verlegung von Steinen in seinem Garten benötigte er Splitt, der auf dem Bauhof reichlich vorhanden war. Da er das nötige Transportmittel dafür nicht hatte, „lieh" er sich kurzerhand während der Dienstzeit den städtischen Kleintransporter aus. Pech für ihn; der Nachbar hatte alles gesehen. Die Anzeige bei der Stadt führte zum Verlust des Arbeitsplatzes.

Arbeitsrecht als Arbeitnehmerschutzrecht   BASISTEXT

Das Arbeitsrecht ist aus der **sozialen Schutzbedürftigkeit** der Arbeitnehmer, also aus einer bestimmten gesellschaftspolitischen Zielsetzung, erwachsen. Die meisten Erwerbspersonen in der industriellen Gesellschaft sind Arbeitnehmer.

In der Bundesrepublik Deutschland regelt sich die Integration der Beschäftigten in den Arbeitsprozess nach **marktwirtschaftlichen** Gesichtspunkten. Zwangsläufig ergeben sich dadurch gegensätzliche Interessen. Aufgabe und Gegenstand des Arbeitsrechts ist es, einen gerechten Interessenausgleich zu schaffen.

ÜBUNG 6

Geben Sie jeweils an, welches Interesse Arbeitnehmer bzw. Arbeitgeber bei folgenden Bereichen haben.

Kriterium	Interesse des Arbeitnehmers	Interesse des Arbeitgebers
Lohnhöhe		
Wochenarbeitszeit		
Verteilung der Arbeitszeit		
Sicherheit am Arbeitsplatz		
Direktionsmöglichkeit hinsichtlich Arbeitsinhalt		
Urlaub		
Sondergewährungen		

BASISTEXT **Kollektivarbeitsrecht und Individualarbeitsrecht**

Das Arbeitsrecht wird herkömmlich eingeteilt in das **Kollektivarbeitsrecht** und das **Individualarbeitsrecht**.

Zum **Kollektivarbeitsrecht** gehören das Tarifvertragsrecht, das Arbeitskampfrecht und das Personalvertretungsrecht. Da die Arbeitnehmer in der Regel die schwächeren Vertragspartner sind, müssen sie im Rahmen des Kollektivarbeitsrechts vor wirtschaftlichen Nachteilen und gesundheitlichen Gefahren geschützt werden.

Weitere Aufgaben des kollektiven Arbeitsrechts sind, das Arbeitsleben sinnvoll zu ordnen und die Humanisierung und Qualität des Arbeitslebens auszubauen. Neben dem Gesetzgeber widmen sich dieser Aufgabe Arbeitnehmerverbände (Gewerkschaften) und Arbeitgeberverbände (z. B. kommunaler Arbeitgeberverband).

Aber auch Arbeitgeber und Personalrat sind gefordert, die Arbeitsbedingungen fortzuentwickeln und den jeweils aktuell geltenden Rahmenbedingungen anzupassen.

ÜBUNG 7

Nennen Sie Beispiele für kollektive arbeitsrechtliche Bestimmungen.

1.	2.
3.	4.
5.	6.

Das **Individualarbeitsrecht** wird auch Arbeitsvertragsrecht genannt. Jeder hat das Recht, selbst zu bestimmen ob, mit wem und für welche Dauer er ein Arbeitsverhältnis eingeht. Ebenso können die Vertragspartner die Rahmenbedingungen für das individuelle Arbeitsverhältnis näher ausgestalten. Dazu gehören beispielsweise die Art der Tätigkeit, die Höhe des Verdienstes oder der Ort der Arbeit. Die Grenzen des Individualarbeitsrechts bilden die gesetzlichen Bestimmungen und bei beiderseitiger Tarifbindung die bestehenden Tarifverträge als sogenannte Mindestarbeitsbedingungen. Sollen bessere Bedingungen als im Tarifvertrag vorgesehen vereinbart werden, ist dies im Rahmen des **Günstigkeitsprinzips** nach § 4 Abs. 3 TVG beispielsweise auch im öffentlichen Dienst zulässig.
Letztlich steht es den Arbeitsvertragsparteien frei, ein Arbeitsverhältnis zu beenden. Dies kann im gegenseitigen Einvernehmen oder einseitig durch eine Kündigung geschehen.

ÜBUNG 8

Nennen Sie Beispiele für individuelle arbeitsvertragliche Regelungen.

1.	2.
3.	4.
5.	6.

ÜBUNG 9

Kreuzen Sie die zutreffende(n) Antwort(en) an.

1. Auf welches Beteiligtenverhältnis beziehen sich Rechtsregeln im Arbeitsrecht?	☐ Arbeitnehmer und Arbeitgeber ☐ Arbeitnehmerverband und Arbeitgeberverband ☐ Arbeitnehmer/ Arbeitgeber Arbeitnehmer- u. Arbeitgeber- und Staat verbände
2. Welchem Rechtsgebiet ist das Arbeitsrecht zuzuordnen?	☐ Privatrecht ☐ Öffentliches Recht ☐ Privatrecht, teilweise ergänzt und modifiziert durch öffentlich-rechtliche Bestimmungen
3. Welche Bedeutung kommt im Arbeitsrecht der Rechtsprechung zu?	☐ Keine ☐ Tarifvertragsparteien müssen die Rechtsprechung beachten, da auch Tarifverträge einer gerichtlichen Überprüfung unterliegen. ☐ Große Bedeutung wegen fehlender Kodifikation des Arbeitsrechts
4. Welche Aufgaben hat das Arbeitsrecht?	☐ Schutz der Arbeitnehmer vor wirtschaftlichen Nachteilen ☐ Schutz vor gesundheitlichen Gefahren ☐ Sinnvolle Ordnung des Arbeitslebens ☐ Schutz vor Arbeitslosigkeit ☐ Ausbau der Humanisierung und Qualität des Arbeitslebens

Personalstruktur im öffentlichen Dienst BASISTEXT

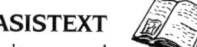

Beim Bund, den Ländern, den Kommunen, sowie bei Körperschaften, Anstalten und Stiftungen des öffentlichen Rechts arbeiten ca. 4,540 Millionen Menschen (Bund: 474.000, Länder: 1.948.000, Gemeinden: 1.235.000 und im mittelbaren öffentlichen Dienst: 779.000) und erbringen haupt- oder nebenberuflich unterschiedliche Dienstleistungen für die Gesellschaft. Beispielhaft aufgezählt seien hier die Bereiche Bildung, Gesundheit, Polizei, Bundeswehr und Soziale Dienste. Die Beschäftigten stehen in verschiedenartigen Rechtsverhältnissen, die hinsichtlich Rechte und Pflichten, Bezahlung und Versorgung voneinander abweichen. Zu unterscheiden ist zwischen Beschäftigten mit **öffentlich-rechtlichem** und **privatrechtlichem** Status.

ÜBUNG 10

Kreuzen Sie an, ob die jeweilige Personengruppe grundsätzlich haupt- oder nebenberuflich tätig ist und ob sie einen öffentlich-rechtlichen oder einen privatrechtlichen Status hat.

	Amt		Status	
	Hauptberuflich tätig	Nebenberuflich tätig	Öffentlich-rechtlich	Privat-rechtlich
Beamte	☐	☐	☐	☐
Arbeitnehmer	☐	☐	☐	☐
Richter	☐	☐	☐	☐
Soldaten	☐	☐	☐	☐
Auszubildende	☐	☐	☐	☐
Anwärter für den geh. Dienst	☐	☐	☐	☐
Ehrenamtlich Tätige	☐	☐	☐	☐
Ehrenbeamte	☐	☐	☐	☐
Beamte auf Widerruf	☐	☐	☐	☐

BASISTEXT   **Arbeitnehmer**

In der Bundesrepublik Deutschland gibt es viele Millionen Menschen, die im Sinne des Arbeitsrechts als **Arbeitnehmer** zu bezeichnen sind. An die Arbeitnehmereigenschaft knüpfen sich Rechte und Pflichten, die Anwendung von Arbeitnehmerschutzbestimmungen und Rentenansprüche.

Die Feststellung, ob eine Arbeitnehmereigenschaft vorliegt, ist z. B. von Bedeutung für:

- Das Vorliegen eines **Arbeits**verhältnisses
- Das Bestehen von vertraglichen Rechten und Pflichten, z. B. **Arbeit**nehmerhaftung
- Die Anwendbarkeit des **arbeits**rechtlichen Kündigungsschutzgesetz
- Die Zuständigkeit der **Arbeits**gerichte.

Die Arbeitnehmereigenschaft muss deshalb bestimmt werden, auch wenn sie gesetzlich nicht definiert ist.

Arbeitnehmer

sind Personen, die auf Grund eines privatrechtlichen Vertrages **unselbstständige Dienste** für einen anderen erbringen.

ÜBERSICHT 4   **Voraussetzungen der Arbeitnehmerstellung**

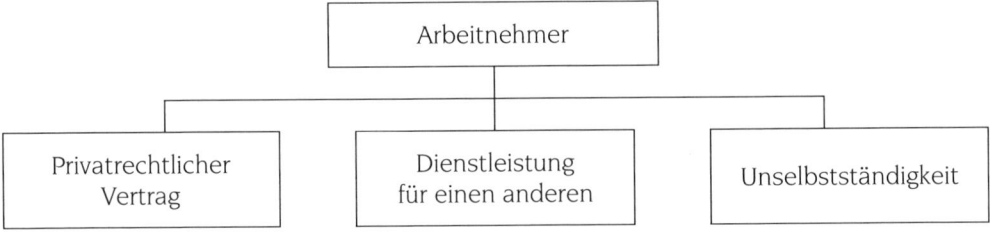

Entscheidend ist somit, dass eine Leistung für einen anderen erbracht wird. Dies ist allerdings aufgrund unterschiedlicher Verträge im BGB möglich: Neben dem Arbeitsvertrag, der einen Unterfall des Dienstvertrages nach § 611 BGB darstellt, lässt sich auch der Werkvertrag in § 631 BGB finden. Der Unterschied liegt darin, dass beim Dienst- bzw. Arbeitsvertrag **eine Tätigkeit als solche** geschuldet wird, beim Werkvertrag hingegen ein konkreter **Erfolg.**

Die Abgrenzung kann im Einzelfall schwierig sein, weil die Erledigung einer Aufgabe sowohl durch einen Dienst- als auch einen Werkvertrag erreicht werden kann.

Mitunter noch diffiziler kann die Entscheidung der Frage sein, ob ein „normaler" Dienstvertrag i. S .d. § 611 BGB vorliegt oder ob es sich hier um einen Sonderfall eines Arbeitsvertrages – mit allen Konsequenzen – handelt.

Nach der Rechtsprechung ist für die Einordnung eines Vertrages als Arbeitsvertrag nicht seine **rechtliche Bezeichnung**, sondern seine **tatsächliche Durchführung** maßgebend. Im Zweifelsfall ist es erforderlich, den Gesamtzusammenhang des Rechtsverhältnisses zu erforschen. Dabei spielt das Maß der persönlichen Abhängigkeit des zur Dienstleistung Verpflichteten gegenüber dem Arbeitgeber eine besondere Rolle. Für eine persönliche Abhängigkeit und damit für die **Arbeitnehmereigenschaft** sprechen:

1. **Eingliederung in den Betrieb**
   z. B. die Verpflichtung, einen Arbeitsauftrag anzunehmen, die Pflicht, die gesamte Arbeitskraft zur Verfügung zu stellen, die Pflicht zur Übernahme von Vertretungen, die Pflicht, im Krankheitsfall ein Attest beizubringen.

2. **Zeitliche Bindung**
   z. B. Bestimmung von Zeit und Lage der Arbeitszeit durch den Arbeitgeber.

3. **Bindung an den Arbeitsort**
   z. B. Bestimmung des Arbeitsortes durch den Arbeitgeber, Pflicht zum regelmäßigen Erscheinen am Arbeitsort.

4. **Arbeitsbezogene Weisungen**
   z. B. Bestimmung des Inhalts der Arbeit und der Art und Weise der Ausführung, Pflicht zur Beachtung von Verhaltensregeln, Hinnahme von Überprüfungen und Kontrollen.

5. **Gesamtbild der Tätigkeit**
   z. B. regelmäßige Arbeit, eigene Betriebsstätte des Arbeitgebers, einheitliche Behandlung eines mit gleichartigen Aufgaben betrauten Kreises von Beschäftigten.

Die exakte Abgrenzung, ob nun ein Werk-, ein Dienst- oder ein Arbeitsvertrag vorliegt, ist nicht nur von theoretischer Bedeutung. Grob vereinfacht kann man sagen, dass Arbeitnehmer eine besonders starke Rechtsstellung haben und z. B. für angerichtete Schäden nach den Grundsätzen der Arbeitnehmerhaftung weniger haften als übrige Dienstverpflichtete.

ÜBUNG 11

Beurteilen Sie, welcher Vertragstyp in folgenden Fällen vorliegt. Begründen Sie Ihre Entscheidung.

Sachverhalt	Lösung
1. Die Stadt Welfenheim stellt eine Sachbearbeiterin in der Passstelle ein.	
2. Die Stadt Welfenheim beauftragt einen Klempnermeister, die undichte Dachrinne des Rathauses zu erneuern.	
3. Die Stadt Welfenheim beauftragt eine Rechtsanwältin, für sie einen Arbeitsgerichtsprozess zu führen.	
4. Die Stadt Welfenheim beauftragt eine Wirtschaftsberatungsgesellschaft mit einer Organisationsuntersuchung in einem Fachbereich.	
5. Die Bürgermeisterin Angela Sommer hat starke Zahnschmerzen. Sie geht zum Zahnarzt.	
6. Die Stadt Welfenheim stellt einen neuen Mitarbeiter befristet für sechs Wochen im Briefwahlbüro ein.	
7. Die Stadt Welfenheim beauftragt einen arbeitslosen Informatiker zur Ergänzung eines Computerprogramms für das Haushaltswesen.	

ÜBUNG 12

Prüfen Sie, ob in folgenden Fällen die Arbeitnehmereigenschaft vorliegt.

Sachverhalt	Arbeitnehmer Ja	Nein	Begründung
1. Kreisinspektor Matthiesen arbeitet als Personalsachbearbeiter.			
2. Die Oberärztin Rudolph versieht ihren Dienst in einem kommunalen Krankenhaus.			
3. Hans Klein mäht in Nachbarschaftshilfe für einen gebrechlichen Nachbarn den Rasen.			
4. Sie betrauen Unternehmer Friedel Klasig mit dem Bau Ihres Hauses.			
5. Unteroffizier Werner Placidus ist bei der Bundeswehr als Ausbilder tätig.			

Arbeitgeber BASISTEXT

Art. 2 Abs. 1 GG gewährleistet die allgemeine Handlungsfreiheit. Sie umfasst auch die Freiheit zur wirtschaftlichen Betätigung als **Arbeitgeber**. Multinationale Unternehmen wie die Siemens AG können mehrere hunderttausend Beschäftigte haben, während für den Inhaber eines Bratwurststandes nur eine Person tätig sein kann. Entscheidend für die Arbeitgebereigenschaft ist, dass es sich bei den Beschäftigten um Arbeitnehmer handelt.

Wer beispielsweise einen Handwerker zur Reparatur einer Wasserleitung bestellt, wird dadurch noch nicht zum Arbeitgeber, denn der Handwerker erbringt keine unselbstständigen Dienste, ist insbesondere auch nicht in den Betrieb eingegliedert.

Arbeitgeber

ist jede natürliche bzw. juristische Person, die wenigstens einen anderen **als Arbeitnehmer beschäftigt**.

ÜBUNG 13
Nennen Sie je ein Beispiel für folgende Arbeitgebergruppen.

Arbeitgebergruppe	Beispiel
Natürliche Person	
Juristische Person des Privatrechts	
Juristische Person des öffentlichen Rechts	

BASISTEXT   Direktionsrecht des Arbeitgebers
Das auf dem Arbeitsvertrag beruhende **Direktionsrecht** gehört zum wesentlichen Inhalt eines jeden Arbeitsverhältnisses. Die gesetzliche Grundlage für das Direktionsrecht enthält § 106 GewO. Diesem **Weisungsrecht** des Arbeitgebers entspricht die **Gehorsamspflicht** des Arbeitnehmers. Bei der Ausübung des Direktionsrechts steht dem Arbeitgeber ein weiter Raum zur einseitigen Gestaltung der Arbeitsbedingungen zu. Insbesondere hat der Arbeitgeber das Recht, die im Arbeitsvertrag nur dem Rahmen nach beschriebene Leistungspflicht im Einzelnen festzulegen und dabei **Zeit, Art und Ort der Arbeitsleistung** zu bestimmen.

ÜBERSICHT 5   Grenzen des Direktionsrechts

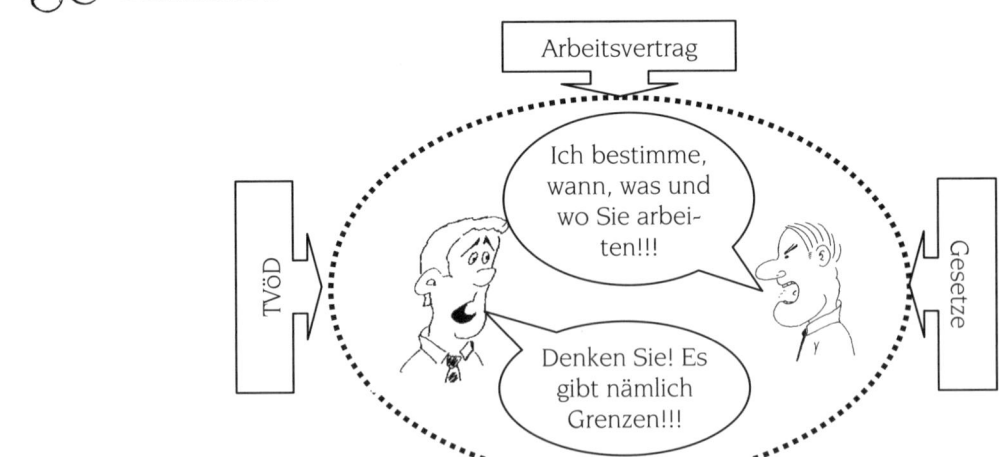

Dabei können Umfang und Grenzen des Direktionsrechts eingeschränkt werden durch

* Schutzgesetze (z. B. tägliche Höchstarbeitszeit nach dem ArbZG),
* Tarifverträge (z. B. grundsätzliche Freistellung von der Arbeit am 24. Und 31.12. nach § 6 Abs. 3 TVöD)
* Arbeitsvertragliche Regelung (z. B. Einsatz darf nur in der Stadtkasse erfolgen),
* Mitbestimmung des Personalrates (z. B. gleichmäßige Verteilung von Überstunden).
* Dienstvereinbarungen zwischen Arbeitgeber und Personalrat (z. B. Dienstvereinbarung zur Arbeitszeit)

Im Übrigen darf das Direktionsrecht nur **nach billigem Ermessen** (§ 315 BGB) ausgeübt werden, d. h. dass der Arbeitgeber die wesentlichen Umstände des Falles objektiv abzuwägen und die beiderseitigen Interessen angemessen zu berücksichtigen hat. Die Grundsätze der Billigkeit werden inhaltlich durch die Grundrechte mitbestimmt. Daraus ergibt sich, dass der Arbeitgeber, selbst wenn er sich mit seiner Weisung an die direktionsrechtlichen Grenzen des Arbeitsvertrages, des Tarifvertrages und der Dienstvereinbarungen hält, dennoch gegen den Grundsatz des „billigen Ermessens" verstoßen kann und die Weisung unzulässig ist.

Beispiele für Verstöße gegen das billige Ermessen:
- Eine Laborantin ist überzeugte Tierschützerin und wird nach langer Beschäftigung gegen ihren Willen im Tierversuchslabor eingesetzt (es liegt ein vermeidbarer Gewissenskonflikt vor).
- Das jüngste Mitglied einer Arbeitsgruppe muss immer die unangenehmsten Aufgaben erledigen (es wird der Gleichbehandlungsgrundsatz ohne sachlichen Grund verletzt).
- Die geschiedene Ehefrau wird dem Ex-Gatten als unterstellte Mitarbeiterin zugewiesen (die Weisung ist willkürlich und schikanös).

Freizeit ade! FALL 1

Die Stadt Welfenheim hat im Stadtzentrum ein Bürgerbüro eingerichtet, das Antragsformulare ausgibt, Termine mit den Verwaltungsstellen vermittelt, Anregungen und Beschwerden entgegennimmt. Das Bürgerbüro ist montags bis freitags von 7.00 Uhr bis 21.00 Uhr geöffnet.
Als der Beschäftigte Frank Schulenberg am Donnerstag vereinbarungsgemäß um 10.00 Uhr seinen Dienst beginnt, informiert ihn seine Vorgesetzte Elfriede Rulmann über verschiedene Personalausfälle. Sie weist ihn daraufhin an, an diesem Tag ohne Pause bis 21.00 Uhr zu arbeiten. Weiterhin habe er am Freitag bereits um 7.00 Uhr seinen Dienst aufzunehmen. Dafür dürfe er dann bereits um 13.00 Uhr gehen.

Aufgabe: Prüfen Sie, ob Frau Rulmann die Grenzen des Direktionsrechts beachtet hat.

 Notieren Sie die Lösung auf einem besonderen Blatt.

ÜBUNG 14

Beurteilen Sie die Wirksamkeit folgender Weisungen. Begründen Sie Ihr Ergebnis.

1. Für kommenden Montag erwartet die Stadt Welfenheim eine Delegation ausländischer Staatssekretäre, die sich ein Bild über das Deutsche Bürgerbüro machen wollen. Die Bürgermeisterin ordnet für diesen Tag an, dass die betroffenen männlichen Arbeitnehmer in Sakko und Krawatte, die weiblichen in Kostümen zu erscheinen haben.

Lösung:

2. Bei dieser Gelegenheit nimmt die Bürgermeisterin eine Umstrukturierung vor und weist Herrn Herbst (EG 6) auf zunächst unbestimmte Zeit eine Tätigkeit im Bürgerbüro (EG 5) zu.

Lösung:

3. Auch Herr Winter (EG 6), bisher Bezügerechner, soll das Bürgerbüro bei der allgemeinen Beschwerdestelle (EG 6) verstärken.

Lösung:

Pflegekraft auf Abwegen   FALL 2

Die Stadt Welfenheim unterhält einen ambulanten Pflegedienst. Mitten in die morgendliche Einsatzbesprechung des Pflegeteams platzt ein Anruf aus dem Kreiskrankenhaus: „Ich soll Ihnen von Frau Friesmann ausrichten, dass sie diese Woche keinen Pflegediensteinsatz benötigt, sie wird überraschend noch in dieser Woche operiert." Der Pflegedienstleiter ist zunächst ratlos, hat er doch durch diese Absage plötzlich eine Pflegekraft übrig. Er bietet sodann Frau Antje Streicher, die arbeitsvertraglich als „Krankenpflegerin" eingestellt ist, an, diese Woche in der Zentrale zu arbeiten und Patientendaten in die neue Software einzugeben, zugleich müssten die Einsatzfahrzeuge dringend geputzt werden.

Als Frau Streicher beides entrüstet ablehnt, ordnet der Pflegedienstleiter an, Frau Streicher solle die Woche Urlaub nehmen oder Überstunden abbummeln. Daraufhin geht Frau Streicher und bemerkt: „Ich gehe jetzt heim, rufen Sie mich an, wenn Sie wieder vernünftige Arbeit haben."

Aufgabe: Begutachten Sie den Vorfall unter dem Aspekt des Direktionsrechts.

Lösung:

Zuweisung und Gestellung   BASISTEXT

Die (Arbeits-)Welt verändert sich – und mit ihr der konkrete Bedarf an Arbeitskräften. Dem Erfordernis einer gewissen Flexibilität sind die Tarifvertragsparteien über die beiden Instrumente der sog. **Zuweisung** und **Gestellung** nachgekommen.

Einerseits kann dem Beschäftigten mit seiner Zustimmung vorübergehend eine mindestens gleich vergütete Tätigkeit **bei einem Dritten** zugewiesen werden. Die Rechtsstellung des Beschäftigten bleibt dabei unberührt. Die Zustimmung des Arbeitnehmers ist zwar erforderlich, kann jedoch nur aus wichtigem Grund verweigert werden.

Zuweisung

ist – unter Fortsetzung des bestehenden Arbeitsverhältnisses – die **vorübergehende** Beschäftigung **bei einem Dritten** im In- und Ausland, bei dem der allgemeine Teil des TVöD nicht zur Anwendung kommt.

Beispiel:

Ein Beschäftigter wird der Tourismus GmbH, einer 100%igen Tochter der Kommune zur Arbeitsleistung zugewiesen. Die GmbH unterliegt keinem Tarifvertrag.

Über die Möglichkeit einer Zuweisung hinaus bietet § 4 Abs. 3 TVöD nunmehr die Möglichkeit einer sog. Personalgestellung:

Personalgestellung

ist – unter Fortsetzung des bestehenden Arbeitsverhältnisses – die **auf Dauer** angelegte Beschäftigung **bei einem Dritten.**

Voraussetzung für eine Personalgestellung ist, dass die bisherigen Aufgaben des Beschäftigten zu einem Dritten verlagert worden sind und der Arbeitgeber die Erbringung der Arbeitsleistung beim Dritten verlangt. Eine Zustimmung des Arbeitnehmers ist grundsätzlich **nicht** erforderlich. Hier findet sich also eine tarifliche Erweiterung des Direktionsrechts des Arbeitgebers.

Beispiel:

Die einzige kommunale Kindertagesstätte wird durch Ratsbeschluss geschlossen. Die Aufgaben sollen zukünftig von einer kirchlichen Einrichtung geleistet werden. Die Leitungskraft nebst zweier Erzieherinnen und zweier Kinderpflegerinnen können anderweitig nicht eingesetzt werden. Um betriebsbedingte Kündigungen zu vermeiden, erfolgt eine Personalgestellung.

Die Personalgestellung bedeutet keinen Arbeitgeberwechsel, allerdings überträgt der Arbeitgeber sein Direktionsrecht. Im Übrigen werden die Modalitäten der Personalgestellung zwischen dem Arbeitgeber und dem Dritten vertraglich geregelt.

ÜBERSICHT 6

Regelungspunkte in einem Personalgestellungsvertrag

- Umfang des übergehenden Personals (Namensliste)
- Zeitraum der Gestellung
- Umfang des Übergangs des Direktionsrechts (Zuweisung des Arbeitsplatzes, fragen der betrieblichen Ordnung, Lage der Arbeitszeit, Urlaub, etc.)
- Verpflichtung des AG zur tarifkonformen Beschäftigung
- Garantieerklärung des AG, dass gestelltes Personal hinreichend qualifiziert ist
- Wahrung der Rechte der Personalvertretung
- Möglichkeiten des Rückrufs aus der Gestellung
- Erstattung der Personalkosten
- Haftungsfragen
- Kündigung des Personalgestellungsvertrages.

Aufgabe: Diskutieren Sie mögliche Vor- und Nachteile von Zuweisung und Gestellung. Erkundigen Sie sich in der Praxis, ob diese Instrumente zur Anwendung gelangt sind.

03 Begründung des Arbeitsverhältnisses

 BASISTEXT   **Personalplanung**

Papierloses Büro für den Rat
Kommune im Wandel
CELLE. Neue Techniken verändern die Ratsarbeit. Das papierlose Büro hält Einzug bei den Ratsmitgliedern. Statt umfangreiche Ratsvorlagen zu drucken und per Post oder eilig durch Boten zuzustellen, erhalten die Ratsmitglieder einen Laptop mit Internetzugang. Einladungen via Netz gehen blitzschnell und immer pünktlich zu. Der Wermutstropfen: „Zwei Beschäftigte sind bald überflüssig", äußerte die Personaldezernentin Margarete Schade am Rande der gestrigen Personalausschusssitzung gegenüber unserer Zeitung. Im Rathaus erhofft man sich dadurch mehr Effizienz und Personalkosteneinsparungen im fünfstelligen Bereich. Entlassen wird niemand. Die Bürokräfte sollen für andere Tätigkeiten in der Verwaltung qualifiziert werden. Eine anspruchvolle Aufgabe für die Personalplanung. Der Wille der Politik soll bereits in einem Jahr umgesetzt sein.

Arbeitgeber, ob in der freien Wirtschaft oder im öffentlichen Dienst, müssen auf Grund der Nachfrage nach ihren Dienstleistungen und Produkten immer wieder prüfen, wie viele Arbeitskräfte mit welchen Qualifikationen dafür benötigt werden. Das Ergebnis bildet die Grundlage für eine **Personalplanung**. Ziel der Personalplanung als **Teil der Gesamtplanung** einer Kommune ist es, die **Aufgaben effektiv und effizient**, d. h. die richtigen Dinge mit größter Wirksamkeit zu **erfüllen**.

Personalplanung

bedeutet systematisch erarbeitete und festgelegte Überlegungen in Form der Planung des Personalbedarfs, der Personalbeschaffung, der Personalentwicklung, des Personaleinsatzes und der Personalkosten.

Unter der **Personalbedarfsplanung** ist die Ermittlung des gegenwärtigen und künftigen Bedarfs an Arbeitskräften in **quantitativer** und **qualitativer** Hinsicht zu verstehen. Der quantitative Bedarf hängt ab von langfristig vorhersehbaren Veränderungen (Aufgabenzugänge und -abgänge, Abordnungen zu anderen Arbeitgebern, Wehr- u. Zivildienst, Ausscheiden wegen fristgerechter Kündigung, Altersrenten, Altersteilzeitvereinbarungen und befristeten Arbeitsverhältnissen) und kurzfristig nicht planbaren Störungen im Arbeitsablauf (kurzfristige zusätzliche Aufgaben, Krankheit, Mutterschutz und Elternzeit). Dabei ist zunächst ein Vergleich zwischen dem Ist- und dem Sollbestand der Beschäftigten wie folgt vorzunehmen:

Brutto-Personalbedarf zum Planungszeitpunkt (Soll)	./.	Personalbestand zum Planungszeitpunkt (Ist)	=	Netto-Personalbedarf, d. h. entweder Beschaffungsbedarf oder Personalüberhang

Der qualitative Bedarf wird zunächst aus der Beschreibung der wesentlichen Aufgaben auf jeder einzelnen Stelle entwickelt. Für die Aufgabenerfüllung sind verschiedene Kompetenzen, notwendig, die durch Ausbildung, Weiterbildung und/oder Lebenserfahrung erworben werden können. Die für die Aufgabenerfüllung notwendigen Kompetenzen werden in einem **Stellenanforderungsprofil** beschrieben.

Anforderungsprofil

beschreibt die **Qualifikationen und Fähigkeiten**, die zur Ausführung einer Aufgabe oder zur Erfüllung einer Stellenbeschreibung erforderlich sind.

Damit ein kontinuierlicher Arbeitsprozess gewährleistet ist, muss der Arbeitgeber auf Grund der Personalbedarfsplanung sicherstellen, dass für eine Stelle zum richtigen Zeitpunkt eine geeignete Person mit der **bedarfsgerechten Qualifikation** zur Verfügung steht. Dazu dient die **Personalbeschaffungsplanung,** die festlegt, ob die Stelle mit einer externen oder internen Person besetzt werden soll.

Im Falle der **externen Besetzung** muss der Arbeitgeber ermitteln, ob zum Planungszeitpunkt voraussichtlich entsprechende Arbeitskräfte auf dem Arbeitsmarkt vorhanden sind. Er kann dazu die Hilfe privater Arbeitsvermittlungsagenturen oder der Bundesagentur für Arbeit in Anspruch nehmen.

Im Falle der **internen Besetzung** muss der Arbeitgeber durch verschiedene **Personalentwicklungsmaßnahmen** (s. Kap. 07) für geeignetes Personal zum richtigen Zeitpunkt sorgen. Zur Personaleinsatzplanung gehört eine zweckmäßige und wirtschaftliche Verteilung der Arbeitskräfte, die mitarbeiterorientiert sein und motivierend wirken soll. Gerade im allgemeinen Verwaltungsdienst werden dadurch Karrierechancen eröffnet, und es entstehen sog. **Besetzungsketten**.

Letztlich gehört zur Personalplanung die **Personalkostenplanung**. Sie ist Teil der Haushaltsplanung einer Kommune. Auf Grundlage des Stellenplanes als Teil des Haushaltsplanes, der die Anzahl und Wertigkeit der Stellen einer Kommune wiedergibt, werden die voraussichtlich entstehenden Personalkosten errechnet. Dabei sind zukünftige Tarifsteigerungen, Steigerungen der Sozialversicherungsbeiträge und unvorhersehbare Ausgaben, beispielsweise für Krankheits- und Mutterschutzvertretungen zu berücksichtigen.

ÜBUNG 15

Beschreiben Sie die Personalplanung Ihrer Ausbildungsbehörde und erläutern Sie, wie die Personalplanungsinstrumente eingesetzt werden.

 Notieren Sie die Lösung auf einem besonderen Blatt.

 **ÜBERSICHT 7**   **Personalplanungsmaßnahmen**

Art der Personalplanung	Inhalt der Personalplanung	Maßnahmen im Rahmen der Planung
Personal-bedarfsplanung	Soll/ Ist-Abgleich Zeitpunkt des Ausscheidens von Beschäftigten bestimmen und Anforderungsprofil nach Stellenbeschreibung entwickeln	Personalbeschaffungsplan erstellen
Personal-beschaffungsplanung	a) Interne Personalbeschaffung	Zeitgerechte Qualifizierung im Rahmen der Personalentwicklung
	b) Externe Personalbeschaffung	Stelle in geeigneten Medien ausschreiben (Internet, Bundesagentur, Tageszeitung) und auf das Anforderungsprofil in der Stellenbeschreibung ausgerichtete Auswahlverfahren entwickeln
Personal-einsatzplanung	Zweckmäßige und wirtschaftliche Verteilung von Arbeitskräften sowie Eröffnung von Karrierechancen	Auf das Umfeld ausgerichteter menschengerechter Personaleinsatz durch Einsatz von Instrumenten der Personalentwicklung
Personal-kostenplanung	Abschätzung des voraussichtlichen Finanzbedarfs für sämtliche Personalausgaben	Errechnung der Personalkosten pro Stelle

Besetzungskette   ÜBERSICHT **8**

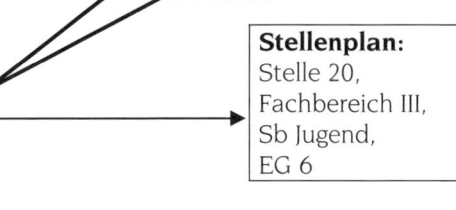

Zeit	Sachverhalt
03.02.	Marion Müller (EG 6) teilt ihre Schwangerschaft mit. Die Mutterschutzfrist dauert vom 10.07. – 16.10. des Jahres.
15.03.	Interne Ausschreibung der Stelle 20, Fachbereich III für eine befristete Vertretung für den Zeitraum der Mutterschutzfrist.
15.04.	Die Auswahl fällt auf Lars Demel (EG 5), der bisher im Fachbereich I tätig ist. Ihm wird die höherwertige Aufgabe vertretungsweise für die Mutterschutzfrist übertragen. Die Einarbeitung erfolgt ab 01.07.
10.05.	Es wird die Entscheidung getroffen, die Stelle 15, Fachbereich I mit einer Nachwuchskraft zu besetzen.
30.06.	Die Nachwuchskräfte bestehen die Abschlussprüfung.
01.07.	Die Auszubildende Melanie Bruer hat das beste Ergebnis. Mit ihr wird ein befristeter Arbeitsvertrag nach EG 5 bis zum 16.10. geschlossen. Sachlicher Grund für die Befristung ist die Mutterschutzfrist von Frau Müller. Der Einsatz erfolgt auf der Stelle von Herrn Demel im Fachbereich I.

Befristetes Ausscheiden

Stellenplan:
Stelle 20,
Fachbereich III,
Sb Jugend,
EG 6

Persönliche Zulage

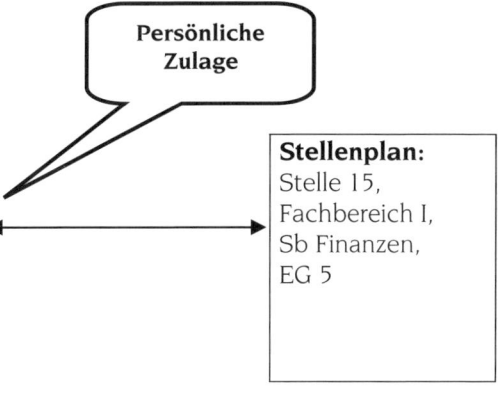

Stellenplan:
Stelle 15,
Fachbereich I,
Sb Finanzen,
EG 5

Befristete Beschäftigung

ÜBUNG 16

1. Bestimmen Sie zunächst Ihr persönliches Regelrentenalter _____ (das Alter, in dem Sie abschlagsfrei Altersrente beanspruchen können).
2. Nennen Sie einige Gründe, warum Beschäftigte bereits vor dem Regelrentenalter ausscheiden.

Gründe für das **dauernde** Ausscheiden von Beschäftigten	Gründe für das **befristete** Ausscheiden von Beschäftigten

BASISTEXT   **Das Einstellungsverfahren**

Der **Stellenplan** als Teil des Haushaltsplanes gibt die Anzahl der maximal zu besetzenden Stellen wieder, für die Haushaltsmittel zur Verfügung gestellt werden. Im Stellenplan werden Vollzeit- und Teilzeitstellen dargestellt. Ist vom Rat eine neue Stelle geschaffen worden oder ist durch Ausscheiden eines Beschäftigten eine Stelle frei geworden, muss entschieden werden, in welcher Form eine Besetzung erfolgen soll. In der Regel wird eine Stelle extern ausgeschrieben, um einen möglichst großen Kreis von qualifizierten Personen anzusprechen. Dabei ist darauf zu achten, dass die Ausschreibung dem **Allgemeinen Gleichbehandlungsgesetz (AGG)** entspricht.

Ziel des 2006 in Kraft getretenen AGG ist es, Benachteiligungen aus Gründen der Rasse oder wegen der ethnischen Herkunft, des Geschlechts, der Religion, der Weltanschauung, einer Behinderung, des Alters oder der sexuellen Identität zu verhindern oder zu beseitigen. Mit diesem Gesetz wurden vier Richtlinien der Europäischen Gemeinschaft zum Schutz vor Diskriminierung in nationales Recht umgesetzt.

Die arbeitsrechtlichen Bestimmungen zum Schutz der Beschäftigten vor Benachteiligung enthält der zweite Abschnitt des AGG. Dieser beinhaltet ein ausdrückliches Verbot der Benachteiligung sowie verschiedene Ausnahmeregelungen, die eine unterschiedliche Behandlung wegen eines Diskriminierungsmerkmals aus bestimmten Gründen für zulässig erachten. Zusätzlich werden Organisationspflichten des Arbeitgebers zur Bekämpfung und Vermeidung von Benachteiligungen ebenso wie Rechte der Beschäftigten im Falle einer Benachteiligung geregelt.

Der **Anwendungsbereich des AGG** umfasst sämtliche arbeitsrechtliche Maßnahmen
- von der Stellenausschreibung und Bewerbung,
- über die Begründung und Durchführung eines Beschäftigungsverhältnisses,
- bis zur Beendigung eines Beschäftigungsverhältnisses
- und sofern es sich um die betriebliche Altersversorgung handelt sogar darüber hinaus.

Rechtsfolgen eines Verstoßes gegen das Benachteiligungsverbot können eine **(verschuldensabhängige) Schadensersatzleistung** und eine **(verschuldensunabhängige) Entschädigung** durch den Arbeitgeber sein.

Beispiel:
Obwohl sämtliche Beschäftigte in der Anwendung des AGG geschult wurden schreibt ein Fachdienstleiter in der Tagespresse eine Tätigkeit als „Erzieherin" in einer Kindertagesstätte aus. Ein Erzieher bewirbt sich. Die Bewerbung wird ohne Begründung abgelehnt. Diese Verfahrensweise verstößt gegen das AGG. Der Bewerber wurde wegen seines Geschlechtes benachteiligt. Der Fachdienstleiter hat seine Pflichten verletzt; dies hat der Arbeitgeber auf Grund der durchgeführten Schulung allerdings nicht zu vertreten. Ein Schadensersatzanspruch nach § 15 Abs. 1 AGG besteht daher nicht. Der unterlegene Bewerber kann allerdings eine Entschädigungsleistung (vergleichbar dem Schmerzensgeld) nach § 15 Abs. 2 AGG von max. 3 Monatsgehältern verlangen.

Im Rahmen einer internen oder externen Ausschreibung hat der Arbeitgeber nach § 11 AGG zu beachten, dass er insgesamt eine **neutrale Formulierung** wählt, die dem Ziel des § 1 AGG entspricht. Dazu gehört immer eine **geschlechtsneutrale** Tätigkeitsbezeichnung. Soweit das nicht möglich ist, muss klarstellend der Zusatz (m/w) erfolgen. Die Anforderung des Geburtsdatums kann auf eine mögliche Benachteiligung wegen des **Alters** schließen lassen. Der Familienstand kann Hinweise auf eine Benachteiligung wegen der **sexuellen Identität** geben, da häufig homosexuelle Menschen eine eingetragene Lebenspartnerschaft eingehen. Die Forderung in der Ausschreibung nach einer bestimmten Staatsangehörigkeit können Schlüsse auf die **ethnische Herkunft** oder der **Religion** zulassen. Aus einem Foto können sich dem potenziellen Arbeitgeber das **Alter** und aus der Hautfarbe die Abstammung also die **ethnische Herkunft** erschließen.
Es kann allerdings die Übersendung der „vollständigen" Bewerbungsunterlagen verlangt werden. Es ist Sache des Bewerbers, wie er diese Aufforderung versteht. Gibt er mit der Bewerbungsmappe sein Geburtsdatum, den Geburtsort, die Staatsangehörigkeit und den Familienstand an und übersendet ein Foto, so ist dies unschädlich.

Der Arbeitgeber muss nicht dafür Sorge tragen, dass ihm Bewerber keine Mitteilungen über bestimmte persönliche Umstände machen, die grundsätzlich vom Schutzbereich des AGG umfasst sind. Insofern ist zwischen **gezielten Forderungen** in der Ausschreibung und **unaufgefordertem Mitteilen** zu unterscheiden.

Das AGG lässt allerdings **Ausnahmen** zu. Nach § 8 AGG ist eine unterschiedliche Behandlung im Auswahlverfahren zulässig, wenn dieser Grund wegen der Art der auszuübenden Tätigkeit oder der Bedingungen ihrer Ausübung eine wesentliche und entscheidende berufliche Anforderung darstellt, sofern der Zweck rechtmäßig und die Anforderung angemessen ist. Beispielsweise ist eine Ungleichbehandlung behinderter Menschen möglich, wenn das Fehlen der Behinderung eine entscheidende Voraussetzung für die Ausübung der Tätigkeit ist. Solche Fälle sind häufig eher theoretischer Natur. Beispielsweise könnte die Stadt Welfenheim einen querschnittsgelähmten Bademeister wegen der Behinderung ablehnen.

Der Arbeitgeber kann neben der externen Ausschreibung zusätzlich auf vorliegende Bewerbungen zurückgreifen. Wird außerdem die Stellenvermittlung der Bundesagentur für Arbeit beauftragt, erscheint die Ausschreibung im **SIS** (Stelleninformationssystem). Potenzielle Bewerber können sich damit im Internet über freie Stellen informieren.

Entsprechend dem Anforderungsprofil der Stelle führt der Arbeitgeber eine **Vorauswahl** hinsichtlich der Vor- und Ausbildung sowie der Qualifikation durch. Die Vorauswahl kann verschiedene Kriterien beinhalten. Regelmäßig erfolgt sie anhand der eingegangenen Bewerbungsunterlagen danach, ob eine ggf. geforderte **Ausbildung** nachgewiesen wird und welche **Prüfungsergebnisse** dabei erbracht wurden. Bisherige Arbeits- und Dienstzeugnisse werden danach ausgewertet, welche Aufgaben mit welchen Leistungen bei anderen Arbeitgebern erledigt wurden. Auch der **Lebenslauf** interessiert hinsichtlich der bisherigen beruflichen Entwicklung und besonderer Fähigkeiten. Das Gesamtbild einer Bewerbungsmappe kann darüber hinaus erkennen lassen, ob sie sorgfältig zusammengestellt wurde.

Dem Personalrat ist auf Grund des Mitbestimmungsrechts sodann die Möglichkeit zu geben, sämtliche eingegangenen Bewerbungsunterlagen einzusehen.
Die nach der Vorauswahl für die zu besetzende Stelle am besten Geeigneten werden zu einem **Vorstellungsgespräch** eingeladen. Gängige Praxis ist es, dass neben den Entscheidungsträgern der Verwaltung auch ein Personalratsvertreter und die Gleichstellungs- bzw. Frauenbeauftragte teilnehmen. Nach den Vorstellungsgesprächen wird von dem Auswahlgremium ein **Einstellungsvorschlag** entwickelt.
Die **Entscheidung**, ob die ausgewählte Person eingestellt wird, obliegt dem kommunalverfassungsrechtlich zuständigen Organ, bei Delegation auf die Verwaltungsspitze den von ihr Beauftragten. Insofern ist es durchaus üblich, dass sich die vorausgewählte Person auch noch beim formalen Entscheidungsträger (z. B. dem Verwaltungsausschuss) vorstellen muss.

Nach dieser Entscheidung bedarf es nach dem entsprechenden Landespersonalvertretungsgesetz noch einer förmlichen Zustimmung durch den Personalrat, bevor ein Arbeitsvertrag ausgefertigt werden darf.

Obwohl ein Gesetz die Diskriminierung verbietet, hat die Antidiskriminierungsstelle des Bundes in Berlin festgestellt, dass Arbeitgeber bestimmte Personengruppen nicht zum Vorstellungsgespräch einladen. Eine beim Institut zur Zukunft der Arbeit erschienene Studie der Universität Konstanz belegt, dass allein die Angabe eines ausländisch klingenden Nachnamens die Bewerbungschancen erkennbar verringert. Bei einem türkischen Namen sank beispielsweise die Chance auf ein Vorstellungsgespräch um 14 Prozent, in kleineren Unternehmen sogar um 24 Prozent.

Als Folge dieser Feststellungen wollen Unternehmen und öffentliche Verwaltungen **anonymisierte Bewerbungsverfahren** einführen. Technisch füllt der Bewerber passwortgeschützt ein Onlineformular ausschließlich mit seinen Qualifikationen und der Motivation seiner Bewerbung aus. Parallel dazu erstellt er seine vollständige Bewerbungsmappe, die mit einer Kennung versehen zu einer Vertrauensperson des öffentlichen Arbeitgebers gesandt wird. Die mit der Personalentscheidung befassten Personen erhalten für die Vorauswahl lediglich die anonymisierten Unterlagen. Erst nachdem die Bewerber mit den besten Qualifikationen von der Vertrauensperson zu einem Vorstellungsgespräch eingeladen worden sind, erhalten die Entscheidungspersonen die vollständige Bewerbungsmappe zur Vorbereitung auf das Auswahlgespräch. Mit diesem objektivierenden Verfahren wird verhindert, dass Entscheider vor einem Vorstellungsgespräch bewusst oder unbewusst Bewerber aus Gründen, die außerhalb der Qualifikation liegen, benachteiligen. Ob das der richtige oder nur ein weiterer Schritt in eine diskriminierungsfreie Arbeitswelt ist, wird die Zukunft erweisen.

PRAXISMUSTER 2   Bedarfsanzeige

Fachbereich Jugend und Soziales   15.04.2011

Fachbereich Personalwesen
Auf dem Dienstweg

Vakante Stelle in der Erziehungsgeldstelle

Zum 30.09. dieses Jahres scheidet der Mitarbeiter Paul Heinze aus Altergründen aus dem aktiven Dienst aus. Die Stelle ist im Stellenplan unter der Nr. 51/415 als Vollzeitstelle ausgewiesen. Die Tätigkeit beinhaltet die Bearbeitung von Anträgen nach dem Bundeselterngeld- und Elternzeitgesetz. Sie ist nach der Entgeltgruppe 8 bewertet. Ich bitte, die Stellenbesetzung zu veranlassen. Um einen großen Kreis möglicher Bewerber anzusprechen, muss die Stelle extern im Onlinestellenmarkt und in verschiedenen Tageszeitungen ausgeschrieben werden. Die Bewerber und Bewerberinnen müssen folgendes Anforderungsprofil erfüllen:

- Berufsausbildung zum/zur Verwaltungsfachangestellten
- Kenntnisse in Word und Excel
- Leistungsbereitschaft
- Möglichst mehrjährige Berufserfahrung
- Engagement für die Ziele der Stadtverwaltung

Ich bitte um unverzügliche Ausschreibung, da Bewerber sich in Arbeitsverhältnissen befinden werden und Kündigungsfristen einhalten müssen.

Simone Meister
Fachbereichsleiterin

Ausschreibung im Welfenheimer Stadtboten   **PRAXISMUSTER 3**

Welfenheim bietet Chancen

Die Stadt Welfenheim

stellt zum 01.10.2011 einen/ eine

Sachbearbeiter/Sachbearbeiterin

ein.

Ihre Aufgaben:
Bearbeitung von Anträgen nach dem Bundeselterngeld- und Elternzeitgesetz

Wir erwarten:
Abgeschlossene Berufsausbildung zum/zur Verwaltungsfachangestellten
Kenntnisse in Word und Excel
Leistungsbereitschaft
Möglichst Berufserfahrung
Engagement für die Ziele der Stadtverwaltung
Die Bewerbung von Menschen, die sich dem Gemeinwohl verpflichtet fühlen und mit ihrer Persönlichkeit zu einem guten Betriebsklima beitragen

Wir bieten:
Kooperativen Führungsstil
Mit modernen Medien ausgestatteten Arbeitsplatz
Eine weitgehend in ihrer Verantwortung liegende Arbeitszeitgestaltung
Persönliche Entwicklungschancen
Bezahlung nach der Entgeltgruppe 8 TVöD und die im öffentlichen Dienst üblichen Sozialleistungen

Ihre Bewerbung richten Sie bitte innerhalb von zwei Wochen nach Erscheinen dieser Anzeige an die **Stadt Welfenheim, Schlossgarten 13, 30470 Welfenheim.**

 **Übersicht 9**   **Das Einstellungsverfahren**

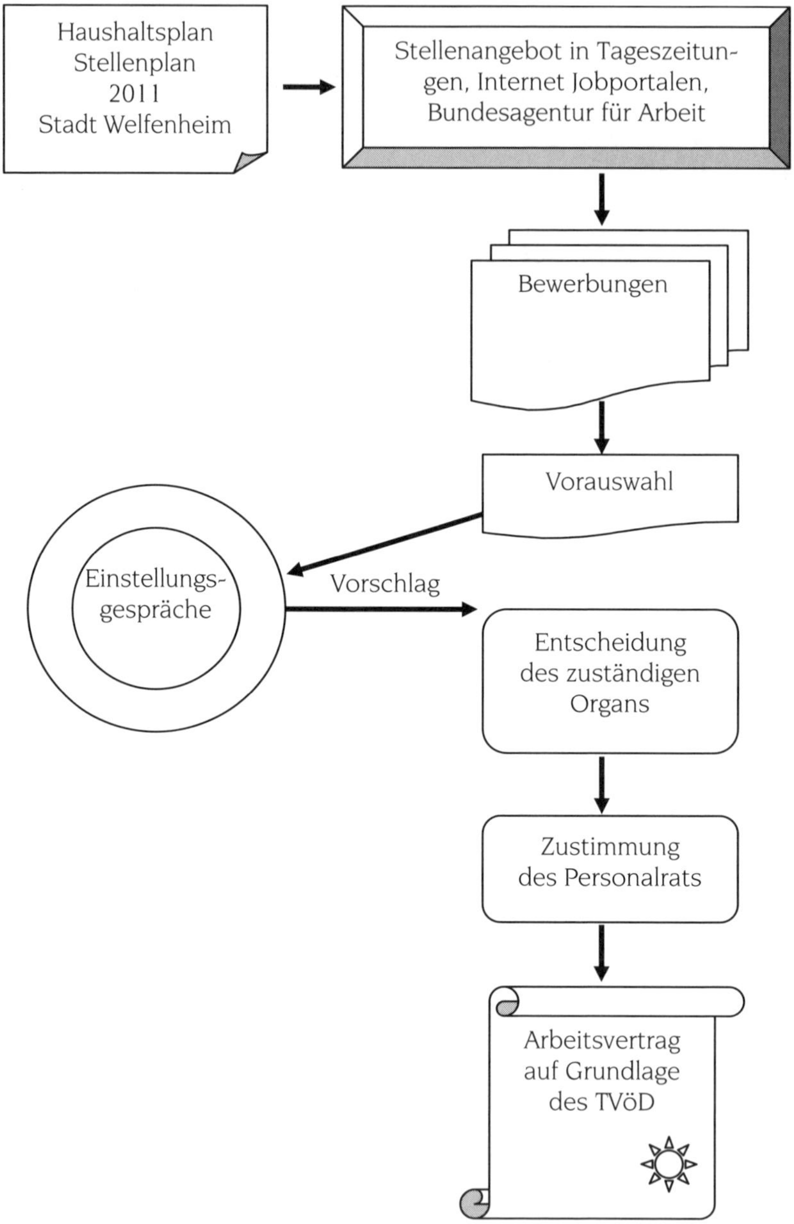

Haushaltsplan
Stellenplan
2011
Stadt Welfenheim

Stellenangebot in Tageszeitungen, Internet Jobportalen,
Bundesagentur für Arbeit

Bewerbungen

Vorauswahl

Einstellungs-
gespräche

Vorschlag

Entscheidung
des zuständigen
Organs

Zustimmung
des Personalrats

Arbeitsvertrag
auf Grundlage
des TVöD

ÜBUNG 17

1. Legen Sie dar, welche weiteren Möglichkeiten es gibt, um eine möglichst große Anzahl geeigneter Bewerbungen zu erhalten.
2. Prüfen Sie die nachstehende Stellenausschreibung auf die Rechtmäßigkeit nach dem AGG und legen Sie dar, welche Rechtsfolgen eine fehlerhafte Ausschreibung für den Arbeitgeber haben kann.

KommBer

Wir sind ein führendes Unternehmensberatungsbüro, das seit Jahren im deutschsprachigen Raum präsent ist. Wir lösen mit 130 Spezialisten die Probleme kleinerer und mittlerer Kommunen und helfen, deren Ziele zu verwirklichen.

Zur Verstärkung unseres dynamischen jungen gesunden Teams suchen wir zum nächstmöglichen Zeitpunkt eine

Mitarbeiterin mit Power,

die telefonische Terminvereinbarungen für unsere Repräsentanz mit Kommunalverwaltungen vornimmt.

Wir bieten
- eine feste Anstellung
- ein hohes Einkommen
- eine interessante Aufgabe
- Motivations-Zusatzleistungen
- ein gutes Betriebsklima

Wir erwarten
- den Willen zum Erfolg
- vertriebliche Grundkenntnisse
- Aufgeschlossenheit und Redegewandtheit
- akzentfreie deutsche Sprachkenntnisse
- die europäische Staatsangehörigkeit

Wenn Sie zwischen 25 und 35 Jahre alt sind und sich diese Aufgabe zutrauen, bewerben Sie sich schriftlich mit Lebenslauf, Lichtbild und Nachweis des Familienstandes bei der
KommBer GmbH
Postfach 4711
30100 Welfenburg

---

3. Überlegen Sie, welche Voraussetzungen kommunalrechtlich vorliegen müssen, damit die Stadt Welfenheim überhaupt eine Einstellung vornehmen darf.
4. Es gehen 100 Bewerbungen auf die Ausschreibung im Welfenheimer Stadtboten ein. Erstellen Sie eine Matrix mit den Kriterien für eine Vorauswahl.

 Notieren Sie die Lösung auf einem besonderen Blatt.

BASISTEXT **Rechte und Pflichten im Vorstellungsgespräch**

Für den Kauf eines gebrauchten Autos wird im Internet, Zeitungen und speziellen Zeitschriften mit Daten, Fakten und Fotos geworben. Der Gebrauchtwagen wird vom Verkäufer gelobt und als der Beste seiner Art angepriesen, häufig auch, wenn er Mängel hat. Wenn der Käufer sich für einige in Frage kommende Fahrzeuge entschieden hat, wird er um eine Probefahrt bitten, um das Fahrverhalten und den Komfort zu testen und ggf. etwas über Mängel zu erfahren. Wenn er sich ein umfassendes Bild gemacht hat, wird er letztlich entscheiden, welches Fahrzeug seinen Anforderungen entspricht.

Die Bewerbung um eine Arbeitstelle beginnt ebenfalls mit einem in äußerer Form ansprechenden „Werbebrief", einem Bewerbungsschreiben. Ist die **Ausbildungs- abschlussprüfung** mit einer guten Note bestanden worden, wird man das Zeugnis bei- fügen. Ist das Ergebnis nur ausreichend gewesen, braucht der Bewerber lediglich auf die bestandene Prüfung hinzuweisen. Ähnlich wird er sich mit guten und weniger guten **Arbeitgeberzeugnissen** verhalten. Der Bewerber möchte sich möglichst positiv dar- stellen, damit er den von ihm begehrten Arbeitsplatz angeboten bekommt. Folgenreich für den Bewerber kann es werden, wenn es um Informationen über den **Gesundheits- zustand** mit einer Schwerbehinderteneigenschaft oder etwaige **Vorstrafen** geht. Kann ein potenzieller Arbeitnehmer wegen seiner Behinderung die vertraglich geschuldete Leistung für ihn erkennbar nicht erbringen oder muss er demnächst eine Haftstrafe antreten und ist er aus diesem Grund am Arbeitsantritt voraussichtlich gehindert, so muss er diese Umstände offenbaren.

Der Arbeitgeber hingegen hat immer ein Interesse, sich ein möglichst umfassendes Bild über die **Qualifikation** und die **Persönlichkeit** des Bewerbers zu machen. Je mehr Informationen er hat, umso sicherer kann er die Auswahlentscheidung treffen.
Mit der Bewerbung und den weiteren Vertragsverhandlungen, beispielsweise im Vorstel- lungsgespräch, erwachsen **wechselseitige Schutz-, Aufklärungs- und Sorgfalts- pflichten**. Bei Verletzung dieser Pflichten können **Schadensersatzansprüche** entste- hen. Nach Abschluss eines Arbeitsverhältnisses könnten Willenserklärungen wegen arg- listiger Täuschung angefochten werden. Ein Bewerber muss jedoch nicht jede Intimität offenbaren oder Fragen der Lebensführung wahrheitsgemäß beantworten. Hierzu hat die Rechtsprechung Kriterien entwickelt. Zudem muss der Arbeitgeber bei der Formulierung seiner Fragen das AGG beachten.

Folgen von Pflichtverletzungen im Vorstellungsgespräch ÜBERSICHT 10

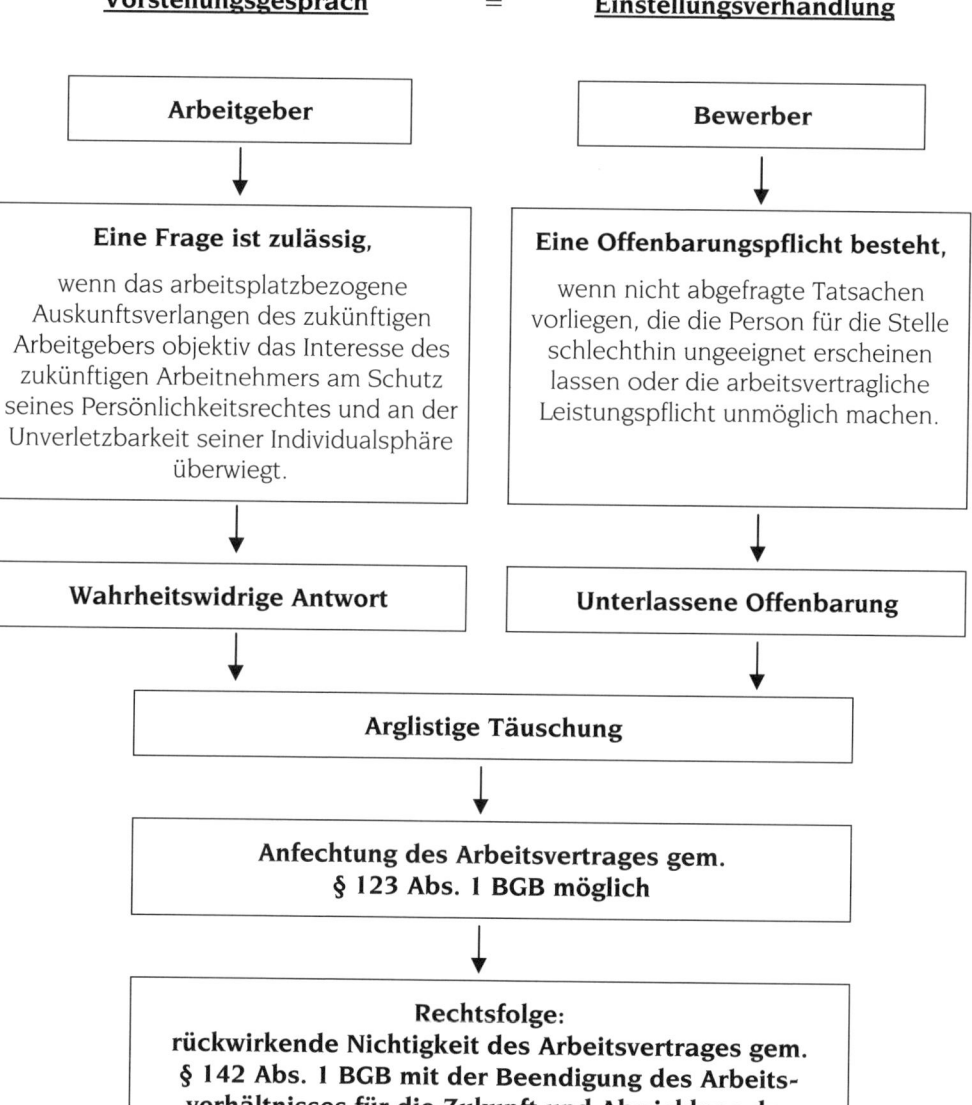

<u>Vorstellungsgespräch</u> = <u>Einstellungsverhandlung</u>

Arbeitgeber	Bewerber

Eine Frage ist zulässig,

wenn das arbeitsplatzbezogene Auskunftsverlangen des zukünftigen Arbeitgebers objektiv das Interesse des zukünftigen Arbeitnehmers am Schutz seines Persönlichkeitsrechtes und an der Unverletzbarkeit seiner Individualsphäre überwiegt.

Eine Offenbarungspflicht besteht,

wenn nicht abgefragte Tatsachen vorliegen, die die Person für die Stelle schlechthin ungeeignet erscheinen lassen oder die arbeitsvertragliche Leistungspflicht unmöglich machen.

Wahrheitswidrige Antwort

Unterlassene Offenbarung

Arglistige Täuschung

Anfechtung des Arbeitsvertrages gem. § 123 Abs. 1 BGB möglich

Rechtsfolge:
rückwirkende Nichtigkeit des Arbeitsvertrages gem. § 142 Abs. 1 BGB mit der Beendigung des Arbeits-verhältnisses für die Zukunft und Abwicklung der zurückliegenden Zeit als faktisches Arbeitsverhältnis

ÜBUNG 18

Prüfen Sie, ob die folgenden Fragen von einem Arbeitgeber im Vorstellungsgespräch gestellt werden dürfen. Begründen sie Ihre Antworten.

Frage	Ist die Frage zulässig?
1. Mit welchem Lebensalter wollen Sie spätestens verheiratet sein?	
2. Fühlen Sie sich im Moment kerngesund?	
3. Waren Sie in den letzten beiden Jahren wegen einer chronischen Erkrankung, die Einfluss auf die vorgesehene Arbeitsleistung haben könnte, arbeitsunfähig krank?	
4. Gehören Sie einer Gewerkschaft an?	
5. Welcher Religion gehören Sie an?	
6. Sind Sie schwerbehindert?	
7. Wann werden Sie voraussichtlich zum Wehrdienst eingezogen?	
8. Über welche fachlichen Fähigkeiten verfügen Sie?	
9. Was machen Sie in Ihrer Freizeit?	
10. Sind Sie schwanger?	
11. Sind Sie vorbestraft oder laufen Ermittlungsverfahren gegen Sie?	

Entstehen des Arbeitsvertrages BASISTEXT

Soll nach einem erfolgreich verlaufenen Bewerberauswahlverfahren und ebensolchen Einstellungsverhandlungen ein Arbeitsverhältnis begründet werden, ist der Abschluss eines Arbeitsvertrages erforderlich. Für den Arbeitsvertrag als schuldrechtlichen Vertrag gilt der **Grundsatz der Vertragsfreiheit**.

Das Prinzip der Vertragsfreiheit findet seine Ausprägung in der

* **Abschlussfreiheit**, d. h. jedermann ist in der Entscheidung frei, ob er ein Arbeitsverhältnis eingeht oder nicht,
* **Formfreiheit**, d. h. der Abschluss des Arbeitsvertrages ist grundsätzlich an keine Form gebunden, es sei denn, es wird durch ein Gesetz oder Tarifvertrag bestimmt,
* **Gestaltungsfreiheit**, d. h. die Arbeitsvertragsparteien bestimmen den Inhalt des Arbeitsvertrages, soweit keine rechtlichen Einschränkungen bestehen.

Arbeitsvertrag

ist ein **schuldrechtlicher Vertrag**, der durch **zwei übereinstimmende Willenserklärungen** der Vertragsparteien zustande kommt (§§ 145 ff. BGB) und durch den sich der Arbeitnehmer zur Leistung von Diensten unter Leitung und nach Weisung des Arbeitgebers, der Arbeitgeber zur Zahlung der vereinbarten Vergütung verpflichtet.

Voraussetzung für den Vertragsabschluss ist, dass die Vertragsparteien geschäftsfähig sind. Beschränkt geschäftsfähige Arbeitnehmer bedürfen zum Abschluss eines Arbeitsvertrages der Einwilligung ihres gesetzlichen Vertreters (§ 107 BGB). Bis zum Vorliegen der Genehmigung des gesetzlichen Vertreters ist der Arbeitsvertrag schwebend unwirksam. Wird sie nachträglich erteilt, so wirkt sie auf den Zeitpunkt des Vertragsabschlusses zurück (§ 184 Abs. 1 BGB). Wird die Genehmigung versagt, ist der Arbeitsvertrag nichtig.

Der **unbefristete Arbeitsvertrag** kann **formfrei** abgeschlossen werden. Nach § 2 Abs. 1 TVöD wird der Arbeitsvertrag zwar schriftlich abgeschlossen. Hierbei handelt es sich jedoch nicht um eine zwingende und konstitutive, sondern um eine deklaratorische Formvorschrift. Deshalb sind auch mündlich getroffene Vereinbarungen über die zu zahlende Vergütung oder die Art der auszuübenden Tätigkeit wirksam. Ebenso kann ein Arbeitsvertrag durch konkludentes (schlüssiges) Handeln geschlossen werden.

Der Abschluss eines **befristeten Arbeitsvertrages** bedarf zu seiner Wirksamkeit nach § 14 Abs. 4 TzBfG der Schriftform. Liegt eine schriftliche Befristungsvereinbarung bis zur Aufnahme der Tätigkeit nicht vor, steht der Arbeitnehmer automatisch in einem unbefristeten Arbeitsverhältnis.

Wenn auch dem schriftlichen Vertragsabschluss keine konstitutive Bedeutung zukommt, so folgt doch aus § 2 Abs. 1 TVöD, dass jede Vertragspartei die schriftliche Niederlegung der getroffenen Vereinbarungen fordern kann. Damit soll sichergestellt werden, dass die sich aus dem Vertrag ergebenden Rechte und Pflichten den Vertragspartnern erkennbar sind und das Risiko, sich über Bestehen, Nichtbestehen oder den Inhalt eines Arbeitsverhältnisses zu streiten, gemindert wird. Diesem Zweck dient auch die vorgeschriebene Aushändigung einer Vertragsausfertigung an den Arbeitnehmer.

Letztlich schreibt das Nachweisgesetz dem Arbeitgeber vor, dass er spätestens einen Monat nach dem vereinbarten Beginn des Arbeitsverhältnisses die wesentlichen Vertragsbedingungen schriftlich niederzulegen, die Niederschrift zu unterzeichnen und dem Arbeitnehmer auszuhändigen hat.
Arbeitgeber des öffentlichen Dienstes sind regelmäßig juristische Personen (z. B. Städte, Gemeinden, Landkreise, Stadtwerke, Unfallversicherungsverbände, Krankenhäuser). Auf der Arbeitgeberseite muss der Arbeitsvertragsabschluss daher durch einen dazu bevollmächtigten Vertreter erfolgen.

Der Grundsatz der **Gestaltungsfreiheit** ist zum Schutz des in persönlicher Abhängigkeit dienstleistenden Arbeitnehmers durch zahlreiche arbeitsrechtliche Vorschriften eingeschränkt. Dies gilt insbesondere für den öffentlichen Dienst, wo Arbeitsbedingungen zum Teil bis in Einzelheiten tariflich geregelt sind.

Es können auch **Nebenabreden zum Arbeitsvertrag** (§ 2 Abs. 3 TVöD) getroffen werden.

Nebenabreden

sind **schriftliche Vereinbarungen über Leistungen**, die tariflich vorgesehen oder zulässig sind oder in denen von gesetzlichen oder tariflichen Vorschriften zugunsten des Arbeitnehmers abgewichen werden soll.

Beispielsweise kann es sich um den Verzicht oder die Verkürzung der Probezeit handeln. In einer Nebenabrede kann auch die Zusage des Arbeitgebers zu einer Lehrgangsteilnahme für eine weiterführende Ausbildung niedergelegt werden. In solchen Fällen ist es üblich, die anteilige Rückzahlung von Ausbildungskosten im Falle des vorzeitigen Ausscheidens aus dem Arbeitsverhältnis zu vereinbaren. Nebenabreden können über Fahrkostenersatz, unentgeltlicher Transport zu und von der Arbeitsstätte oder einen Essenszuschuss geschlossen werden. Nebenabreden sind schriftlich zu vereinbaren (§ 2 Abs. 3 TVöD). Ein Verstoß gegen das Schriftformerfordernis löst anders als im Fall des § 2 Abs. 1 TVöD die Nichtigkeit der Nebenabrede nach § 125 BGB aus, da die Rechtsnormen eines Tarifvertrages nach § 4 Abs. 1 TVG zwingend und unmittelbar zwischen den Tarifgebundenen gelten.

Der öffentliche Arbeitgeber ist frei in der Entscheidung, wie er einen Arbeitsvertrag formuliert. Es gibt **Musterarbeitsverträge** für verschiedene Fallkonstellationen, die von der Vereinigung der kommunalen Arbeitgeberverbände herausgegeben und im Regelfall verwendet werden. Der folgende Musterarbeitsvertrag enthält die wesentlichen Bestandteile eines Vertrages für einen Angestellten im öffentlichen Dienst.

Maria Busch macht das Rennen   FALL 3

Für die ausgeschriebene Stelle in der Elterngeldstelle waren 100 Bewerbungen eingegangen. Nach der Vorauswahl erschienen fünf Damen und fünf Herren am 30.06. zu einem Vorstellungsgespräch. Sie hatten in der Ausbildungsabschlussprüfung gute Leistungen erbracht und konnten neben EDV-Kenntnissen drei bis acht Jahre Berufserfahrung vorweisen. Die Auswahlkommission unter dem Vorsitz der für den Arbeitsplatz zuständigen Fachbereichsleiterin Simone Meister war einhellig der Auffassung vorzuschlagen, Maria Busch zum 01.10. den Abschluss eines Arbeitsvertrages anzubieten und sie in der Elterngeldstelle im Fachbereich Jugend und Soziales einzusetzen.

Aufgabe: 1. Beschreiben Sie den Verlauf des weiteren Einstellungsverfahrens und gehen Sie auf die kommunalrechtliche Einstellungszuständigkeit und die Delegationsmöglichkeiten ein.

Lösung:

Aufgabe: 2. Vervollständigen Sie den Musterarbeitsvertrag.

PRAXISMUSTER 4   **Arbeitsvertrag**

Zwischen

der Stadt Welfenheim, Schlossgarten 13, 30470 Welfenheim,

- vertreten durch die Bürgermeisterin -

und

Frau Maria Busch, wohnhaft Trift 9, 30470 Welfenheim, geb. 24.07.80

wird folgender

Arbeitsvertrag

geschlossen

§ 1

Frau Busch wird ab 01.10.2011 als vollbeschäftigte ⬚ auf
unbestimmte Zeit eingestellt.

§ 2

Das Arbeitsverhältnis bestimmt sich nach dem ⬚ und den diesen ergänzenden,
ändernden oder ersetzenden Tarifverträgen in der jeweils geltenden Fassung einschließlich
des Tarifvertrages zur Überleitung der Beschäftigten der kommunalen Arbeitgeber in den
TVöD und zur Regelung des Übergangsrechts (§ 1 Abs. 2 TVÜ-VKA).

§ 3

Die Probezeit nach § 2 Abs. 4 TVöD beträgt ⬚ Monate.

§ 4

Die Arbeitnehmer wird der Entgeltgruppe 8 der Anlage 3/Anlage 4 zum TVÜ-VKA i. V. m. § 17
TVÜ-VKA zugeordnet.

§ 5

Es wird folgende Nebenabrede vereinbart:

_____

Die Nebenabrede kann mit einer Frist von zwei Wochen zum Monatsschluss schriftlich
gekündigt werden.

§ 6

Änderungen und Ergänzungen des Arbeitsvertrages einschließlich von Nebenabreden sowie
Vereinbarungen weiterer Nebenabreden sind nur wirksam, wenn sie schriftlich vereinbart
werden.

Welfenheim, den 20.08.2011

___Angela Sommer___   ___Maria Busch___
(Unterschrift Bürgermeisterin)   (Unterschrift Arbeitnehmerin)

Arbeit per Handschlag **FALL 4**

Aufgrund einer öffentlichen Ausschreibung für eine nach Entgeltgruppe 6 bewertete Buchhalterstelle in der Stadtkasse bewirbt sich Birgit Weber bei der Stadt Welfenheim. Nach dem Vorstellungsgespräch ist sie nach einhelliger Auffassung der Einstellungskommission die Bewerberin mit der besten Eignung und Befähigung. Auch der Personalrat ist begeistert. Sie wird daraufhin von der Bürgermeisterin zum 1. des nächsten Monats per Handschlag eingestellt. Weiterhin erhält sie die mündliche Zusage, dass sie aufgrund ihrer Fähigkeiten nach Ablauf der Probezeit in die Entgeltgruppe 8 höher gruppiert wird.

Aufgaben: 1. Prüfen Sie, ob ein Arbeitvertrag zustande gekommen ist.
2. Prüfen Sie, ob Frau Weber einen Anspruch auf die Höhergruppierung nach Entgeltgruppe 8 hat.

 Notieren Sie die Lösung auf einem besonderen Blatt.

Probezeit  **BASISTEXT**

Die Probezeit dient dem Arbeitnehmer und Arbeitgeber dazu, im Rahmen einer angemessenen Zeitspanne Klarheit gewinnen zu können, ob sie mit dem jeweiligen Vertragspartner die richtige Wahl getroffen haben und eine dauerhafte Zusammenarbeit möglich erscheint. Der Arbeitgeber will feststellen, ob der Arbeitnehmer die in der Ausschreibung definierten Anforderungen erfüllt, ob er für die vorgesehene Tätigkeit geeignet ist und die von ihm erwartete Leistung erbringt.
Der Beschäftigte will sich vergewissern, ob ihm sein Arbeitsplatz, die Menschen bei dem Arbeitgeber und die Verhältnisse in der Dienststelle bzw. im Betrieb zusagen.
Gesetzlich vorgeschrieben ist eine Probezeit nur in Berufsausbildungsverhältnissen. In den meisten Fällen enthalten Tarifverträge Regelungen über die Dauer der Probezeit. Nach § 2 Abs. 4 TVöD beträgt sie sechs Monate. Bei individualrechtlichen Vereinbarungen richtet sie sich nach den Anforderungen des jeweiligen Arbeitsplatzes. Üblich ist ein Zeitraum von einem Monat bis zu sechs Monaten.

Ein auf unbefristete Zeit abgeschlossenes Arbeitsverhältnis wird während der Probezeit auch **unechtes Probearbeitsverhältnis** genannt. Das unechte Probearbeitsverhältnis steht dem normalen Arbeitsverhältnis grundsätzlich gleich. Allerdings haben Arbeitnehmer und Arbeitgeber in dieser Zeit eine erleichterte Möglichkeit zur Kündigung des Arbeitsverhältnisses. Die gesetzliche Kündigungsfrist beträgt nach § 622 Abs. 3 BGB lediglich zwei Wochen. Nach § 622 Abs. 4 BGB können in einem Tarifvertrag abweichende Regelungen getroffen werden (= sogenannte gesetzliche Tariföffnungsklausel). Die Tarifvertragsparteien im öffentlichen Dienst haben davon zugunsten der Beschäftigten Gebrauch gemacht. Die Kündigungsfrist in den ersten sechs Monaten der Beschäftigung beträgt **zwei Wochen zum Monatsschluss** (§ 34 Abs. 2 TVöD).

Ist hingegen ein **echtes Probearbeitsverhältnis** (befristeter Vertrag zur Erprobung) vereinbart worden, endet dieses nach Zeitablauf ohne Anspruch auf eine Weiterbeschäftigung, ganz gleich, wie erfolgreich die Probezeit war.

Während der ersten sechs Monate des unechten Probearbeitsverhältnisses besteht kein allgemeiner Kündigungsschutz nach dem Kündigungsschutzgesetz. Selbst wenn im Ausnahmefall eine länger als sechs Monate dauernde Probezeit vereinbart wurde, ist eine nach Ablauf der gesetzlichen Wartefrist von sechs Monaten dem Arbeitnehmer zugegangene ordentliche Kündigung nur wirksam, wenn sie gem. § 1 Abs. 2 KSchG sozial gerechtfertigt ist. Bei der Übernahme von Auszubildenden im unmittelbaren Anschluss an die bestandene Prüfung entfällt nach § 2 Abs. 4 TVöD die Probezeit und es beginnt keine neue Wartefrist nach dem KSchG (siehe Kap. 05).

Dagegen genießt eine schwangere Angestellte schon während der Probezeit den Kündigungsschutz nach § 9 Abs. 1 S. 1 MuSchG. In einem echten Probearbeitsverhältnis ist der Arbeitgeber aber nicht verpflichtet, einen Anschlussvertrag zu schließen. Verweigert er die Weiterbeschäftigung unter Berufung auf die Befristung allein wegen der Schwangerschaft, obwohl die Leistungen gut sind, kann dieses Verhalten rechtsmissbräuchlich mit der Folge sein, dass ein **einklagbarer Weiterbeschäftigungsanspruch** besteht.

FALL 5   Schon wieder eine Probezeit

Hartmut Weber hat seine dreijährige Ausbildung in einem staatlich anerkannten Ausbildungsberuf als Fachangestellter für Medien und Informationsdienste in der Stadtbibliothek in Welfenheim mit der Note „gut" beendet. Da eine freie Stelle zur Verfügung steht, soll er sofort im Anschluss an die Prüfung unbefristet übernommen werden.

Aufgabe: Prüfen Sie, welche Probezeit mit ihm im Arbeitsvertrag zu vereinbaren wäre.

 Notieren Sie die Lösung auf einem besonderen Blatt.

BASISTEXT   Rechte und Pflichten aus dem Arbeitsverhältnis

Die Hauptpflichten aus dem Arbeitsvertrag, die **Arbeitspflicht** auf der einen und die **Lohnzahlungspflicht** auf der anderen Seite, geben dem Arbeitsverhältnis seine Eigenart und sein Gepräge. Sie ergeben sich aus § 611 Abs. 1 BGB. Da der Arbeitsvertrag nicht irgendein gegenseitiger Austauschvertrag ist, sondern ein Vertrag mit starkem persönlichen und sozialen Bezug, bestehen neben diesen Hauptpflichten in jedem Arbeitsverhältnis eine Reihe von Nebenpflichten, die für die Arbeitnehmerseite unter dem Oberbegriff **Treuepflicht**, für die Arbeitgeberseite in der Regel unter dem Oberbegriff **Fürsorgepflicht** zusammengefasst werden. Die Pflicht zur wechselseitigen Rücksichtnahme ist in § 241 Abs. 1 BGB ausdrücklich geregelt. Eine weitere Besonderheit des Arbeitsverhältnisses ist die persönliche Dienstleistungspflicht des Arbeitnehmers nach § 613 BGB. Er ist nicht berechtigt, die vereinbarten Dienste durch einen Dritten ausführen zu lassen. Anderseits hat der Arbeitnehmer keine Verpflichtung, einen Ausfallersatz bei Krankheit oder Urlaub zu stellen.

Inhalt eines jeden Schuldverhältnisses ist die Verpflichtung zur Leistung. Nach § 242 BGB ist die Leistung so zu bewirken, wie Treu und Glauben mit Rücksicht auf die Verkehrssitte es erfordern. Die sich daraus ergebende Treuepflicht des Arbeitnehmers besteht darin, dass er sich unter Aufwendung aller geistigen und körperlichen Fähigkeiten für die Interessen des Arbeitgebers und der Dienststelle bzw. des Betriebes einzusetzen hat und keine Leistung bewusst zurückhält. Dabei ist hinsichtlich der Arbeitsintensität von einem **individuellen Leistungsmaßstab** auszugehen und nicht von einer arbeitswissenschaftlich ermittelten Normal- oder Durchschnittsleistung. Sie umfasst zahlreiche Obhuts-, Rücksichtnahme-, Informations-, Handlungs- und Unterlassungspflichten. Umfang und Grenzen der Treuepflicht können nicht abstrakt definiert werden, sondern sind im Rahmen des Einzelarbeitsvertrages unter Berücksichtigung der herrschenden Verkehrsanschauung zu bestimmen.

Im Allgemeinen ist die Treuepflicht im öffentlichen Dienst gegenüber dem Privatdienst erheblich gesteigert. Sie hat daher für die Rechtsverhältnisse der Arbeitnehmer des öffentlichen Dienstes einige besondere Ausprägungen erfahren. Beispielsweise müssen sich Beschäftigte, in deren Aufgabenbereich auch hoheitliche Tätigkeiten (z. B. Bauaufsicht) wahrgenommen werden, durch ihr gesamtes Verhalten zur freiheitlich demokratischen Grundordnung im Sinne des Grundgesetzes bekennen (§ 41 TVöD-BT-V).

Der besonderen Treue trägt zusätzlich das Gesetz über die förmliche Verpflichtung nicht beamteter Personen Rechnung. Danach werden Beschäftigte, die Aufgaben der öffentlichen Verwaltung wahrnehmen, ohne Amtsträger im Sinne des Strafgesetzbuches zu sein, besonders auf die gewissenhafte Erfüllung ihrer Obliegenheiten verpflichtet. Im Falle der Verletzung von arbeitsvertraglichen Nebenpflichten sind damit die sonst nur für Beamte geltende Strafvorschriften über Bestechung und Geheimnisverrats anzuwenden. § 3 TVöD enthält von den öffentlichen Tarifparteien für besonders wichtig erachtete Treuepflichten bezüglich der Annahme von Geschenken und Vergünstigungen (z. B. nur für Beschäftigte der Kommune geltende Preisnachlässe für Handy-Verträge) und der Ausübung von Nebentätigkeiten.

Der Treuepflicht des Arbeitnehmers steht die **Fürsorgepflicht** des Arbeitgebers gegenüber. Der Arbeitgeber muss bei allen seinen Maßnahmen, auch soweit er Rechte ausübt, auf das Wohl und die berechtigten Interessen seines Arbeitnehmers Bedacht nehmen. Er muss deshalb unter Umständen auch besondere Maßnahmen treffen, die die Entstehung eines Schadens verhindern können. Der Umfang der Fürsorgepflicht lässt sich - soweit konkrete Regelungen nicht bestehen - im Einzelfall nur auf Grund einer eingehenden Abwägung der beiderseitigen Interessen bestimmen. Die Fürsorgepflicht wird nicht begrenzt durch das Bestehen des Arbeitsvertrages, es besteht schon bei der Begründung des Arbeitsverhältnisses z.B. durch die sachgerechte Verwahrung der Bewerbungsunterlagen und wirkt sogar nach Beendigung des Arbeitsverhältnisses z. B. durch die Pflicht zur Zeugniserteilung.

Rechtsfolge der Verletzung von Treuepflichten des Arbeitnehmers kann in weniger schwerwiegenden Fällen wegen der Vertragsverletzung die Abmahnung durch den Arbeitgeber sein. Treuepflichtverletzungen können auch zur ordentlichen oder unter Umständen sogar zur außerordentlichen Kündigung berechtigen. Verstößt der Arbeitnehmer beispielsweise gegen Arbeitsschutzvorschriften, indem er keine Sicherheitsschuhe trägt und führt dies zu einem Arbeitsunfall und nachfolgender Arbeitsunfähigkeit, ist der Arbeitgeber nach § 3 Abs. 1 EFZG nicht zur Entgeltfortzahlung im Krankheitsfall verpflichtet. Die Verletzung von Treuepflichten kann ferner Schadensersatzforderungen nach § 280 BGB nach sich ziehen.

Rechtsfolge der Verletzung von Fürsorgepflichten kann neben der Schadensersatzpflicht ein Zurückbehaltungsrecht des Arbeitnehmers sein. Setzt der Arbeitgeber bewusst verkehrsunsichere Kraftfahrzeuge ein und verletzt er dadurch Arbeitsschutzvorschriften, kann der Arbeitnehmer als Kraftfahrer so lange die Arbeitsleistung verweigern, bis gesetzmäßige Arbeitsbedingungen hergestellt sind. Der Arbeitnehmer verliert dadurch nicht seinen Anspruch auf Zahlung des vereinbarten Entgeltes.

Wichtige Treuepflichten

- **Pflicht zur Unparteilichkeit und zur Beachtung des Wohls der Allgemeinheit**
  Von Arbeitnehmern wird erwartet, dass sie ihre Aufgaben unparteiisch, unvoreingenommen, sachlich und gerecht erfüllen und dabei besonders auf das Wohl der Allgemeinheit Bedacht nehmen.

  Pflichtenverstöße:
  - Bevorzugte Berücksichtigung eines Freundes im Auswahlverfahren zur Besetzung einer Stelle
  - Ermessensausübung mit sachwidrigem Erwägen (z. B. bei gleicher Sach- und Rechtslage wird in einem Fall die Sondernutzungserlaubnis erteilt und in einem anderen Fall wegen persönlicher Antipathie nicht)
  - Strafbare Handlungen (z. B. Untreue)
  - Erstellung einer Gefälligkeitsbeurteilung durch einen Vorgesetzten für ein internes Auswahlverfahren zur Besetzung einer höherwertigen Stelle

- **Pflicht zur Zurückhaltung bei parteipolitischer oder gewerkschaftlicher Betätigung**
  Beschäftigte haben innerhalb des Dienstes in politischen und gewerkschaftlichen Fragen insoweit Zurückhaltung und Mäßigung zu wahren, dass das betriebliche Zusammenleben nicht gestört wird. Dies gilt auch außerhalb des Dienstes, wenn es die dienstliche Stellung berührt. Sie schulden dem öffentlichen Arbeitgeber eine loyale Erfüllung ihrer Dienstpflichten und haben sich deshalb zur freiheitlich demokratischen Grundordnung im Sinne des Grundgesetztes zu bekennen.

Pflichtenverstöße:
- Sammlung von Unterschriften für politische Ziele innerhalb des Dienstes
- Mitgliedschaft in einer verfassungsfeindlichen Organisation
- Aufruf zum Streik wegen eines Fehlverhaltens eines Vorgesetzten
- Schreiben eines daraufhin veröffentlichten Leserbriefes mit persönlicher Kritik an der Bürgermeisterin

- **Gehorsamspflicht**
  Der Arbeitnehmer hat die Pflicht, den Weisungen des Arbeitgebers Folge zu leisten. Die Gehorsamspflicht ist das Gegenstück zum Weisungsrecht des Arbeitgebers (Direktionsrecht). Grundlage für diese Pflicht ist § 41 TVöD BT-V, wonach die im Rahmen des Arbeitsvertrages geschuldete Leistung gewissenhaft und ordnungsgemäß auszuführen ist. Im Rahmen begründeter betrieblicher oder dienstlicher Notwendigkeiten ist der Arbeitnehmer zur Leistung von Sonntags-, Feiertags-, Nacht-, Wechselschicht und Schichtarbeit verpflichtet. Ebenso muss er Bereitschaftsdienst, Rufbereitschaft und Überstunden leisten. Eine Ausnahme bilden Teilzeitbeschäftigte. Sie dürfen zu Mehrarbeit und Überstunden nur herangezogen werden, wenn sie zustimmen oder es ausdrücklich arbeitsvertraglich vereinbart ist.

Pflichtenverstöße:
- Vom Arbeitgeber angeordnete Überstunden werden abgelehnt
- Aus Gründen der Arbeitssicherheit zu tragender Gehörschutz wird nicht aufgesetzt
- Statt der angeordneten Dienstkleidung in der Überwachung des ruhenden Verkehrs trägt der Arbeitnehmer Privatkleidung
- Die Mitarbeit in der Wahlzentrale an einem Sonntag wird abgelehnt

- **Pflicht zur Einhaltung innerdienstlicher Verhaltensregeln**
  Höfliches, korrektes und achtungsvolles Verhalten gegenüber Bürgern, Vorgesetzten und Mitarbeitern zählen zur Treuepflicht der Beschäftigten ebenso, wie sie mit ihrem gesamten Auftreten das Ansehen des öffentlichen Arbeitgebers zu wahren haben. Dabei ist es nicht erforderlich, dass eine allgemeine Dienstanweisung jegliches Verhalten bis in das kleinste Detail vorschreibt. Es gelten auch sittliche und moralische Normen, die das gesellschaftliche Miteinander prägen. In diesem Bereich der Treuepflicht sind die häufigsten Pflichtenverstöße zu verzeichnen, die regelmäßig zu arbeitsrechtlichen Konsequenzen führen.

Pflichtenverstöße:
- Beschimpfung eines Vorgesetzten
- Nutzung dienstlicher Einrichtungen für private Zwecke, dazu zählen z. B. das Kopieren von Unterlagen, das Nutzen dienstlicher Telekommunikationseinrichtungen (Telefon, Handy, E-mail), die Einkaufsfahrt mit dem Dienstwagen oder die Mitnahme der dienstlichen Digitalkamera für eine Wochenendreise
- Nicht zeitnahes Bedienen der Zeiterfassung oder Vornahme von Falscheintragungen in das Zeiterfassungssystem

- Abwertende Äußerungen gegenüber einem Kollegen
- Ehrverletzende Gesten gegenüber einem Bürger
- Unerwünschte körperliche Berührung einer Mitarbeiterin
- Einschüchterung eines Auszubildenden
- Unangemessen lauter Tonfall gegenüber einem Ausländer bei der Beurteilung eines Antrags auf Erteilung einer Aufenthaltserlaubnis
- Erzählen von rassistischen Witzen
- Einlegen einer Raucherpause ohne Bedienen der Zeiterfassung
- Bemerkungen mit sexuellem Inhalt
- Auslegen pornografischer Schriften auf dem Schreibtisch oder Anbringen von Pin-up Fotos im Kleiderschrank
- Missachtung eines Mitarbeiters durch vorsätzliches Nichteingehen auf eine Frage in der Dienstbesprechung
- Ankündigung einer Erkrankung, weil ein Urlaub nicht genehmigt werden soll
- Antritt eines Erholungsurlaubs ohne vorherige Genehmigung des Arbeitgebers

- **Pflicht zum korrekten Verhalten außerhalb des Dienstes**
  Achtungs- und vertrauenswürdiges Verhalten haben das Verhalten der Beschäftigten außerhalb des Dienstes zu prägen. Eine außerdienstlich begangene Straftat kann Zweifel an der Zuverlässigkeit und Vertrauenswürdigkeit des Arbeitnehmers begründen und – abhängig von der Funktion des Beschäftigen – geeignet sein, eine Kündigung zu rechtfertigen. Entscheidend ist, dass durch die Pflichtverletzung berechtigte Interessen des Arbeitgebers oder anderer Arbeitnehmer verletzt werden.

  Pflichtenverstöße:
  - Verteilung ausländerfeindlicher Flugblätter
  - Störung der öffentlichen Ordnung durch exhibitionistisches Verhalten

- **Pflicht zur Verschwiegenheit und Geheimhaltung**
  Beschäftige haben zum Schutz der Interessen des Staates, der Allgemeinheit und der Bürger über Dinge, die ihnen dienstlich bekannt geworden sind, Stillschweigen zu bewahren. Ferner müssen sie Vorkehrungen treffen, dass Unberechtigte keine Kenntnis von geheim zu haltenden Tatsachen erhalten. Dabei spielt es keine Rolle, auf welchem Wege das Geheimnis offenbart wird. Die Schweigepflicht kann sowohl gesetzlich als auch durch den Arbeitgeber angeordnet sein. Zum Beispiel haben Auszubildende nach § 13 Abs. 6 BBiG über Betriebs- und Geschäftsgeheimnisse Stillschweigen zu wahren. Die Schweige- bzw. Geheimhaltungspflicht besteht auch gegenüber Angehörigen der gleichen Dienststelle, soweit sie nicht mit der Angelegenheit dienstlich befasst sind. Eine Besonderheit dieser Pflicht besteht darin, dass sie auch nach dem Ausscheiden aus dem Arbeitsverhältnis gilt. Die Schweigepflicht genießt im öffentlichen Dienst einen ganz besonderen Stellenwert. Dies wird auch daran deutlich, dass deren Verletzung unter Strafe steht. Soll ein Arbeitnehmer vor Gericht über Angelegenheiten als Zeuge aussagen, die von der Schweigepflicht erfasst werden, so bedarf er der Genehmigung seines Arbeitgebers.

Pflichtenverstöße:
- Aushändigung der Kopie einer Abmahnung an eine betriebsfremde Person
- Weitergabe eines Protokolls einer nichtöffentlichen Sitzung an die Presse
- Weitergabe von Adressen der einzustellenden Nachwuchskräfte an eine Krankenkasse zwecks Akquisition neuer Kunden
- Weiterleitung von E-Mails an unbefugte Privatpersonen

- **Anzeigepflicht**
  Arbeitnehmer müssen dem Arbeitgeber Störungen und Schäden anzeigen. Dies gilt auch für drohende Schäden, um dem Arbeitgeber die Möglichkeit zur Schadensverhinderung zu geben. Dazu gehört, dass sie ihre Vorgesetzten so beraten und unterstützen, dass Schäden, dazu gehören auch Rechtsverstöße, von vornherein verhindert werden. Diese Anzeigepflicht kann sich auch gegen Kollegen richten, denen dem Grunde nach im Rahmen der Treuepflicht ein Wohlverhalten entgegengebracht werden muss. „Anschwärzen" gilt im Regelfall nur bei schwerwiegenden Fällen der Pflichtverletzung seitens eines Kollegen. Allerdings besteht keine Pflicht zur Selbstbezichtigung bei einem Treueverstoß.

  Die Anzeige betrieblicher Missstände gegenüber Dritten, z. B. gegenüber dem Gewerbeaufsichtsamt bei einem Verstoß des Arbeitgebers gegen Bestimmungen des Arbeitszeitgesetzes, ist pflichtgemäß nur dann zu vertreten, wenn zunächst dem Arbeitgeber die Möglichkeit zur Abhilfe gegeben wurde.
  Am häufigsten greift die Anzeigepflicht im Arbeitsleben bei Arbeitsunfähigkeit des Arbeitnehmers. Inhalt dieser ausdrücklich im EFZG geregelten Pflicht ist es, dem Arbeitgeber **unverzüglich**, das heißt ohne schuldhaftes Zögern (§ 121 BGB), über die eingetretene Arbeitsunfähigkeit zu informieren. Eine briefliche Anzeige kann angesichts der Postlaufzeit eine verschuldete Verspätung bedeuten. Gefordert ist die unverzügliche mündliche oder telefonische Mitteilung auch per Fax, SMS oder E-Mail. Sie kann auch durch Angehörige oder Arbeitskollegen erfolgen. Selbst wenn sich der Arbeitnehmer zum Arzt begibt und noch nicht weiß, ob eine Arbeitsunfähigkeit festgestellt wird, muss er den Arbeitgeber von dem beabsichtigten Arztbesuch unterrichten. Nach dem Arztbesuch ist dem Arbeitgeber eine eventuelle Krankschreibung anzuzeigen.

Pflichtenverstöße:
- Der Beschäftigte erkennt abgefahrene Reifen an einem Dienst-Kfz und meldet es nicht.
- Es erfolgte eine offenkundige Überzahlung mit der monatlichen Entgeltabrechnung. Der Beschäftigte wendet sich nicht an die Personalverwaltung.
- Ein Beschäftigter bemerkt, wie ein Kollege Druckerpatronen des Arbeitgebers in seine Fahrradtasche steckt und unterlässt einen Hinweis an seinen Vorgesetzten.

- **Unbestechlichkeit bzw. Pflicht zur Nichtannahme von Schmiergeld**
  Beschäftigte müssen ihr Amt uneigennützig und unbestechlich führen. Durch diese in § 3 Abs.2 TVöD geregelte Pflicht soll verhindert werden, dass Arbeitnehmer durch Belohnungen und Geschenke in ihrer Dienstleistung beeinflusst werden. Ferner sollen Bürger nicht veranlasst werden, zusätzlich Leistungen für Dienste aufzubringen, für die sie ohnehin einen Rechtsanspruch haben. Im Interesse der Allgemeinheit hat die Unbestechlichkeit oberste Priorität. Der Arbeitnehmer ist nicht nur verpflichtet, Schmiergelder abzulehnen, er muss den Arbeitgeber auch über den Bestechungsversuch informieren. Dies gilt nicht für die Annahme üblicher Gelegenheitsgeschenke (Kugelschreiber, Kalender) mit geringem Wert, sofern sie nicht zum Zwecke der Bevorzugung gewährt werden. Die Abgrenzung ist im Einzelfall schwierig und hat nach § 242 BGB zu erfolgen. Häufig werden Wertgrenzen in einer Allgemeinen Dienstanweisung des Arbeitgebers festgelegt.

  Pflichtenverstöße:
  - Einstellung eines Bußgeldverfahrens gegen Übergabe von zwei Konzertkarten.
  - Ein Beschäftigter ist für die Beschaffung von Dienstkraftfahrzeugen zuständig und erhält von einem Lieferanten für den Kauf eines privaten Neuwagens einen unangemessen hohen Preisnachlass.

- **Pflicht zur Teilnahme an ärztlichen Untersuchungen**
  Der Arbeitnehmer muss auf Veranlassung des Arbeitgebers ärztliche und psychologische Untersuchungen durchführen, soweit dafür ein begründeter Anlass besteht. Darunter fällt auch die Einstellungsuntersuchung, die die gesundheitliche bzw. körperliche Eignung für die Tätigkeit feststellt. Die grundlose Weigerung kann eine außerordentliche Kündigung rechtfertigen.

Wichtige Fürsorgepflichten

- **Schutz von Leben und Gesundheit**
  Nach § 618 Abs. 1 BGB haben Arbeitgeber Räume, Vorrichtungen oder Gerätschaften, die sie zur Verrichtung der Dienste zu beschaffen haben, so einzurichten und zu unterhalten, und Dienstleistungen und Arbeitsverfahren, die unter ihrer Anordnung und Leitung vorzunehmen sind, so zu regeln, dass die Arbeitnehmer gegen Gefahren für Leben und Gesundheit soweit geschützt sind, als die Natur der Dienstleistung es gestattet. Seine Maßnahmen müssen dabei dem Stand der Technik, der Arbeitsmedizin und Hygiene entsprechen. Zur Konkretisierung dieser Regelung wurden zahlreiche Schutzvorschriften erlassen (Arbeitssicherheitsgesetz, Arbeitsschutzgesetz, Arbeitszeitgesetz, Gefahrstoffverordnung, Biostoffverordnung, Unfallverhütungsvorschriften usw.).

Pflichtenverstöße:
- Dem im Straßenverkehr beschäftigten Arbeitnehmer wird die Gestellung von Warnwesten verweigert.
- Der Arbeitgeber unterlässt die Unterweisung der Beschäftigten im Umgang mit Kettensägen.
- Der Arbeitgeber sorgt für keine ausreichende Beleuchtung und Belüftung des Arbeitsplatzes.
- Die Arbeitszeit wird so gelegt, dass keine ausreichenden Ruhezeiten möglich sind.

- **Schutz der eingebrachten Sachen**
  Arbeitnehmer bringen eigene Sachen mit an den Arbeitsplatz. Soweit diese **persönlich unentbehrlich** (z. B. Straßenkleidung, Fahrkarten, angemessener Geldbetrag, Uhr), **unmittelbar arbeitsdienlich, aber nicht notwendig** (z. B. Fachbücher, Werkzeuge, Handy) oder **mittelbar arbeitsdienlich** (z. B. privateigene Fahrräder, Kraftfahrzeuge) sind, trifft den Arbeitgeber eine Obhut- und Verwahrungspflicht, soweit sie billigerweise zuzumuten sind.

Pflichtenverstöße:
- Dem Angestellten wird kein abschließbarer Schreibtisch zur Verfügung gestellt.
- Der Arbeitgeber stellt keinen Abstellplatz für Fahrräder zur Verfügung.
- Der Arbeitgeber stellt einen Parkplatz für Pkw zur Verfügung, unterlässt es aber, im Rahmen der Verkehrssicherungspflicht bei Glatteis zu streuen.

- **Aufklärungspflicht**
  Arbeitgeber haben Arbeitnehmer über arbeitsschutzrechtliche Bestimmungen, Möglichkeiten der betrieblichen Altersversorgung und Änderungen im Sozialversicherungs- und Zusatzversorgungsrecht zu informieren. Dies gilt allerdings nicht für individualrechtliche Ansprüche wie z. B. dem Umstand, dass Ansprüche aus dem Arbeitsverhältnis schriftlich zu erfolgen haben.

Pflichtenverstöße:
- Aushangpflichtige Gesetze werden weder am schwarzen Brett noch im Intranet veröffentlicht.
- Mehrere Mütter haben beim Arbeitgeber die Verringerung der vereinbarten Arbeitszeit angezeigt. Der Arbeitgeber schreibt einen teilzeitgeeigneten Arbeitsplatz als Vollzeitstelle aus (vgl. § 7 Abs. 1 und 2 TzBfG).

- **Pflicht zur Rücksichtnahme bei der Ausübung des Direktionsrechts**
  Mit Hilfe des Direktionsrechts legt der Arbeitgeber die Arbeitspflicht inhaltlich näher fest. Das Direktionsrecht unterliegt vielfältigen Begrenzungen aus dem Arbeitsvertrag, Betriebsvereinbarungen, den Arbeitnehmerschutzgesetzen, den Tarifverträgen und dem Personalvertretungsrecht. Jede Weisung des Arbeitgebers muss nach billigem Ermessen unter Abwägung der Interessen des Arbeitnehmers einerseits und der betrieblichen Interessen andererseits erfolgen.

Pflichtenverstöße:
- Der Arbeitgeber ordnet für den Beschäftigten unvorhergesehen am Freitag die Leistung von Überstunden für den sonntäglichen Dienst in der Wahlzentrale an, obwohl der Beschäftigte am Montag seinen dreiwöchigen Jahresurlaub antritt.
- Einem Verwaltungsfachangestellten werden Hilfstätigkeiten übertragen, die nicht seiner Ausbildung und seiner Entgeltgruppe im Arbeitsvertrag entsprechen.
- Der Mutter zweier Kinder im Kindergartenalter wird ausschließlich eine Nachmittagstätigkeit zugewiesen, obwohl es keine ausreichenden Betreuungsmöglichkeiten gibt, andererseits die Aufgabe auch vormittags erledigt werden kann.

- **Schutz von Persönlichkeitsrechten**
  Arbeitnehmer haben ein Recht auf Achtung ihrer Menschenwürde und Entfaltung ihrer individuellen Persönlichkeit. Arbeitgeber haben soweit möglich Beleidigungen und Tätlichkeiten von Bürgern und Beschäftigten entgegenzuwirken und dafür Sorge zu tragen, dass sämtliche in der Verwaltung beschäftigten Personen nach den Grundsätzen von Recht und Billigkeit behandelt werden. Dazu zählen beispielsweise das Vorgehen gegen Mobbing und sexueller Belästigung durch Vorgesetzte oder Mitarbeiter.

Pflichtenverstöße:
- Übertragung sinnloser Tätigkeiten, die nicht zur Wertschöpfung beitragen.
- Während einer Dienstbesprechung kommt es immer wieder zu verbalen Übergriffen auf einen Beschäftigten, ohne dass der Vorgesetzte eingreift.
- Ein Vorgesetzter missachtet die üblichen Höflichkeitsformen, indem er den morgendlichen Gruß der in seinen Verantwortungsbereich arbeitenden Beschäftigten fortgesetzt bewusst nicht erwidert.

ÜBUNG 19

Beschreiben Sie unter Angabe der Rechtsgrundlage, ob und gegen welche arbeitsrechtliche Pflicht jeweils verstoßen wurde.

Beispiel	Lösung
1. Ein Beschäftigter bleibt zwei Tage unentschuldigt der Arbeit fern.	
2. Der Arbeitgeber zahlt wegen hoher Kassenkreditzinsen die Engelte zwei Tage nach Fälligkeit	
3. Ein Beschäftigter der Stadt arbeitet ohne Wissen des Arbeitgebers jede Nacht drei Stunden als Diskjockey.	

Beispiel	Lösung
4. Ein Beschäftigter schickt seine Ehefrau zur Arbeitsleistung. Diese hat sogar eine bessere Qualifikation als er.	
5. Ein Beschäftigter will keine Überstunden leisten, er beruft sich auf die tariflich vereinbarten 39 Wochenstunden.	
6. Eine Teilzeitbeschäftigte (20 Wochenstunden) soll wegen kurzfristig erhöhter Fallzahlen 10 Stunden pro Woche mehr arbeiten. Sie weigert sich unter Hinweis auf die Betreuung des minderjährigen Kindes.	
7. Ein Bauingenieur der Stadt Welfenheim nimmt für die beschleunigte Bearbeitung des Bauantrages 50,- EUR an.	
8. Ein Beschäftigter ist häufig tageweise erkrankt. Der Arbeitgeber fordert vergeblich die Vorstellung bei der Betriebsärztin.	
9. Der Arbeitgeber ordnet an, dass in den Schulferien Beschäftigte mit Kindern vorrangig Urlaub zu gewähren ist.	
10. Der Arbeitgeber will wegen eines kurzfristigen Personalengpasses sämtliche Urlaubsansprüche in das nächste Jahr verschieben.	

Beispiel	Lösung
11. Bei der Fahrt mit einem Dienst-Kfz. leuchtet die Ölkontrollleuchte auf. Der Beschäftigte setzt die Fahrt fort.	
12. Wegen mangelnder Rollos spiegelt sich im Sommer die Sonne in den PC-Bildschirmen.	
13. Der Beschäftigte erkrankt. Der Arbeitgeber stellt daraufhin die Vergütungszahlung ein.	
14. Der im Sozialamt beschäftigte Arbeitnehmer erzählt am Stammtisch, dass sein Nachbar Grundsicherung bezieht.	
15. Ein Beschäftigter behauptet in einem Leserbrief, seine Bürgermeisterin sei für den Posten ungeeignet und fordert sie zum Rücktritt auf.	
16. Der Arbeitnehmer trägt während der Arbeitszeit ein T-Shirt mit dem Aufdruck „Wählt die Partei XXX".	
17. Ein Beschäftigter der Stadt gehört einer verbotenen Partei an.	
18. Ein Arbeitnehmer erhält von seinem Fachdienstleiter einen dienstlichen Auftrag. Weil er anderer Auffassung ist, führt er ihn nicht aus.	
19. Eine Beschäftigte erkrankt. Die Arbeitsunfähigkeit wird zwei Wochen dauern. Die Beschäftigte unterlässt jegliche Mitteilung an den Arbeitgeber.	

Personalakte   BASISTEXT

Nachdem der Arbeitsvertrag geschlossen worden ist und bevor der neue Beschäftigte die Tätigkeit aufnimmt, beginnt die Arbeit für die Personalverwaltung. Sie hat eine **Personalakte** anzulegen, in der alle bisherigen und zukünftigen Vorgänge aufbewahrt werden. Die Personalakte soll ein möglichst vollständiges und wahrheitsgemäßes Bild über die persönlichen und dienstlichen Verhältnisse geben. Der Beschäftigte soll die Gelegenheit haben, dies zu überprüfen. Er hat nach § 3 Abs. 5 TVöD ein **Recht auf Akteneinsicht** und muss gehört werden, bevor Dinge aufgenommen werden, die sich für die berufliche Fortentwicklung nachteilig auswirken könnten.

Der Arbeitgeber hat sämtliche Vorgänge in die Personalakte zu nehmen, die den Arbeitnehmer betreffen und in einem inneren Zusammenhang mit seinem Arbeitsverhältnis stehen. Dies gilt auch für sensible Daten über die Persönlichkeit und Gesundheit des Arbeitnehmers, wie zum Beispiel einer Suchterkrankung. Der Arbeitgeber darf keine weiteren Akten führen, die Vorgänge über persönliche und dienstliche Verhältnisse des Arbeitnehmers enthalten. Es gibt also neben den Personalakten keine Geheim- oder Sonderakten.

Die in den Personalakten enthaltenen Schriftstücke geben in der Regel Aufschluss über das Persönlichkeitsbild des Arbeitnehmers. Auf derartige Informationen muss der Arbeitgeber zugreifen können, um stets eine treffende und klare Beurteilung über die Person des Arbeitnehmers geben zu können. Das ist beispielsweise notwendig, wenn der Arbeitnehmer ein Zwischenzeugnis für Bewerbungszwecke anfordert oder sich auf eine andere Stelle bei demselben Arbeitgeber bewirbt. Der Arbeitnehmer ist an der Wahrung der Vertraulichkeit seiner in der Personalakte enthaltenen Daten interessiert. Das Recht ergibt sich aus der Fürsorgepflicht des Arbeitgebers. Aus dem zwischen den Arbeitsvertragsparteien bestehenden Treueverhältnis ergibt sich die Obliegenheit des Arbeitgebers, die Informationen vor unbefugter Einsicht durch Dritte zu schützen. Hierzu sollte sich die Kenntnis des Inhalts auf den Dienstvorgesetzten und die Personalsachbearbeiter beschränken. Bei besonders sensiblen Daten (ärztliche Gutachten) ist darüber hinaus eine besondere Art der Verwahrung (z. B. verschlossene Umschläge) zu wählen. Um eine unbefugte Entfernung von Vorgängen aus der Personalakte zu erschweren, werden die einzelnen Blätter nummeriert. Eine Verpflichtung hierzu besteht jedoch nicht.

ÜBERSICHT 11   Bestandteile einer Personalakte

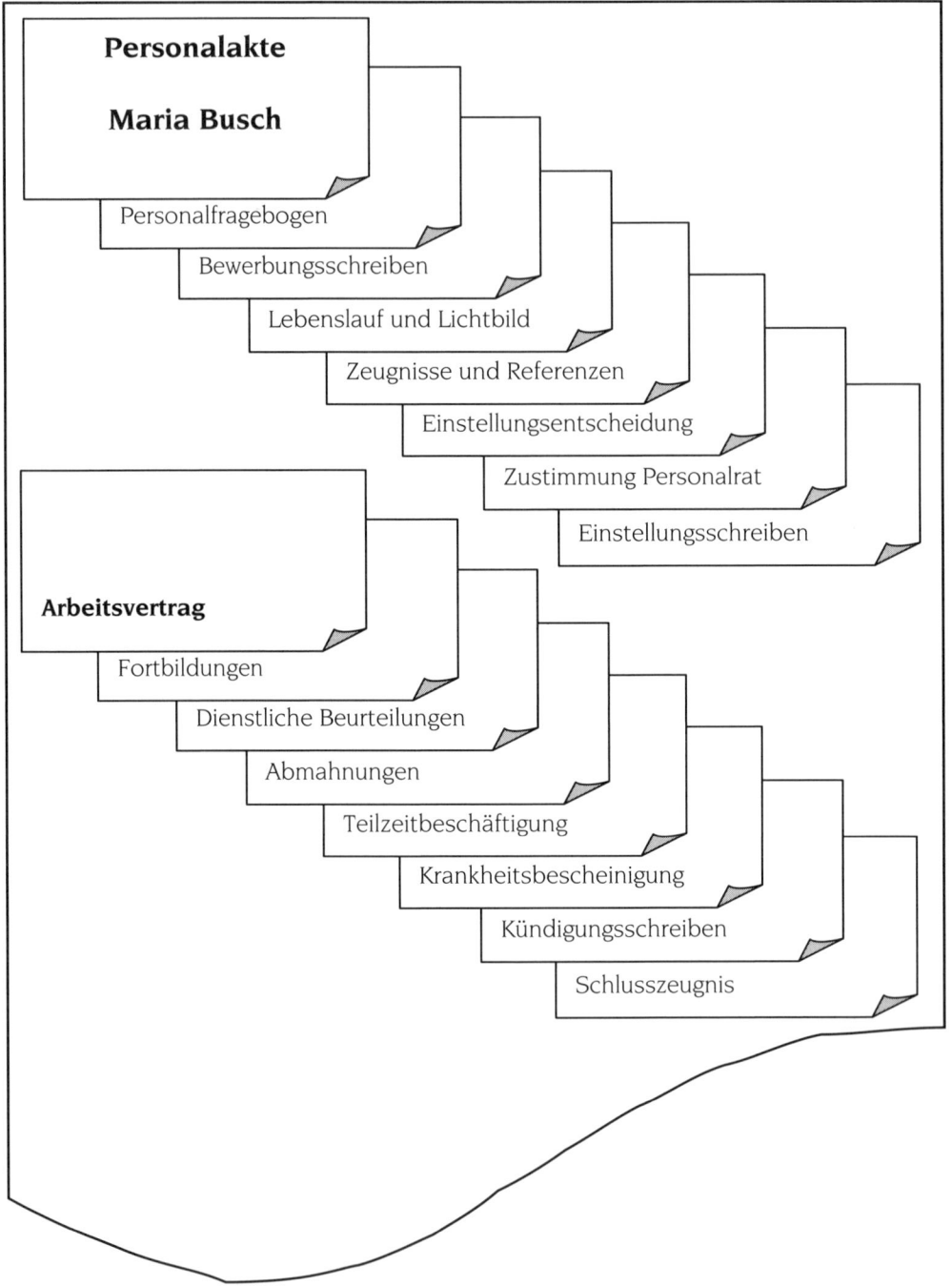

Eingruppierung BASISTEXT

Gem. § 611 BGB wird der Arbeitgeber durch den Dienstvertrag zur Gewährung der **vereinbarten Vergütung** verpflichtet. Diese Vorschrift geht davon aus, dass beide Vertragsparteien in entsprechenden Verhandlungen die Höhe des Entgeltes frei vereinbart haben. Dies entspricht jedoch nicht der Realität im Arbeitsleben. Die meisten Arbeitnehmer vereinbaren ihre Vergütung nicht selbst, sie ergibt sich aus Tarifverträgen, die für die einzelnen Wirtschaftszweige von Arbeitnehmer- und Arbeitgebervereinigungen vereinbart wurden. Dies gilt insbesondere für den öffentlichen Dienst, wo außertarifliche Vergütungsvereinbarungen die Ausnahme bilden.

Der Eingruppierung und dem Entgelt ist in den §§ 12 ff. TVöD ein ganzer Abschnitt gewidmet, der die Einstufung der Beschäftigten und sämtliche an sie zu zahlenden Entgelte dem Grunde nach regelt. Die in den §§ 12 und 13 TVöD im Rahmen der Einstellung notwendigen Eingruppierungsnormen sind derzeit noch nicht abschließend verhandelt. Bis zum In-Kraft-Treten der Eingruppierungsregelungen des TVöD mit einer Entgeltordnung (gesonderter Tarifvertrag) gilt das bisherige Eingruppierungsrecht des BAT mit bestimmten Maßgaben weiter (§ 17 Abs. 1 TVÜ-VKA).

Sämtliche Eingruppierungsfeststellungen bis zum In-Kraft-Treten der neuen Entgeltordnung erfolgen nach den §§ 22, 23, 25 BAT (einschließlich der dazu ergangenen Vergütungsordnung und der Anlage 3) zunächst nach einer Vergütungs- und Fallgruppe. Sodann findet eine Zuordnung dieser Feststellungen zu den Entgeltgruppen der Anlage 3 zum TVÜ-VKA statt (§ 17 Abs. 7 TVÜ-VKA / Protokollerklärung zu § 4 Abs. 1 TVÜ-VKA). An die Stelle des Begriffs „Vergütung" tritt der Begriff „Entgelt". Diese Eingruppierungsvorgänge sind jedoch vorläufig und begründen keinen Vertrauensschutz und keinen Besitzstand (§ 17 Abs. 3 TVÜ-VKA). Die Tarifvertragsparteien haben bereits jetzt festgelegt, dass Anpassungen der Eingruppierung aufgrund des In-Kraft-Tretens der neuen Entgeltordnung mit Wirkung für die Zukunft erfolgen (§ 17 Abs. 4 TVÜ-VKA). Für den Fall, dass in diesem Zusammenhang Rückgruppierungen erfolgen, werden finanzielle Nachteile nicht ausgeglichen.

Das Kernmerkmal des weiter geltenden Eingruppierungsrechts ist die sog. **„Tarifautomatik"**. Wird nämlich einem Beschäftigten ein Kreis von Aufgaben auf Dauer übertragen, so **ist** er in der Regel von diesem Zeitpunkt an auch in der entsprechenden Vergütungsgruppe eingruppiert, d. h. es bedarf keines förmlichen Eingruppierungsaktes durch den Arbeitgeber. Die im Arbeitsvertrag vereinbarte Vergütungsgruppe ist nur ein Indiz für die richtige Eingruppierung.
Erkennen weder Arbeitgeber noch Arbeitnehmer beim Abschluss des Arbeitsvertrages bzw. im Rahmen der dauernden Übertragung von Aufgaben nicht, dass es sich um eine zu geringe Eingruppierung handelt, greift gleichwohl die Tarifautomatik, d. h. der Beschäftigte **ist** von der Aufgabenübertragung an in der höheren Vergütungsgruppe eingruppiert. Verjährungs- bzw. Ausschlussfristen kommen beim Eingruppierungsakt nicht zum Tragen. Die darauf basierenden Ansprüche auf Zahlung einer höheren Vergütung hingegen unterliegen der Ausschlussfrist des § 37 TVöD.

 ÜBERSICHT 12

Vorläufige Zuordnung der Vergütungs- und Lohngruppen zu den Entgeltgruppen für zwischen dem 01. Oktober 2005 und dem In-Kraft-Treten der neuen Entgeltordnung stattfindende Eingruppierungs- und Einreihungsvorgänge im kommunalen Bereich
(Anlage 3 TVÜ-VKA)

Entgelt-gruppen nach TVöD	Vergütungsgruppen für Angestellte nach dem BAT	Lohngruppen für Arbeiter nach dem BMT-G II
15	I a I b mit Aufstieg nach I a (zwingend Stufe 1, keine Stufe 6)	–
14	I b ohne Aufstieg nach I a	–
13	Beschäftigte mit Tätigkeiten, die eine abgeschlossene wissenschaftliche Hochschulausbildung voraussetzen (II mit und ohne Aufstieg nach I b) [ggf. mit Zulagenregelung nach § 17 Abs. 8 TVÜ-VKA] und weitere Beschäftigte, die nach der Vergütungsordnung zum BAT/ BAT-O/ BAT-Ostdeutsche Sparkassen unmittelbar in VergGr. II eingruppiert sind	–
12	III mit Aufstieg nach II	–
11	III ohne Aufstieg nach II IV a mit Aufstieg nach III	–
10	IV a ohne Aufstieg nach III IV b mit Aufstieg nach IV a V b in den ersten sechs Monaten der Berufsausübung, wenn danach IV b mit Aufstieg nach IV a	–
9	IV b ohne Aufstieg nach IV a V b mit Aufstieg nach IV b V b ohne Aufstieg nach IV b (Stufe 5 nach 9 Jahren in Stufe 4, keine Stufe 6)	9 (zwingend Stufe 1, Stufe 4 nach 7 Jahren in Stufe 3, keine Stufen 5 und 6)

Entgelt-gruppen nach TVöD	Vergütungsgruppen für Angestellte nach dem BAT	Lohngruppen für Arbeiter nach dem BMT-G II
8	V c mit Aufstieg nach V b V c ohne Aufstieg nach V b	7 mit Aufstieg nach 8 und 8 a
7	Keine	7 mit Aufstieg nach 7 a 6 mit Aufstieg nach 7 und 7 a
6	VI b mit Aufstieg nach V c VI b ohne Aufstieg nach V c	6 mit Aufstieg nach 6 a 5 mit Aufstieg nach 6 und 6 a
5	VII mit Aufstieg nach VI b VII ohne Aufstieg nach VI b	5 mit Aufstieg nach 5 a 4 mit Aufstieg nach 5 und 5 a
4	Keine	4 mit Aufstieg nach 54 a 3 mit Aufstieg nach 4 und 4 a
3	VIII mit Aufstieg nach VII VIII ohne Aufstieg nach VII	3 mit Aufstieg nach 3 a 2 mit Aufstieg nach 3 und 3 a
2 Ü	Keine	2 mit Aufstieg nach 2 a 1 mit Aufstieg nach 2 und 2 a
2	IX a mit Aufstieg nach VIII IX mit Aufstieg nach IX a oder VIII X (keine Stufe 6)	1 mit Aufstieg nach 1 a (keine Stufe 6)
1	Beschäftigte mit einfachsten Tätigkeiten, zum Beispiel - Essens- und Getränkeausgeber/innen - Garderobenpersonal - Spülen und Gemüseputzen und sonstige Tätigkeiten im Haus- und Küchenbereich - Reiniger/innen in Außenbereichen wie Höfe, Wege, Grünanlagen, Parks - Wärter/innen von Bedürfnisanstalten - Servierer/innen - Hausarbeiter/innen - Hausgehilfe/Hausgehilfin - Bote/Botin (ohne Aufsichtsfunktion Ergänzungen können durch landesbezirklichen Tarifvertrag geregelt werden. Hinweis: Diese Zuordnung gilt unabhängig von bisherigen tariflichen Zuordnungen zu Vergütungs-/ Lohngruppen.	

 **ÜBERSICHT 13**

Vorläufige Zuordnung der Vergütungsgruppen zu den Entgeltgruppen, ergänzt um Tätigkeitsmerkmale der auf § 22 BAT basierenden Vergütungsordnung für bisherige Angestelltentätigkeiten
(Anlage 3 TVÜ-VKA)

Tätigkeitsmerkmal	Vergütungs-gruppe	Fallgruppe	Zuordnung zur Entgelt-gruppe
Schwierige Tätigkeit	VIII	1a	3
Schwierige Tätigkeit und zu einem Viertel gründliche Fachkenntnisse	VIII	1b	3
Zwei Jahre Bewährung in VG VIII Fallgruppe 1b	VII	1c	3
Gründliche Fachkenntnisse	VII	1a	5
Gründliche und vielseitige Fachkenntnisse	VII	1b	5
Sechs Jahre Bewährung in VG VII Fallgruppe 1b	VIb	1b	5
Gründliche und vielseitige Fachkenntnisse und mindestens ein Fünftel selbstständige Leistungen	VIb	1a	6
Gründliche und vielseitige Fachkenntnisse und mindestens ein Drittel selbstständige Leistungen	Vc	1a	8
Gründliche und vielseitige Fachkenntnisse und selbstständige Leistungen	Vc	1b	8
Drei Jahre Bewährung in VG Vc Fallgruppe 1b	Vb	1c	8
Gründliche, umfassende Fachkenntnisse und selbstständige Leistungen	Vb	1a	9
Gründliche, umfassende Fachkenntnisse, selbstständige Leistungen und zu einem Drittel besonders verantwortungsvoll	Vb	1b	9
Gründliche, umfassende Fachkenntnisse, selbstständige Leistungen und besonders verantwortungsvoll	IVb	1a	9
Drei Jahre Bewährung in VG Vb Fallgruppe 1b	IVb	1b	9
Gründliche, umfassende Fachkenntnisse, selbstständige Leistungen und besonders verantwortungsvoll, sowie mindestens zu einem Drittel besondere Schwierigkeit und Bedeutung	IVa	1a	10
Gründliche, umfassende Fachkenntnisse, selbst-ständige Leistungen und besonders verantwor-tungsvoll, sowie besondere Schwierigkeit und Bedeutung	IVa	1b	11
Vier Jahre Bewährung in VG IVa Fallgruppe 1b	III	1b	11
Gründliche, umfassende Fachkenntnisse, selbstständige Leistungen und besonders verantwortungsvoll, sowie besondere Schwierig-keit und Bedeutung. Die Verantwortung muss höher sein als in VG IV Fallgruppe 1b	III	1a	12
Fünf Jahre Bewährung in VG III Fallgruppe 1a	II	1e	12

ÜBUNG 20

Beurteilen Sie die Sachverhalte nach der Vergütungsordnung zum BAT und ermitteln Sie nach der Anlage 3 TVÜ-VKA die jeweilige Entgeltgruppe.

Sachverhalt	Lösung
Mit dem In-Kraft-Treten einer Gesetzesänderung werden Aufgaben auf einer Stelle anspruchsvoller. Die in einer neuen Arbeitsplatzbeschreibung festgehaltenen Aufgaben werden nach der Vergütungsgruppe IV Fallgruppe 1a bewertet. Welcher Entgeltgruppe ist die Tätigkeit zuzuordnen?	
Ein Beschäftigter erfüllte bisher eine Aufgabe, für die gründliche und vielseitige Fachkenntnisse und mindestens ein Drittel selbstständige Leistungen erforderlich waren. Nach erfolgreichem Bestehen eines Angestelltenlehrganges II werden ihm Aufgaben zugewiesen, für die er gründliche, umfassende Fachkenntnisse benötigt, selbstständige Leistungen gefordert und die zu einem Drittel besonders verantwortungsvoll sind. Welchen Vergütungsgruppen und Fallgruppen bzw. Entgeltgruppen war und ist er nun zuzuordnen?	

ÜBUNG 21

Ordnen Sie den Tätigkeitsmerkmalen die Vergütungs- und Fallgruppen sowie die Entgeltgruppen zu.

Tätigkeitsmerkmal	Eingruppierung in		Zuordnung zur Entgeltgruppe
	Vergütungsgruppe	Fallgruppe	
Vorwiegend mechanische Tätigkeit			
Gründliche Fachkenntnisse			
Gründliche und vielseitige Fachkenntnisse und mindestens zu einem Fünftel selbstständige Leistungen			
Gründliche, umfassende Fachkenntnisse und selbstständige Leistungen und mindestens zu einem Drittel besonders verantwortungsvoll			
Abgeschlossene wissenschaftliche Hochschulausbildung und entsprechende Tätigkeit			

FALL 6 **Hohe Anforderungen**

Der Fachbereich Sicherheit und Ordnung der Stadt Welfenheim hat die Aufgaben der Meldebehörde. Es wird eine neue Stelle eingerichtet. Nach Auswertung der Arbeitsplatzbeschreibung sind für die Wahrnehmung der Aufgabe „gründliche und vielseitige Fachkenntnisse" erforderlich. Die Stelle soll intern besetzt werden.

Aufgabe: 1. Prüfen Sie, nach welcher Vergütungs- und Fallgruppe die Stelle auszuschreiben ist.
2. Prüfen Sie, welcher Entgeltgruppe die Stelle zuzuordnen ist.

 Notieren Sie die Lösung auf einem besonderen Blatt.

BASISTEXT **Entgelt**

Auf Grundlage der Eingruppierung bildet das **Tabellenentgelt** den Hauptbestandteil des arbeitsvertraglichen Einkommens des Beschäftigten. Die Tabelle ist in **15 Entgeltgruppen** unterteilt und bildet folgende **vier Qualifikationsebenen** ab:

 **ÜBERSICHT 14** **Entgeltgruppen und Qualifikationsebenen**

Entgeltgruppen	Qualifikationsebene
1 - 4	Beschäftigte, die Tätigkeiten ausführen, die keine oder eine unter dreijährige Ausbildung in einem nach dem BBiG anerkannten Ausbildungsberuf voraussetzen.
5 - 8	Beschäftigte, die Tätigkeiten ausführen, die eine mindestens dreijährige Ausbildung nach dem BBiG voraussetzen.
9 - 12	Beschäftigte, die Tätigkeiten ausführen, die einen Fachhochschulabschluss voraussetzen.
13 - 15	Beschäftigte, die Tätigkeiten ausführen, die eine wissenschaftliche Hochschulbildung voraussetzen.

Nach § 15 Abs. 2 TVöD gibt es **Entgelttabellen** für verschiedene Tarifbereiche, die in Anlagen dargestellt sind. Neben der allgemeinen Entgelttabelle mit 15 Entgeltgruppen gibt es eine S-Tabelle für den Sozial- und Erziehungsdienst mit 17 Entgeltgruppen und sechs Stufen. Im Bundesbereich gibt es zudem die Besonderheit, dass ab der Entgeltgruppe 9 die Entwicklungsstufe 6 entfällt.

In der Stadt Welfenheim gilt folgende Entgelttabelle:

Entgelttabelle TVöD für den Bereich der Kommunen
Anlage A (VKA), gültig ab 01.08.2011

Entgelt-gruppen	Grundentgelt		Entwicklungsstufen			
	Stufe 1	Stufe 2	Stufe 3	Stufe 4	Stufe 5	Stufe 6
15	3723,88	4131,64	4283,45	4825,66	5237,73	5508,84
14	3372,53	3741,23	3958,12	4283,45	4782,28	5053,38
13	3109,02	3448,44	3632,80	3990,64	4489,48	4695,53
12	2786,96	3090,59	3524,35	3903,90	4391,89	4608,77
11	2689,35	2982,16	3199,03	3524,35	3996,08	4212,96
10	2591,75	2873,70	3090,59	3307,48	3719,55	3817,15
9	2289,21	2537,53	2667,67	3014,68	3285,79	3502,67
8	2142,81	2374,87	2483,32	2580,92	2689,35	2757,67
7	2006,18	2223,05	2364,03	2472,47	2553,81	2629,72
6	1967,13	2179,67	2288,12	2391,14	2461,63	2532,13
5	1884,71	2087,51	2190,52	2293,55	2369,46	2423,68
4	1791,45	1984,48	2114,61	2190,52	2266,43	2310,89
3	1762,19	1951,94	2006,18	2092,93	2158,00	2217,64
2	1625,54	1800,13	1854,35	1908,58	2027,85	2152,57
1		1448,79	1474,81	1507,35	1537,70	1615,78

Die Entgeltgruppen 2 bis 15 umfassen jeweils sechs Stufen. Im Falle einer Neueinstellung hängt die Zuordnung bis zur Stufe 3 nach § 16 Abs. 2 TVöD vom Nachweis einer einschlägigen Berufserfahrung ab, die Stufen 4 bis 6 können beim jeweiligen Arbeitgeber nach § 16 Abs. 3 TVöD nur abhängig von der individuellen Leistung erreicht werden..

Einschlägige Berufserfahrung

liegt vor, wenn die bisherigen Tätigkeiten **im Wesentlichen identisch** mit dem Berufsbild bei dem neuen öffentlichen Arbeitgeber sind. Es reicht nicht irgendeine Berufserfahrung, auch keine branchenübliche Berufserfahrung.

In der Ausbildung wird keine Berufserfahrung vermittelt, sondern die Grundlagen für die Ausübung eines Berufes gelegt. Wer in seinem Ausbildungsberuf tätig wird, erwirbt einschlägige Berufserfahrung. Das Merkmal „einschlägige Berufserfahrung" ist aber nicht unbedingt an eine vorherige Ausbildung gekoppelt.

Beispiel:

> Eine Kauffrau für Bürokommunikation wird in einer Kommune nach Fortfall ihres Arbeitsplatzes im Bürgerbüro weiterbeschäftigt, in dem im Regelfall Verwaltungsfachangestellte eingesetzt werden. Sie erwirbt einschlägige Berufserfahrung für dieses Tätigkeitsfeld. Im Falle eines Arbeitgeberwechsels könnte sie eine höhere Stufe beanspruchen.

Die Beurteilung der Einschlägigkeit bisheriger Berufserfahrung liegt im **billigen Ermessen** (§ 315 Abs. 1 BGB) des Arbeitgebers. Die zusätzliche Berücksichtigung sonstiger förderlicher Zeiten für die Stufenzuordnung aus Gründen der Personalgewinnung hingegen liegt im **freien Ermessen** des Arbeitgebers.

Eine weitere Besonderheit besteht nach § 16 Abs. 2a TVöD bei einer Einstellung eines Arbeitnehmers im unmittelbaren Anschluss an ein Arbeitsverhältnis im öffentlichen Dienst (Bund, Land, Kommune oder sonstiger Arbeitgeber, der den TVöD anwendet). Ungeachtet der Berufserfahrung kann die in dem vorhergehenden Arbeitsverhältnis erworbene Stufe ganz oder teilweise berücksichtigt werden. Diese Regelung soll dem Wechsel zwischen den Arbeitgebern des öffentlichen Dienstes dienen und liegt im freien Ermessen des Arbeitgebers.

Beispiel:

> Ein Arbeitnehmer ist 20 Jahre in einer Kommune als Techniker im Bauamt beschäftigt und erhält EG 9, Stufe 6. Auf Grund seiner ausgezeichneten Kontakte zum Sport möchte ihn die Stadt Welfenheim als Sportreferatsleiter im Verwaltungsbereich ebenfalls in der EG 9 gewinnen. Eine Zuordnung zur Stufe 6 ist auch ohne einschlägige Berufserfahrung möglich.

Ab der Stufe 3 erfolgt ein Aufstieg in den Stufen **leistungsbezogen**. Beschäftigte mit einer **Durchschnittsleistung** erreichen nach den in § 16 Abs. 3 TVöD vorgesehenen Zeiten **die Stufen 4 bis 6.** Wer erheblich über dem Durchschnitt liegende Leistungen erbringt, kann die Stufen 4 bis 6 früher erreichen. Wer jedoch erheblich unter dem Durchschnitt liegende Leistungen erbringt, dem kann die erforderliche Zeit für das Erreichen der nächsten Stufe verlängert werden.

Um eine Durchschnittsleistung überhaupt zu ermitteln, muss ein Arbeitgeber zunächst ein Anforderungsprofil einer Stelle erstellen.

Das Anforderungsprofil

> beschreibt die **Qualifikationen und Fähigkeiten**, die zur Ausführung einer Aufgabe oder zur Erfüllung einer Stellenbeschreibung erforderlich sind.

Die Anforderungen beziehen sich zum einen auf die fachlichen und methodischen Kompetenzen, zum anderen auf die personenbezogenen Anforderungen im Sinne von Verhaltens- bzw. Persönlichkeitsmerkmalen und Sozialkompetenz. Um über die erbrachte Leistung bzw. das Verhalten eines Beschäftigten ein möglichst objektives Bild zu erhalten, ist es wichtig, die auf dieser Stelle durchschnittlich vom Stelleninhaber zu erbringende Leistung zu definieren und zu dokumentieren.

Durchschnittsleistung

ist die **Leistung**, die von einem geeigneten, geübten und eingearbeiteten Stelleninhaber mit ordnungsgemäßen Arbeitsmitteln und in zweckmäßigem Arbeitsablauf unter Wahrung der Arbeitssicherheit ohne Gesundheitsschädigung auf Dauer unter Aufwendung aller geistigen und körperlichen Fähigkeiten **im Durchschnitt** erreicht und erwartet werden kann.

Wird die Durchschnittsleistung erreicht, erfolgt nach Zeitablauf tarifautomatisch die Zuordnung zu den Stufen 4 bis 6. Auf Grund der variierenden individuellen Leistungsfähigkeit des Menschen gibt es bei der Durchschnittsleistung eine Bandbreite nach oben und nach unten. Der Arbeitgeber hat bei der Festlegung der individuellen Durchschnittleistung einen Ermessensspielraum. Das gilt auch für die Beurteilung, ob eine Leistung „**erheblich**" über dem Durchschnitt, verbunden mit den tariflichen Möglichkeiten, die Stufenlaufzeiten zu verkürzen und zu verlängern.

Beispiel:
Ein Verwaltungsfachangestellter erreicht nach erfolgreicher Ausbildung ab dem Zeitpunkt seiner unbefristeten Übernahme bei durchschnittlicher Leistung im sechzehnten Jahr der Beschäftigung die letzte Entwicklungsstufe.

 **ÜBERSICHT 15**   **Stufenentwicklung bei einer Durchschnittsleistung**

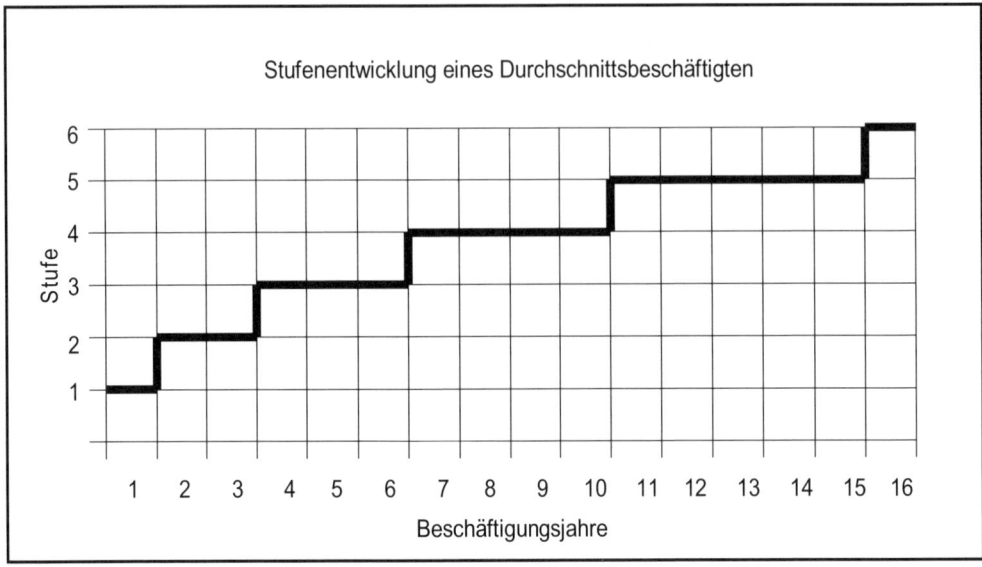

Stufenentwicklung eines Durchschnittsbeschäftigten

 ÜBUNG 22

Prüfen Sie, welcher Stufe die Beschäftigten bei einer Einstellung zuzuordnen sind.

Beispiel	Lösung
1. Herr Adam erhält von der Stadt Arnsberg nach erfolgreicher Ausbildung zum Verwaltungsfachangestellten einen Anschlussvertrag für ein Jahr. Nach dreimonatiger Arbeitslosigkeit erhält er einen befristeten Arbeitsvertrag in Welfenheim.	
2. Herr Bertram ist nach seiner Ausbildung zum Verwaltungsfachangestellten von der Stadt Welfenheim unbefristet übernommen worden. Nach fünfjähriger Tätigkeit kündigt er und geht in die Privatwirtschaft. Dort gefällt es ihm nicht. Er kündigt in der Probezeit und erhält ein erneutes Einstellungsangebot von der Stadt Welfenheim. Welche Stufe erhält er bei der Einstellung? Wann erhält er die nächste Stufe in Welfenheim?	

Beispiel	Lösung
3. Herr Carstens ist von Beruf Maurer und wurde nach vier Berufsjahren arbeitslos. Er kann zum 01.04. in Welfenheim als Saisonkraft befristet für acht Monate in der Grünflächenunterhaltung anfangen.	
4. Frau Behrend ist seit neun Jahren als Verwaltungsfachangestellte in München teilzeitbeschäftigt. Sie erhält die Entgeltgruppe 8 und ist der Stufe 4 zugeordnet. Der Ehemann ist vor einem Jahr nach Norddeutschland versetzt worden. Die Familie möchte nachziehen. Nach zahlreichen Bewerbungen hat Frau Behrend eine Einstellungsmöglichkeit als Verwaltungsfachangestellte in der Entgeltgruppe 6 mit 25 Wochenstunden gefunden. Bevor sie in München kündigt und den Arbeitgeber wechselt, möchte sie wissen, auf welche Stufe sie einen tariflichen Anspruch hat? Auf welche Möglichkeiten kann Frau Behrend hinweisen, um eine höhere Stufe durchzusetzen?	

Kohle her   **FALL 7**

Die Stadt Welfenheim stellt zum 01. Oktober 2011 folgende Verwaltungsfachangestellte ein:

1. Frau Adam nach Entgeltgruppe 5 TVöD. Sie beendete ihre Ausbildung am 23. Juni und war drei Monate arbeitslos.

2. Herr Bergmann wurde nach seiner Ausbildung bei der Stadt Soest befristet für zwei Jahre als Verwaltungsfachangestellter im Rahmen einer Elternzeitvertretung in der Entgeltgruppe 5 beschäftigt. Er hat sich in Welfenheim auf eine nach Entgeltgruppe 6 bewertete Stelle beworben und soll eingestellt werden.

Aufgabe: Ermitteln Sie das im Einstellungsmonat zustehende Entgelt und stellen Sie fest, wann und unter welchen Voraussetzungen die nächste Stufensteigerung erfolgt.

 Notieren Sie die Lösung auf einem besonderen Blatt.

FALL 8   **Lohnt sich ein Arbeitgeberwechsel?**

Der Verwaltungsfachangestellte Klaus Bauer wurde bei der Stadt Celle ausgebildet und danach unbefristet eingestellt. Auf Grund guter Leistungen hatte er vier Jahre später die Gelegenheit erhalten, einen Angestelltenlehrgang II (Dauer 12 Monate) zu besuchen. Sofort danach kam er in die Personalverwaltung, in der er nun seit sechs Jahren tätig ist. Er ist in der Entgeltgruppe 10 eingruppiert und der Stufe 4 zugeordnet.

Nach einer Stellenausschreibung bewarb er sich in Welfenheim auf eine Leitungsstelle im Personalwesen nach der Entgeltgruppe 11. Einstellungsvoraussetzung war der erfolgreiche Besuch des Lehrganges A II sowie Berufserfahrung. Das Vorstellungsgespräch war erfolgreich, so dass er zum nächsten Quartalsbeginn eine Einstellungszusage erhalten hat. Der von der Stadt Welfenheim unterzeichnete Arbeitsvertrag liegt ihm vor. Danach soll die Anwendung des TVöD mit der Entgeltgruppe 11 vereinbart werden.

Aufgabe: 1. Wie verändert sich die tarifliche Vergütung des Herrn Bauer in Welfenheim gegenüber derjenigen in Celle? Kann er durch Verhandeln ein höheres Einkommen erzielen?

 Notieren Sie die Lösung auf einem besonderen Blatt.

Aufgabe: 2. Welche Handlungsspielräume hat die Stadt Welfenheim innerhalb der Stufenzuordnung?
Bilden Sie dazu vier verschiedene Beispiele für Berufsbilder in Ihrer Verwaltung und diskutieren Sie, wie sich die Arbeitgeber bei einer Einstellung bezüglich der Stufenzuordnung verhalten werden. Verwenden Sie die Matrix und präsentieren Sie die Ergebnisse.

Berufsbild	Handelt es sich um einen Aus-bildungsberuf in der Kommune?	Gibt es auf dem Arbeitsmarkt einen Mangel an derartigen Be-schäftigten?	Welche persön-lichen Merkmale können für eine höhere Stufen-zuordnung wichtig sein?	Ihre Entschei-dung als Ar-beitgeber zur Stufenzuord-nung
1				
2				
3				
4				

Berechnung der Nettobezüge BASISTEXT

Die Lohnzahlungspflicht ist die Hauptpflicht des Arbeitgebers aus dem Arbeitsvertrag. Die **Abrechnungspflicht**, d. h. die schriftliche Abrechnung für das zu zahlende Entgelt hingegen ergibt sich nicht nur aus der Fürsorgepflicht, sondern auch aus § 108 der Gewerbeordnung. Danach ist dem Arbeitnehmer bei Zahlung des Arbeitsentgelts eine Abrechnung in Textform zu erteilen. Die Abrechnung muss mindestens Angaben über den Abrechnungszeitraum und die Zusammensetzung des Arbeitsentgelts enthalten. Hinsichtlich der Zusammensetzung sind insbesondere Angaben über Art und Höhe der Zuschläge, Zulagen, sonstige Vergütungen, Art und Höhe der Abzüge, Abschlagszahlungen sowie Vorschüsse erforderlich. Bei den Entgelten handelt es sich um einen Anspruch aus dem Arbeitsvertrag. Die Höhe bestimmt sich nach den Tarifverträgen des öffentlichen Dienstes. Die einzelnen Entgeltbestandteile (z. B. Tabellenentgelt, Leistungsentgelt, vermögenswirksame Leistungen, Zeitzuschläge Entgelt für Rufbereitschaft, Jahressonderzahlung,) werden als **Bruttobezüge** bezeichnet.

Der Arbeitgeber muss die Berechnung der Lohnsteuer und der Sozialversicherungsbeiträge monatlich vornehmen. Hierzu benötigt der Arbeitgeber den Sozialversicherungsausweis mit der Sozialversicherungsnummer zur Anmeldung bei der vom Arbeitnehmer gewählten Krankenkasse und die Lohnsteuerkarte. Ab 2012 werden die für die Berechnung der Lohnsteuer benötigten Daten in einer Datenbank der Finanzverwaltung hinterlegt und den Arbeitgebern in elektronischer Form zum Abruf bereitgestellt. Mit dem neuen elektronischen Verfahren ist die von den Gemeinden ausgestellte Lohnsteuerkarte in Papierform nicht mehr notwendig.

Von der **Gesamtbruttosumme** hat der Arbeitgeber nach den Sozial- und Steuergesetzen sowie nach dem Tarifvertrag Altersvorsorge-TV-Kommunal individuelle Beträge abzuziehen und an das Finanzamt, die Krankenkassen und die Zusatzversorgungseinrichtung (in der Regel die Versorgungsanstalt des Bundes und der Länder – VBL) abzuführen. Eine weitere Besonderheit mit Auswirkungen auf die Lohnabrechnung stellt die **Entgeltumwandlung** dar. Die Tarifparteien haben sich im Jahre 2003 auf einen Entgeltumwandlungstarifvertrag für die kommunalen Beschäftigten im öffentlichen Dienst (TV-EUmw/VKA) geeinigt. Durch den Tarifvertrag wird für die Arbeitnehmer die Möglichkeit geschaffen, ihre eigene Altersversorgung unter Nutzung von ersparten Steuern und Sozialversicherungsbeiträgen zu steigern und so Eigenvorsorge für ihre finanzielle Absicherung im Alter zu betreiben. Auch der Arbeitgeber spart hierbei die Sozialversicherungsbeiträge für das umgewandelte Entgelt.

Der nach allen Abzügen verbleibende Betrag wird als sog. Nettobezug dem Arbeitnehmer ausgezahlt. Neben der Zahlung der Bruttobezüge ist der Arbeitgeber verpflichtet, einen Arbeitgeberanteil zur Sozialversicherung und zur Zusatzversorgung zu leisten. Die daraus errechnete Gesamtsumme stellt die **Arbeitgeberkosten** dar, die erheblich über den tariflich zustehenden Bruttobezügen liegen.

Gem. § 24 TVöD erfolgt die Zahlung des Entgeltes am letzten Tag des Monats (Zahltag) für den laufenden Kalendermonat. Fällt der Zahltag auf einen Samstag, einen Wochenfeiertag oder den 31. Dezember, gilt der vorhergehende Werktag, , fällt er auf einen Sonntag, gilt der zweite vorhergehende Werktag als Zahltag. Für die Zahlung steht dem Arbeitgeber der gesamte Zahltag zur Verfügung. Theoretisch kann die Zahlung um 24:00 Uhr erfolgen, so dass der Beschäftigte erst am Folgetag über das Geld verfügen kann. Im Regelfall überweisen die Arbeitgeber das Entgelt wegen verschiedenlanger Überweisungswege so rechtzeitig, dass die Wertstellung auf dem Konto des Arbeitnehmers spätestens am Zahltag erfolgt.

 **ÜBERSICHT 16**   **Brutto- und Nettobezüge**

Bruttobezüge

./.   Steuern (Lohnsteuer, Solidaritätszuschlag, ggf. Kirchensteuer)

./.   Arbeitnehmeranteil zur Sozialversicherung
(Kranken-, Renten-, Arbeitslosen- u. Pflegeversicherung)

./.   Arbeitnehmeranteil zur Zusatzversorgung

=	**Nettobezüge**

Von den Nettobezügen können individuell und freiwillig weitere Abzüge, beispielsweise für einen vermögenswirksamen Bausparvertrag oder anderweitige Sparverträge für eine Altersvorsorge vorgenommen werden.

Gehaltsabrechnung   ÜBERSICHT 17 👓

Beispiel: Abrechnung
Nach der Ausbildung neu eingestellter 23-jähriger lediger Verwaltungsfachangestellter der Stadt Welfenheim, Abrechnung für den Monat August 2011

Gehaltsabrechnung des Beschäftigten			Kosten, die dem Arbeitgeber entstehen		
Tabellenentgelt EG 5, Stufe 1	+	1.884,71 €	Tabellenentgelt EG 5, Stufe 1	+	1884,71 €
Zulage vermögensw. Leistung	+	6,65 ☐	Zulage vermögensw. Leistung	+	6,65 ☐
Bruttobezug	**=**	**1.891,36 €**	**Bruttobezug**	**=**	**1.891,36 €**
Berechnungsgrundlage für Zusatzversorgungsbeiträge	= (1)	1.884,71 €	Pauschale Lohnsteuer 20 % v. Basissumme 92,03 € § 16 Tarifvertrag Altersversorgung	+ (3)	18,41 €
Aufgrund der Zusatzversorgung zusätzlich zu versichernder Betrag	+ (1)	51,90 €	Solidaritätszuschlag für pauschale Lohnsteuer 5,5 %	+ (3)	1,01 €
Berechnungsgrundlage für Sozialvers. Beiträge	=	1.938,38 €	Kirchensteuer für pauschale Lohnsteuer 6,0 %	+ (3)	1,10 €
Aufgrund der Zusatzversorgung zusätzlich zu versteuernder Betrag	+ (2)	29,53 €			
Berechnungsgrundlage für Steuern	=	1.920,89 €			
Gesetzliche Abzüge					
Lohnsteuer Kl. I Betrag nach Tabelle	–	207,16 €			
Solidaritätszuschlag 5,5 % von der Lohnsteuer	–	11,39 €			
Kirchensteuer 9% v. LoSt.		18,64 €			
Arbeitnehmerbeitrag Krankenversicherung 7,3 % + 0,9 % Zuschlag	– (4) –	141,86 € 17,49 €	Arbeitgeberbeitrag Krankenversicherung 7,3 %	+	141,86 €
			Arbeitgeberbeitrag U2 = 0,22 % (4)	+	4,28 €
Arbeitnehmerbeitrag Rentenversicherung Hälfte von 19,9 %	–	193,35 €	Arbeitgeberbeitrag Rentenversicherung Hälfte von 19,9 %	+	193,35 €
Arbeitnehmerbeitrag Arbeitslosenversicherung. Hälfte von 3,0 %	–	29,15 €	Arbeitgeberbeitrag Arbeitslosenversicherung. Hälfte von 3,0 %	+	29,15 €
Arbeitnehmerbeitrag Pflegeversicherung Hälfte von 1,95 % + 0,25 % Zuschlag für Kinderlose	– (5)	23,90 €	Arbeitgeberbeitrag Pflegeversicherung Hälfte von 1,95 %	+	19,04 €
Arbeitnehmerbeitrag Zusatzversorgung 1,41 % der Bruttobezüge	–	26,57 €	Arbeitgeberbeitrag Zusatzversorgung 6,45 % der Bruttobezüge	+ (1)	121,56 €
			Arbeitgeberbeitrag zur Sanierung der Zusatzversorgung 1,56 % der Bruttobezüge	+ (1)	29,40 €
Nettobezüge (Auszahlungsbetrag)	**=**	**1.221,84 €**	**Tatsächliche Arbeitgeberkosten**	**=**	**2.450,53 €**

Anmerkungen zur Gehaltsabrechnung:

Anmerkung (1)
Der vom Arbeitgeber zu leistende Zusatzversorgungsbeitrag als Mitglied der Versorgungsanstalt des Bundes und der Länder (VBL) berechnet sich nach dem Zusatzversorgungsbrutto. Es werden grundsätzlich sämtliche Entgeltbestandteile für diese Berechnungsgröße berücksichtigt. Eine Ausnahme bildet die Zulage zu den vermögenswirksamen Leistungen. Der Zusatzversorgungsbeitrag ermittelt sich wie folgt:

=	**Zusatzversorgungsbrutto**	**1884,71 €**
x	derzeitiger Beitragssatz für die Zusatzversorgung	6,45%
=	**Zusatzversorgungsbeitrag**	**121,56 €**

Nach § 16 Abs. 2 und § 37 Abs. 2 Tarifvertrag Altersversorgung sind von diesem Beitrag maximal bis zu 92,03 € pauschal vom Arbeitgeber zu versteuern. Nach § 2 Abs. 1 Arbeitsentgeltverordnung muss dieser Teil des Beitrages zusätzlich als Zukunftssicherungsleistung der Sozialversicherung nach folgender Berechnung unterworfen werden:

(2,5% von 1426,82 €) ./. 13,30 € Freibetrag = **22,37 €.**

Der Beitrag von 92,03 € entspricht einem Brutto von 1.426,82 € (1.426,82 € x 6,45% = 92,03 €). Die Restbruttosumme von 457,89 € (1.884,71 € ./. 1.426,82 € = 457,89 €) ist mit dem Beitragssatz von 6,45 % zu multiplizieren = **29,53 €** und ebenfalls zusätzlich der Sozialversicherung zu unterwerfen.
Insgesamt sind den Bruttobezügen **51,90 € (22,37 € + 29,53 €)** für die Berechnung der Sozialversicherungsbeiträge hinzuzurechnen.

Durch eine Umstrukturierung des öffentlichen Zusatzversorgungssystems bei der Versorgungsanstalt des Bundes und der Länder, haben die öffentlichen Arbeitgeber des Tarifgebietes West zusätzlich einen Beitrag zur Sanierung der Versorgungskasse zu entrichten. Dieser Beitrag wird jährlich neu festgelegt und ist regional unterschiedlich.

Anmerkung (2)
Die im Rahmen der Zusatzversorgung (siehe Anmerkung 1) zu ermittelnde Restbruttosumme von 457,89 € (1.884,71 € ./. 1.426,82 € = 457,89 €) ist mit dem Beitragssatz von 6,45 % zu multiplizieren = **29,53 €** und ebenfalls zusätzlich der Steuerpflicht zu unterwerfen.

Anmerkung (3)
Nach § 16 Abs. 2 und § 37 Abs. 2 Tarifvertrag Altersversorgung ist der Beitrag von **92,03 €** pauschal vom Arbeitgeber zu versteuern. Er muss dafür pauschale Lohn- und Kirchensteuern sowie den Solidaritätszuschlag entrichten.

Anmerkung (4)

Der Gesetzgeber hat die Beitragslastverteilung in der Krankenversicherung gesondert gestaltet. Für die Arbeitgeber wurde der Beitragssatz auf 7,3 % „eingefroren". Die Arbeitnehmer zahlen ebenfalls 7,3 % und derzeit einen zusätzlichen Beitrag in Höhe von 0,9 %. Daneben können die Krankenkassen direkt vom Arbeitnehmer einen Zusatzbeitrag fordern, der aber nicht über die Entgeltabrechnung läuft.

Das Aufwendungsausgleichsgesetz sieht vor, dass der Arbeitgeber von den Krankenkassen Mutterschaftsleistungen erstattet bekommt. Dafür hat allein der Arbeitgeber eine Umlage (U2) zu leisten. Der Beitragssatz wird in der Satzung der jeweiligen Krankenkasse festgelegt.

Anmerkung (5)

Mit dem Gesetz zur Berücksichtigung von Kindererziehungszeiten im Beitragsrecht der sozialen Pflegeversicherung ist der Beitragssatz für kinderlose Mitglieder, die das 23. Lebensjahr vollendet haben, um 0,25 % erhöht worden (Beitragszuschlag für Kinderlose).

Abrechnungsmodalitäten durch Zusatzversorgung und Sozialversicherung **BASISTEXT**

Die **betriebliche Altersvorsorge** ist wichtig, da die gesetzlichen Sozialversicherungssysteme angesichts der demographischen Entwicklung der Bevölkerung nur noch bedingt ein finanziell abgesichertes Leben im Alter ermöglichen. Im öffentlichen Dienst wurde dazu ein besonderer **Tarifvertrag Altersversorgung** vereinbart, der Arbeitgeber und Arbeitnehmer verpflichtet, Beiträge zu einer Versorgungsanstalt zu entrichten. Der überwiegende Teil der öffentlichen Arbeitgeber sind Mitglied in der Versorgungsanstalt des Bundes und der Länder in Karlsruhe. Die Beitragssätze ergeben sich aus der Satzung der Versorgungsanstalt. Arbeitgeberbeiträge werden nach den Steuer- und Sozialversicherungsgesetzen als geldwerter Vorteil für den Arbeitnehmer angesehen und unterliegen besonderen Abrechnungsmodalitäten.

Die Höhe der Beiträge zur Kranken-, Pflege-, Renten- und Arbeitslosenversicherung ist abhängig von dem erzielten Arbeitsentgelt, von dem aktuellen Beitragssatz und dem Zeitpunkt, für den die Entgeltzahlungen bestimmt sind. Die Beitragssätze werden gesetzlich festgelegt. Die Festlegung erfolgt in vom Hundertsätzen. Das Arbeitsentgelt wird nicht in unbeschränkter Höhe, sondern nur bis zu bestimmten Höchstbeträgen, den so genannten Beitragsbemessungsgrenzen für die Beitragsberechnung herangezogen. Die Beitragsbemessungsgrenzen werden jedes Jahr in unterschiedlicher Höhe für die Renten- und Arbeitslosenversicherung sowie der Kranken- und Pflegeversicherung neu festgelegt.

All dies macht die Gehaltsabrechnung für Beschäftigte schwer nachvollziehbar.

BASISTEXT   **Beschäftigungszeit**

Der Beschäftigungszeit begegnet man nicht nur im öffentlichen Dienst, sondern auch in den Tarifverträgen der Privatwirtschaft. Sie wird grundsätzlich bei Beginn der Beschäftigung ermittelt.

Beschäftigungszeit

> ist die **bei demselben Arbeitgeber** in einem Arbeitsverhältnis verbrachte Zeit. Bei einem **unmittelbaren Wechsel** von einem Arbeitgeber, der den TVöD anwendet bzw. von einem anderen öffentlich-rechtlichen Arbeitgeber werden diese verbrachten Zeiten ebenfalls als Beschäftigungszeit bei dem neuen Arbeitgeber angerechnet.

Die Beschäftigungszeit nach § 34 Abs. 3 TVöD bestimmt
- die Dauer der Zahlung des **Krankengeldzuschusses** nach § 22 Abs. 3 TVöD
- die **Kündigungsfrist** für die ordentliche Kündigung nach § 34 Abs. 1 TVöD
- den Eintritt der **Unkündbarkeit** im Tarifgebiet West nach § 34 Abs. 2 TVöD
- die Zahlung des **Jubiläumsgeldes** nach § 23 Abs. 2 TVöD

Grundsätzlich gilt die bei demselben Arbeitgeber verbrachte Zeit als **Beschäftigungszeit**. Es muss sich weiterhin um ein **Arbeitsverhältnis** handeln. Dabei zählt lediglich das rechtliche Vertragsverhältnis und nicht die Zeit tatsächlicher Arbeitsleistung. Ein Arbeitsverhältnis liegt nicht vor bei Auszubildenden oder Praktikanten oder bei Personen, die einen Werkvertrag geschlossen haben.
Wird ein Arbeitnehmer zum Grundwehrdienst (die Wehrpflicht wird ab 01.07.2011 ausgesetzt) oder einer Wehrübung einberufen, so ruht das Arbeitsverhältnis. Die Zeit gilt aber nach § 6 Abs. 2 S. 2 ArbPlSchG als Beschäftigungszeit. Entsprechend verhält es sich beim Zivildienst nach § 78 Abs.1 Nr. 1 ZDG.

Sofern Beschäftigte wechseln, müssen **Vorzeiten bei anderen Arbeitgebern**, die den TVöD anwenden oder die öffentlich-rechtliche Arbeitgeber sind und den TVöD nicht anwenden angerechnet werden. Ein Wechsel im Sinne des § 34 Abs. 3 S. 3 und 4 TVöD liegt nur dann vor, wenn sich das neue Arbeitsverhältnis unmittelbar an das vorangegangene Arbeitsverhältnis anschließt.

ÜBUNG 23

Die Stadt Welfenheim will einen Verwaltungsfachangestellten im Bereich Sicherheit und Ordnung einstellen.

Aufgabe: Ermitteln Sie, auf Grund welcher Norm bei anderen Arbeitgebern erbrachte Vorzeiten bei der Stadt Welfenheim als Beschäftigungszeit anzurechnen sind.

Arbeitgeber	Anrechnung als Beschäftigungszeit nach § 34 Abs. 3 TVöD oder anderer Normen möglich?
Beschäftigungszeit bei der Stadt Welfenheim	
Tätigkeit im Bundesinnenministerium	
Tätigkeit beim bayerischen Kultusministerium	
Tätigkeit bei der Stadt Celle	
Sonstige Arbeitgeber, die Mitglieder in der Vereinigung kommunaler Arbeitgeberverbände sind	
Tätigkeit bei kommunalen Spitzenverbänden (z. B. Gemeindebund, Städtetag, Landkreistag)	
Sonstige Arbeitgeber, bei denen die berufliche Tätigkeit Einstellungsvoraussetzung war	
Leistung des Wehrdienstes	
Leistung des Zivildienstes	

ÜBUNG 24

Prüfen Sie, welche Zeiträume bei dem jeweils letzten Arbeitgeber als Beschäftigungszeit anerkannt werden können.

Berufliche Stationen	Lösung

Armin Adler
 	
a) 01.08.00 - 17.06.03
   Ausbildung zum VFA   ✗
   bei der Stadt Welfenheim
 	
b) 18.06.03 - 31.12.03
   Zeitvertrag
   bei der Stadt Welfenheim
 	
c) 01.03.04 - 31.12.04
   Grundwehrdienst
 	
d) 01.01.05 - heute
   VFA bei der Stadt Welfenheim	

Bernd Busmann
 	
a)   01.07.99 – 17.06. 02
     Ausbildung zum VFA   ✗
     bei der Stadt Bernau
 	
b)   18.06.02 – 30.06.05
     VFA bei der Stadt Bernau
 	
c)   01.07.05 – 31.12.09
     Angestellter bei der Fa. Bosch
 	
d)   01.01.10 – heute
     VFA bei der Stadt Welfenheim	

Berufliche Stationen	Lösung

<u>Dirk Darin, geb. 17.05.76</u>
 	
a) 01.08.91 - 20.06.94
     Ausbildung zur VFA ✗
     bei der Stadt Dorum
 	
b) 21.06.94 - heute
     VFA bei der Stadt Dorum
 	
Wann und in welcher Höhe kann Herr Darin erstmals ein Jubiläumsgeld erhalten?	

<u>Erna Erdler, geb. 01.01.69</u> a) 01.01.89 – heute Angestellte Stadt Welfenheim b) Frau Erdler befand sich vom 01.03.96 bis 07.06.96 im Mutterschutz, danach bis zum 11.04.99 in der Elternzeit nach dem Bundeserziehungsgeldgesetz. Danach hatte sie bis zum 31.07.02 Sonderurlaub ohne Bezüge wegen Erziehung des Kindes. Ein dienstliches Interesse an der Beurlaubung wurde nicht anerkannt.	

77

BASISTEXT   **Festsetzung des Beginns der Beschäftigungszeit**
Sofern berufliche Lebensabschnitte als Beschäftigungszeit anrechenbar sind, erfolgt die
Ermittlung in Jahren und Tagen. Nachdem die Anzahl der vollen Jahre festgelegt wurde, sind die restlichen Tage zu ermitteln. Fällt in diesen Zeitraum der 29. Februar (Schaltjahr), ist dieser als zusätzlicher Tag zu berücksichtigen. Schaltjahre = 2004, 2008, 2012,
2016 usw.. Ebenso ist bei der Rückrechnung vom Einstellungstag zu verfahren.

 **ÜBERSICHT 18**   **Lebenslauf Lena Lüders**

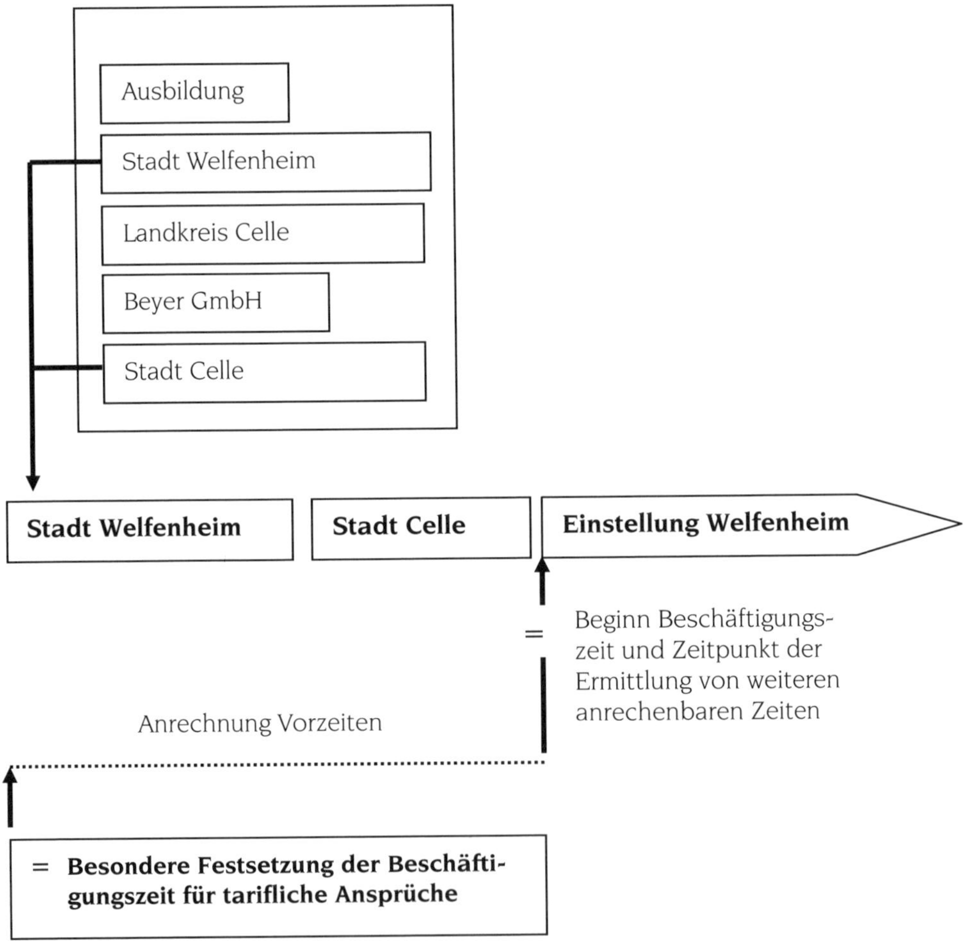

Ausbildung
Stadt Welfenheim
Landkreis Celle
Beyer GmbH
Stadt Celle

Stadt Welfenheim   **Stadt Celle**   **Einstellung Welfenheim**

= Beginn Beschäftigungs-
zeit und Zeitpunkt der
Ermittlung von weiteren
anrechenbaren Zeiten

Anrechnung Vorzeiten

**= Besondere Festsetzung der Beschäfti-
gungszeit für tarifliche Ansprüche**

ÜBUNG 25

Aufgabe: Berechnen Sie die Beschäftigungszeit.

Beispiel	Lösung
1. Anrechenbare Zeit vom 03.02. – 08.02. Ermitteln Sie die Tage.	
2. Anrechenbare Zeit vom 27.12.07 – 03.03.08 Ermitteln Sie die Tage.	
3. Einstellungstag = 01.04.08 Anrechenbare Zeit vom 27.12.07 – 03.03.08 Setzen Sie den Beginn der Beschäftigungszeit fest.	
4. Einstellungstag = 01.04.08 Anrechenbare Zeiten vom 02.04.02 – 17.12.02 und vom 03.01.03 – 15.08.04 Setzen Sie den Beginn der Beschäftigungszeit fest.	

04 Durchführung des Arbeitsverhältnisses

BASISTEXT   **Befristung von Arbeitsverhältnissen**

Grundsätzlich wird ein Arbeitsvertrag **auf unbestimmte Zeit** abgeschlossen. Dies setzt im öffentlichen Dienst voraus, dass auf Dauer eine freie Planstelle mit den entsprechenden Haushaltsmitteln zur Verfügung steht. In der Praxis ergibt sich die Situation, dass die Gemeindeorgane die Haushaltsmittel für eine Stelle nur für einen begrenzten Zeitraum bewilligen oder Personal für ein bestimmtes Projekt (Bauvorhaben, Museumsausstellung) benötigt wird.

Weitaus häufiger kommt es vor, dass unbefristet Beschäftigte vorübergehend durch längere Krankheit, Wehrdienst, Pflege von Angehörigen, Schwangerschaft, daran anschließende Elternzeit usw. ihren Arbeitsplatz nicht besetzen. Die Zeit der Abwesenheit steht oft fest oder kann zumindest prognostiziert werden. Für die Aufgabenerfüllung wird dann lediglich befristet Ersatzpersonal erforderlich. Aus dem Grundsatz der Vertragsfreiheit ergibt sich, dass ein Arbeitsverhältnis auch **auf bestimmte Dauer** begründet werden kann. Dies ist jedoch aus sozialstaatlichen Gründen nicht schrankenlos zulässig. Der Gesetzgeber, die Tarifparteien und das Bundesarbeitsgericht haben dazu einen differenzierten Handlungsrahmen entwickelt, der der auszugleichenden Interessenlage der Vertragsparteien Rechnung trägt. Die dazu geschaffenen Normen beruhen auf dem Gedanken, dass durch den Abschluss eines befristeten Arbeitsvertrages der Kündigungsschutz des Arbeitnehmers objektiv umgangen wird, wenn nicht der Abschluss des befristeten an Stelle eines unbefristeten Arbeitsvertrages durch besondere Umstände **(sachliche Gründe)** gerechtfertigt ist.

Für befristete Arbeitverträge ist nach § 620 Abs. 3 BGB grundsätzlich das TzBfG maßgebend. Daneben sind weitere Normen über die Befristung von Arbeitsverhältnissen zu beachten. Im öffentlichen Dienst handelt es sich insbesondere um § 21 BEEG und die im TVöD getroffenen Regelungen. § 30 TVöD enthält eine historisch gewachsene Besonderheit aus der Zeit des ehemaligen BAT. Die Absätze 2 bis 5 dieser Norm gelten nur für Beschäftigte im **Tarifgebiet West** mit der Maßgabe, dass deren Tätigkeit vor dem 01.01.2005 der Rentenversicherung der Angestellten unterlegen hätte. Für alle übrigen Beschäftigten gelten ausschließlich die Befristungsregelungen des allgemeinen Arbeitsrechts und hier insbesondere die des TzBFG. Der wesentliche Unterschied zwischen diesen Personenkreisen liegt darin, dass für „ehemalige Angestellte des Tarifgebietes West" eigenständige günstigere Kündigungsmöglichkeiten kodifiziert wurden, während für alle übrigen Beschäftigen befristete Arbeitsverträge grundsätzlich mit Ablauf der vereinbarten Zeit enden. § 15 Abs. 3 TzBFG sieht im letzteren Fall allerdings einzelvertraglich zu vereinbarende Kündigungsmöglichkeiten vor.

Um einen Arbeitsvertrag wirksam zu befristen, muss grundsätzlich ein **sachlicher Grund** vorliegen. § 14 Abs. 2 TzBFG sieht davon eine Ausnahme vor. Der kalendermäßig befristete Arbeitsvertrag bedarf keines sachlichen Grundes, wenn der Arbeitsvertrag oder seine höchstens dreimalige Verlängerung nicht die Gesamtdauer von zwei Jahren überschreitet.

Weitere Voraussetzung ist, dass mit demselben Arbeitgeber nicht zuvor bereits ein Arbeitsverhältnis bestanden hat. Ein Berufsausbildungsverhältnis zählt nicht dazu, so dass ein Anschlussvertrag sachgrundlos befristet werden darf.

Wenn ein Arbeitsverhältnis wirksam befristet wurde, endet es ohne Kündigung zum vereinbarten Termin. Dies gilt auch für Schwangere, unabhängig davon, ob das Kind vor oder nach Ablauf des Vertragsendes geboren wird. Das Kündigungsverbot des § 9 MuSchG gilt nur innerhalb der Zeitdauer des Arbeitsverhältnisses. Der Arbeitgeber ist auch nicht verpflichtet, das Arbeitsverhältnis wegen der Schwangerschaft zu verlängern. Hat er allerdings bei der Arbeitnehmerin die Erwartung geweckt, er werde sie bei guter Leistung weiterbeschäftigen, kann ihm die Verweigerung der Weiterbeschäftigung als unzulässige Rechtsausübung vorgeworfen werden, weil er vorher einen Vertrauenstatbestand geschaffen hat.

Beispiel:
Der Arbeitgeber stellt eine Verwaltungsfachangestellte befristet für sechs Monate zur Erprobung ein. Nach drei Monaten erhält sie die Rückmeldung, dass sie gute Leistungen erbringt. Als sie kurz danach eine Schwangerschaft anzeigt, teilt der Arbeitgeber mit, dass er keinen Folgevertrag vereinbaren werde.

Ein befristeter Arbeitsvertrag bedarf zu seiner Wirksamkeit nach § 14 Abs. 4 TzBfG der Schriftform. Die Schriftform ist nur gewahrt, wenn die schriftliche Niederlegung **vor Vertragsbeginn** erfolgt ist (BAG 01.12.04 – 7 AZR 198/04). Das Formerfordernis gilt auch für jede weitere Verlängerung des Arbeitsvertrages. Inhaltlich verlangt die Vorschrift nur die Festschreibung der Dauer des Arbeitsverhältnisses. Zur Beweissicherung wird jedoch der Befristungsgrund regelmäßig im Vertrag aufgenommen. Stimmt der im Arbeitsvertrag formulierte Befristungsgrund nicht mit den tatsächlichen Verhältnissen während der Durchführung des Arbeitsverhältnisses überein, ist die Befristung nach § 16 TzBfG rechtsunwirksam und es gilt ein auf unbestimmte Zeit geschlossenes Arbeitsverhältnis. Will der Arbeitnehmer diesen Umstand geltend machen, kann er **Feststellungsklage beim Arbeitsgericht** erheben.

Die Schriftform der Befristung eines Arbeitsvertrages ist nicht gewahrt, wenn die Parteien zunächst nur mündlich einen befristeten Arbeitsvertrag vereinbaren und sie diesen Vertrag einschließlich der Befristungsabrede nach Antritt der Arbeit schriftlich niederlegen. Die nur mündlich vereinbarte Befristung ist mangels Schriftform nach § 125 BGB nichtig mit der Folge, dass ein unbefristetes Arbeitsverhältnis entsteht.

Beispiel:
Der Arbeitgeber sichert dem Auszubildenden eine Beschäftigung nach bestandener Prüfung zu. Lediglich für den Fall der Prüfungsnote „vier" soll der Vertrag auf zwei Jahre ohne Sachgrund befristet werden. Der Azubi besteht mit der Note „vier" und legt am Tag nach der Prüfung sein Zeugnis vor. Weil der Vertrag noch nicht ausgefertigt ist, schickt der Personalchef ihn zur vorgesehenen Arbeitsstelle. Am nächsten Tag wird der befristete Arbeitsvertrag unterzeichnet.
Durch diese Verfahrensweise ist nach der Rechtsprechung des BAG ein unbefristetes Arbeitsverhältnis entstanden.

Auch eine Aneinanderreihung mehrerer befristeter Verträge mit sachlichem Grund ist nach dem TzBFG grundsätzlich zulässig. Nach ständiger Rechtsprechung des BAG steigen allerdings mit zunehmender Dauer der Beschäftigung des Arbeitnehmers die Anforderungen an den sachlichen Grund der Befristung. Wenn beispielsweise ein Verwaltungsfachangestellter unmittelbar nach erfolgreicher Abschlussprüfung mehrfach hintereinander über mehrere Jahre bei dem selben Arbeitgeber als Krankheits-, Wehrdienst-, oder Beurlaubungsvertretung beschäftigt worden ist, müssen bei einer weiteren Vertragsverlängerung konkrete Anhaltspunkte für eine fundierte Prognose vorliegen, diesmal werde der Beschäftigungsbedarf tatsächlich sein Ende finden.

§ 3 Abs. 1 TzBFG unterscheidet zwischen einer **Zeitbefristung** und einer **Zweckbefristung**.

Bei einer **Zeitbefristung** wird das Arbeitsverhältnis für eine bestimmte Dauer oder zumindest einen kalendermäßig bestimmbaren Zeitraum (drei Monate, ein Jahr) geschlossen. Ist der vorgesehene Zeitpunkt genau bestimmt, so endet das Arbeitsverhältnis mit diesem Zeitpunkt.

Formulierungsbeispiel:
„Das Arbeitsverhältnis ist befristet bis zum .... Es endet nach Ablauf der Frist, ohne dass es einer Kündigung bedarf."

Bei einer **Zweckbefristung** ist die Dauer des Arbeitsverhältnisses kalendermäßig nicht bestimmbar, sondern von vornherein von dem Eintritt eines als gewiss angesehenen Ereignisses abhängig gemacht, wobei lediglich der genaue Zeitpunkt des Eintritts dieses Ereignisses als ungewiss angesehen wird. Da es bei dieser Form der Befristung für den Arbeitnehmer zu einem für ihn unzumutbaren Ende des Arbeitsverhältnisses von einem Tag auf den anderen kommen würde, sieht § 15 Abs. 2 TzBFG eine **Auslauffrist** vor. Sie muss, sofern nichts Günstigeres (§ 22 Abs. 1 TzBFG) vereinbart wurde, zwei Wochen betragen und beginnt mit dem Zugang einer schriftlichen Unterrichtung des Arbeitgebers gegenüber dem Arbeitnehmer über den Zeitpunkt der Zweckerreichung.

Formulierungsbeispiel:
„Das Arbeitsverhältnis ist befristet bis zum Erreichen folgenden Zwecks: ...."

Nach dem Grundsatz der Vertragsfreiheit ist es auch zulässig, eine **kombinierte Zeit- und Zweckbefristung** zu vereinbaren.

Formulierungsbeispiel:
„Das Arbeitsverhältnis ist befristet für die Dauer der Erkrankung von Frau Julia Lange, längstens bis zum ...."

ÜBUNG 26

Vervollständigen Sie nachfolgende Übersicht über Befristungsmöglichkeiten, indem Sie nach Beispielen suchen.

Norm	Sachlicher Grund	Beispiele
§ 14 Abs. 1 Nr. 1 TzBfG	Der betriebliche Bedarf an der Arbeitsleistung besteht nur vorübergehend.	
§ 14 Abs. 1 Nr. 2 TzBfG	Die Befristung erfolgt im Anschluss an eine Ausbildung oder ein Studium, um den Übergang des Arbeitnehmers in eine Anschlussbeschäftigung zu erleichtern (grds.. bis zu einem Jahr möglich, vgl. § 16a TVAöD BT-BBiG)	
§ 14 Abs. 1 Nr. 3 TzBfG	Die Befristung erfolgt zur Vertretung eines anderen Arbeitnehmers.	
§ 14 Abs. 1 Nr. 4 TzBfG	Die Eigenart der Arbeitsleistung rechtfertigt die Befristung.	
§ 14 Abs. 1 Nr. 5 TzBfG	Die Befristung erfolgt zur Erprobung.	
§ 14 Abs. 1 Nr. 6 TzBfG	Die Befristung liegt in der Person des Arbeitnehmers begründet.	
§ 14 Abs. 1 Nr. 7 TzBfG	Der Arbeitnehmer wird aus Haushaltsmitteln vergütet, die haushaltsrechtlich für eine befristete Beschäftigung bestimmt sind, und er entsprechend beschäftigt wird.	

Norm	Sachlicher Grund	Beispiele
§ 14 Abs. 1 Nr. 8 TzBfG	Die Befristung beruht auf einem gerichtlichen Vergleich.	
§ 14 Abs. 2 TzBfG	Befristung ohne sachlichen Grund bis zur Dauer von zwei Jahren, wenn mit demselben Arbeitgeber zuvor kein Arbeitsverhältnis bestanden hat.	
§ 21 Abs. 1 BEEG	Befristung zur Vertretung eines Arbeitnehmers im Zusammenhang mit der Geburt und der Betreuung eines Kindes.	

ÜBUNG 27

Lesen Sie den unten aufgeführten Zeitungsausschnitt und beantworten Sie sodann folgende Fragen:

1. Aus welchen Gründen vereinbaren Kommunen befristete Arbeitsverhältnisse?
2. Sie stehen als Auszubildender bei der Stadt Welfenheim kurz vor Ihrer Abschlussprüfung. Welche Auswirkungen hat die Entscheidung für Sie?
3. Sie haben einen auf einen Monat mit sachlichem Grund befristeten Vertrag erhalten. Die Beschäftigung wird mit Wissen der Bürgermeisterin fortgesetzt. Sechs Wochen später bietet man Ihnen einen weiteren befristeten Vertrag an. Wie ist die Rechtslage?
4. Sie haben einen befristeten Vertrag für sechs Monate als Vertretung erhalten. Es stellt sich heraus, dass auf Stelle niemand zu vertreten ist. Wie können Sie einen unbefristeten Vertrag erwirken?

 Notieren Sie die Lösung auf einem besonderen Blatt.

Keine langfristigen Perspektiven für Azubis
von Mirja Fink

Wie wir aus zuverlässiger Quelle im Rathaus erfuhren, soll Bürgermeisterin Angela Sommer auf Grund der Finanzmisere der Stadt entschieden haben, allen neu einzustellenden Beschäftigten nur noch befristete Verträge anzubieten. Auch die ausgebildeten Verwaltungsfachangestellten erhalten nach Ablegung der Prüfung, wenn überhaupt, nur noch auf einen Monat befristete Anschlussverträge. Wenn der Stellenplan eine Stelle ausweist, sollen mehrere aufeinander folgende Befristungen die Regel sein. Die Bürgermeisterin wollte sich zu dieser Maßnahme nicht äußern. Der Personalratsvorsitzende Werner Kröger bezeichnete ein solches Vorgehen unserer Zeitung gegenüber als sozialpolitischen Skandal. Man werde sich wehren. Man wisse auch das Recht auf seiner Seite, da es keinen sachlichen Grund für ein derartiges Handeln gebe.

Glück gehabt   FALL 9
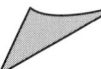

Der Verwaltungsfachangestellte Thomas Bauer ist seit drei Jahren im Ermittlungsdienst der Meldebehörde der Stadt Welfenheim tätig. Er ist in der Entgeltgruppe 5 eingruppiert. Vorgestern war er morgens um 9:00 Uhr mit seinem Dienstrad im Stadtgebiet unterwegs. Ein Autofahrer nahm ihm die Vorfahrt. Herr Bauer stürzte vom Rad und zog sich neben einer Gehirnerschütterung und mehreren Prellungen einen komplizierten Knöchelbruch zu. Er liegt im Krankenhaus. Die behandelnden Ärzte prognostizieren einen mindestens zweiwöchigen Krankenhausaufenthalt und eine anschließende Arbeitunfähigkeit von mehreren Wochen. Eine vollständige Genesung wurde in ca. drei Monaten in Aussicht gestellt.

In zwei Tagen endet das Berufsausbildungsverhältnis von Martina König mit der praktischen Prüfung. Gute schriftliche Ergebnisse liegen bereits vor. Da sämtliche Stellen in Welfenheim besetzt waren, konnte ihr bisher kein Weiterbeschäftigungsangebot unterbreitet werden. Der tragische Unfall von Bauer veranlasst die Bürgermeisterin zu der Überlegung, Frau König sofort nach Beendigung der Ausbildung befristet als Ersatzkraft einzustellen.

Aufgabe: Zeigen Sie als Personalsachbearbeiter verschiedene Möglichkeiten einer wirksam befristeten Beschäftigung von Frau König auf. Bewerten Sie jeweils die Vor- und Nachteile für den Arbeitgeber.
Formulieren Sie jeweils die Befristung im Arbeitsvertrag.

Notieren Sie die Lösung auf einem besonderen Blatt.

BASISTEXT Höhergruppierung

Mit einer erfolgreich abgeschlossenen Berufsausbildung z.B. zum Verwaltungsfachange-stellten ist die Grundlage für eine weitere berufliche Entwicklung gelegt worden. Nach einer Einstellung und erfolgreich abgeschlossener Probezeit erwirbt ein Arbeitnehmer im Berufsleben neue Erfahrungen und weitere Kenntnisse. Werden die positiven Anlagen des Beschäftigten vom Arbeitgeber erkannt und durch eine **systematische Personal-entwicklung** gefördert, hängt der weitere berufliche Aufstieg bei demselben Arbeitgeber von der Vakanz einer höherwertigen Stelle ab. Wird eine höherwertige Stelle intern und/oder extern ausgeschrieben und bewerben sich bereits beim Arbeitgeber beschäf-tigte Arbeitnehmer darauf, hat die Auswahl mit denselben Obhuts- und Sorgfaltspflich-ten diskriminierungsfrei wie bei jeder Neueinstellung zu erfolgen.

Fällt die Auswahl auf einen internen Bewerber, erfolgt die Stufenzuordnung in der höhe-ren Entgeltgruppe nicht wie bei einer Neueinstellung nach § 16 Abs. 2 TVöD, sondern nach § 17 Abs. 4 TVöD. Mit dieser Norm wurde ein **Besitzstand** geschaffen, der verhin-dert, dass eine Höhergruppierung zu einem Einkommensverlust führt.

FALL 10 Leistung lohnt sich

Die Verwaltungsfachangestellte Christa Cewe ist nach ihrer Ausbildung von der Stadt Welfenheim mit einem unbefristeten Arbeitvertrag in der Entgeltgruppe 5 übernommen und in der Stadtkasse eingesetzt worden. Sie hat sich auf eine nach Entgeltgruppe 6 bewertete Stelle im Bürgerbüro beworben und wurde ausgewählt, weil sie über dem Durchschnitt liegende Leistungen gezeigt hat. Nach genau elfjähriger Tätigkeit in der Stadtkasse wird sie mit Beginn des nächsten Monats umgesetzt und erhält einen Ar-beitsvertrag nach Entgeltgruppe 6.

Aufgabe: Wie hoch ist das jetzige und das zukünftige Entgelt?
Wann kann Frau Cewe in die nächste Stufe der Entgeltgruppe 6 aufsteigen?

 Notieren Sie die Lösung auf einem besonderen Blatt.

BASISTEXT Prüfungserfordernis (nur Tarifgebiet West)

Die Tarifautomatik erfährt im kommunalen Bereich lediglich in den **alten Bundeslän-dern** eine **Einschränkung**. Nach § 17 Abs. 2 S. 1 TVÜ-VKA gelten für Eingruppierungen die Regelungen der §§ 22, 23, 25 BAT und die Anlage 3 zum BAT fort. Nach § 25 BAT in Verbindung mit der Anlage 3 sind bestimmte Eingruppierungen **ausschließlich im Verwaltungsbereich** vor Vollendung des 40. Lebensjahres von persönlichen Voraussetzungen in Form der erfolgreichen Teilnahme an Lehrgängen mit abschließender Prüfung abhängig. Dazu zählen Lehrgänge für die Erste und die Zweite Prüfung. Die mit Erfolg abgelegte Abschlussprüfung zum Verwaltungsfachangestellten gilt als Erste Prüfung. Eine Neuregelung wird zusammen mit den §§ 12 und 13 TVöD sowie die dazu vorgesehene Entgeltordnung erfolgen. Da die Aus- und Fortbildung im öffentlichen Dienst einen hohen Stellenwert hat, ist davon auszugehen, dass es ähnliche Regelungen geben wird.

Die Lehrgänge und Prüfungen werden nach der Protokollerklärung Nr. 1 zu § 1 der Anlage 3 zum BAT bei den durch die Länder oder die kommunalen Spitzenverbände anerkannten Verwaltungsschulen bzw. Studieninstituten durchgeführt.

Prüfungserfordernisse   **ÜBERSICHT 19**

Eingruppierung in Vergütungsgruppe	Notwendige Prüfungen
X, IX, VIII, VII Fallgruppe 1a und 1c entspricht den Entgeltgruppen 3 bis 5	Keine Prüfung
VII Fallgruppe 1b, VI b, V c, Vb Fallgruppe 1c entspricht den Entgeltgruppen 5 bis 8	Verwaltungsfachangestelltenausbildung mit Abschlussprüfung oder Erste Prüfung
Vb Fallgruppe 1a, IVb, IVa, III entspricht den Entgeltgruppen 9 bis 12	Zweite Prüfung

Ohne Prüfung kein Geld?   **FALL 11**

Die 41-jährige Erika Rose hat als ausgebildete Großhandelskauffrau bis zur Insolvenz ihrer Firma, einem kleineren Baufachhandel, Löhne und Gehälter berechnet. Danach hatte sie Glück und wurde von der Stadt Welfenheim als Registraturangestellte nach Entgeltgruppe 3 eingestellt. Als für die Personalverwaltung eine Stelle nach Entgeltgruppe 6 ausgeschrieben wird, bewirbt sich Frau Rose. Obwohl sie keine Verwaltungsprüfung hat, ist sie nach Auffassung der Auswahlkommission die richtige Kandidatin und soll auf der ausgeschriebenen Stelle eingesetzt werden.

Aufgabe: Prüfen Sie, ob Frau Rose im Falle der Umsetzung Tarif gerecht höher gruppiert werden kann.

 Notieren Sie die Lösung auf einem besonderen Blatt.

Vorübergehende Ausübung einer höherwertigen Tätigkeit   BASISTEXT

Der Arbeitgeber kann im Regelfall dem Beschäftigten alle Tätigkeiten zuweisen, die den Tätigkeitsmerkmalen der Entgeltgruppe entsprechen, in die er eingruppiert ist und die den Vereinbarungen im Arbeitsvertrag entsprechen. Die Eingruppierung richtet sich grundsätzlich nach der von dem Beschäftigten nicht nur vorübergehend auszuübenden Tätigkeit. Nach einer grundlegenden Entscheidung des Bundesarbeitsgerichts ist jeder Arbeitnehmer verpflichtet, die ihm nach Treu und Glauben zumutbaren Vertretungen auszuführen, ohne dass ein Anspruch auf eine höhere Vergütung entsteht (Urt. v. 19.02. 59 – 4 AZR 358/56 – AP Nr. 41 zu § 1 TVG Auslegung).

Wird dem Beschäftigten im öffentlichen Dienst eine höherwertige Tätigkeit nur vorübergehend übertragen, so kann eine solche Maßnahme bei Vorliegen weiterer Voraussetzungen den Anspruch auf eine **persönliche Zulage** nach § 14 Abs. 1 TVöD begründen. Die persönliche Zulage nach § 14 Abs. 1 TVöD ist ein Instrument für einen **flexiblen Personaleinsatz** im Rahmen des Direktionsrechts, ohne dass die Tarifautomatik greift.

Um die tariflichen Folgen einer höheren Bezahlung nach § 14 Abs. 1 TVöD auszulösen, bedarf es zunächst der **vorübergehenden Übertragung einer höherwertigen Tätigkeit** durch den Arbeitgeber im Wege seines Direktionsrechts.

Übertragung

Eine vorübergehende Übertragung erfolgt dadurch, dass der Arbeitgeber **kraft seines Direktionsrechtes** gegenüber dem Beschäftigten **anordnet**, dass er vorübergehend eine andere Tätigkeit ausüben soll.

Die Übertragung der höherwertigen Tätigkeit bedarf einer entsprechenden Willenserklärung des Arbeitgebers bzw. eines Vertretungsberechtigten. Sie kann durch **ausdrückliche Erklärung** oder durch **konkludentes Verhalten** im Rahmen des Direktionsrechts erfolgen. Eine bestimmte Form ist nicht vorgeschrieben. Um Irrtümer und ggf. Rechtsstreitigkeiten zu vermeiden, ist eine **schriftliche Anordnung** zu empfehlen. Entsprechendes gilt für den Widerruf der Übertragung.

Höherwertige Tätigkeit

Höherwertig ist eine Tätigkeit, wenn sie den Tätigkeitsmerkmalen einer **höheren Entgeltgruppe** entspricht.

Das bedeutet, dass sämtliche Anforderungen eines oder mehrerer Tätigkeitsmerkmale dieser Entgeltgruppe erfüllt sein müssen, also auch die in der Person des Beschäftigten geforderten Merkmale.

Beispiel:
Ein Beschäftigter hat nach seiner Ausbildung zum Verwaltungsfachangestellten den zweiten Angestelltenlehrgang erfolgreich besucht und hat mittlerweile eine nach Vergütungsgruppe III (EG 11) bewertete Stelle inne. Ihm kann grundsätzlich keine Tätigkeit nach Vergütungsgruppe II Fallgruppe 1a (EG 13) übertragen werden, da dafür eine abgeschlossene wissenschaftliche Hochschulbildung als persönliches Merkmal gefordert wird.

Vorübergehende Übertragung

Die Übertragung einer höherwertigen Tätigkeit ist nur dann vorübergehend, wenn die wahrzunehmende Tätigkeit **keine Daueraufgabe** darstellt oder der bisherige Arbeitsplatzinhaber vorübergehend abwesend ist oder sonstige berechtigte Interessen des Arbeitgebers einer sofortigen Übertragung der Tätigkeit auf Dauer entgegenstehen.

Die nur vorübergehende Übertragung der höherwertigen Tätigkeit muss billigem Ermessen im Sinne von § 315 BGB entsprechen, das heißt, dass ein **sachlicher Grund** vorliegen muss.

Beispiele:
- Tätigkeit im Rahmen eines befristeten Projektauftrages (z. B. Organisation eines Stadtjubiläums, Entwicklung eines Gesundheitsmanagements)
- Vorübergehende Schaffung einer neuen Stelle wegen erhöhten Arbeitsaufkommens
- Zeitliche Überbrückung bis zur Neubesetzung einer Stelle
- Zeitliche Überbrückung aus haushaltsrechtlichen Überlegungen, z. B. wegen fehlender Haushaltsmittel.

Davon abzugrenzen ist die bloß **vertretungsweise Übertragung** einer höherwertigen Tätigkeit. Sie bildet einen **Unterfall der vorübergehenden Übertragung** einer höherwertigen Tätigkeit (Nr. 6.2. der Niederschriftserklärungen zu § 14 Abs. 1 TVöD).

Beispiel:
Ein Stelleninhaber kann auf absehbare Zeit (aus welchen Gründen auch immer) die Arbeit nicht erledigen. Ein anderer Beschäftigter übt vertretungsweise die höherwertige Tätigkeit aus.

Ist die Stelle hingegen frei und auf Dauer besetzbar, kommt statt der vorübergehenden Übertragung allenfalls der **probeweise Einsatz** in Betracht, wenn sich der Arbeitgeber zunächst ein Bild über die Leistungsfähigkeit des Anwärters in einem qualifizierteren Tätigkeitsfeld machen will. Der Arbeitgeber würde allerdings gegen Tarifrecht verstoßen, wenn er durch die Anwendung des § 14 Abs. 1 TVöD dem Beschäftigten die höhere Eingruppierung auf Dauer vorenthielte, nur um besser disponieren zu können.

PRAXISMUSTER 5 Vorübergehende Übertragung einer höherwertigen Tätigkeit

Stadt Welfenheim
- Die Bürgermeisterin -
Schlossgarten 13
30470 Welfenheim

Frau
Andrea Bäumer
Fachbereich II

Fachdienst	Herr Birkholz	Welfenheim,
Personal	Zimmer 214	24.07.2011
Az. 11 3 00700	Tel.: 05141/12221	

Übertragung einer höherwertigen Tätigkeit

Sehr geehrte Frau Bäumer,
wie mit Ihnen persönlich am heutigen Tage besprochen, wird Ihr Kollege Max Grasegger aus dem Fachdienst Jugend und Soziales für die Zeit vom 01.08.2011 bis zum 31.01.2012 der Metropolregion zugewiesen. Ich bitte Sie, seine Aufgaben im o.a. Zeitraum zu übernehmen. Die Tätigkeiten sind höherwertig nach der Entgeltgruppe 8 bewertet. Sobald die tariflichen Voraussetzungen vorliegen, erhalten Sie eine persönliche Zulage. Die Zustimmung des Personalrates liegt vor. Alles weitere, insbesondere die Einarbeitung besprechen Sie bitte mit der Fachdienstleitung.

Ich wünsche Ihnen für den neuen Wirkungskreis viel Glück und Erfolg.

Jockel Birkholz
(FDL Personal)

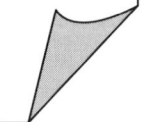

Sodann muss der Beschäftigte die Aufgabe tatsächlich **ausgeübt** haben.

Ausübung

Eine höherwertige Tätigkeit wird ausgeübt, wenn und solange der Beschäftigte die übertragene Arbeitstätigkeit **tatsächlich wahrnimmt**. Die Zeit eines Nichttätigwerdens, beispielsweise wegen Krankheit oder Urlaub, ist eine Unterbrechung und insoweit schädlich, als der Zeitpunkt des Ablaufs der Monatsfrist hinausgeschoben wird. Arbeitsfreie Wochenenden hingegen zählen dazu.

Der Beschäftigte muss die höherwertige Tätigkeit **mindestens einen Monat** ausgeübt haben. Für die Fristberechnung gelten die §§ 187 ff. BGB. Die Monatsfrist **beginnt mit dem Tag (Beginnfrist)**, an dem der Beschäftigte die höherwertige Tätigkeit erstmalig ausübt (§ 187 Abs. 2 S. 1 BGB). Sie endet mit dem Ablauf des Tages im Folgemonat, der dem Tag **vorhergeht**, der durch seine Zahl dem Tag des Fristbeginns entspricht (§ 188 Abs. 2 Alt. 2 BGB).

Beispiel:

> Die höherwertige Tätigkeit beginnt am 10. März, die Monatsfrist endet mit Ablauf des 09. April.

Persönliche Zulage

ist ein **zusätzliches Entgelt**, auf das der Beschäftigte unter den Voraussetzungen des § 14 Abs. 1 TVöD einen **Anspruch** hat.

Der Anspruch auf die persönliche Zulage entsteht erst nach Ablauf der Monatsfrist. Die persönliche Zulage ist zeitgleich mit dem regulären Entgelt in dem Monat zu zahlen, der dem Monat des Fristablaufs folgt. Sie ist steuerpflichtiges, versicherungspflichtiges und zusatzversorgungspflichtiges Arbeitsentgelt.

Während der Gewährung der Zulage bleibt der Beschäftigte in seiner ursprünglichen Entgeltgruppe eingruppiert.

Die **Berechnung des höheren Entgeltes** bestimmt sich nach der höheren Eingruppierung des Beschäftigten. Je nach dem, für welchen Zeitraum die höherwertige Tätigkeit übertragen wurde, ist die persönliche Zulage monats-, tag- oder stundengenau zu berechnen. Sofern eine persönliche Zulage für einen ganzen Kalendermonat zusteht, berechnet sie sich mittels einer fiktiven Höhergruppierung oder eines vom Hundertsatzes. Für die Berechnung eines anteiligen Monatsanspruchs wird zunächst die monatliche Zulage ermittelt und dann der Teilbetrag errechnet, der auf den Anspruchszeitraum entfällt. Die Berechnung erfolgt kalendertäglich.

Beispiel:

> Die Vertretung wurde vom 01.02. übertragen und endete am 13.03. desselben Jahres. Würde die Zulage monatlich 50,- EUR betragen, würde der Beschäftigte sie für den Monat Februar in voller Höhe erhalten. Für den Monat März ist die Zulage nach § 24 Abs. 3 S. 1 TVöD nur für den Anspruchszeitraum gezahlt. Die monatliche Zulage in Höhe von 50,- EUR wird durch 31 Tage geteilt und mit 13 Tagen multipliziert. Das Ergebnis (20,967 EUR) ist nach § 24 Abs. 4 TVöD aufzurunden. Die Zulage für den Monat März beträgt 20,97 EUR.

Im Falle einer stundenweisen Berechnung ist jedes monatliche Entgeltbestandteil gem. § 24 Abs. 3 S. 3 TVöD nach folgender Aufstellung zu dividieren:

Die regelmäßige wöchentliche Arbeitszeit nach § 6 TVöD beträgt:	Das Monatstabellenentgelt ist durch folgende Monatsstunden zu dividieren
39,0 Wochenstunden (x 4,348) =	169,6
40,0 Wochenstunden (x 4,348) =	174,0

ÜBUNG 28

1. Bilden Sie mindestens zwei Beispiele einer vorübergehenden Ausübung einer höherwertigen Tätigkeit.

Lösung:

2. Bilden Sie mindestens vier Beispiele einer vertretungsweisen Übertragung einer höherwertigen Tätigkeit.

Lösung:

ÜBUNG 29

Füllen Sie die Lücken unter Zugrundelegung des § 14 TVöD aus.

Der Arbeitgeber handelt in Form einer [   ] ,

wenn er dem Arbeitnehmer mitteilt, dass er zukünftig einen anderen

Arbeitsplatz auszufüllen hat. Allerdings gilt diese Übertragung nur

[   ] und nicht auf Dauer. Um tarifliche Ansprüche

auszulösen, muss es sich um [   ] handeln, die

[   ] sind. Der Arbeitgeber darf diese Übertragung

nicht verfügen, um dem Arbeitnehmer einen finanziellen Vorteil zu

verschaffen, sondern es muss ein [   ] [   ]

vorliegen.

Die persönliche Zulage wird ab Entgeltgruppe 9 in Höhe des Unterschiedsbetrages

zwischen dem [   ] Entgelt des Beschäftigten und der Vergütung

gezahlt, die ihm im Falle einer [   ] in die

entsprechende [   ] zustehen würde.

In allen übrigen Fällen erhalten die Beschäftigten eine Zulage in Höhe von

[   ] des individuellen Tabellenentgeltes.

ÜBUNG 30

Beurteilen Sie, ob ein Anspruch auf eine persönliche Zulage nach § 14 TVöD besteht. Berechnen Sie ggf. deren Höhe.

Beispiele	Lösung
1. Am 5. Mai wird eine Tätigkeit nach Entgeltgruppe 6 übertragen und von diesem Tag an ausgeübt. Sie wird bis zum 2. Juni ausgeübt. Der Beschäftigte erhält Entgelt nach Entgeltgruppe 5, Stufe 3. Besteht ein Anspruch auf eine persönliche Zulage?	
2. Am 1. März wird eine Tätigkeit nach Entgeltgruppe 8 übertragen und von diesem Tag an bis zum 30. Juni ausgeübt. Der Beschäftigte erhält Entgeltgruppe 6, Stufe 4. Besteht ein Anspruch auf eine persönliche Zulage? Berechnen Sie ggf. die Höhe.	
3. Am 5. September wird einem Beschäftigten die Leitung des Briefwahlbüros nach Entgeltgruppe 10 übertragen und bis zur Wahl am 5. Oktober befristet. Sie wird von diesem Tag an ausgeübt. Der Beschäftigte erkrankt vom 20. September bis zum 22. September. Er erhält Entgeltgruppe 9, Stufe 3. Besteht ein Anspruch auf eine persönliche Zulage? Berechnen Sie ggf. die Höhe.	

4. Am 1. Januar eines Jahres wird eine Tätigkeit nach Entgeltgruppe 10 zur Probe übertragen, weil der bisherige Stelleninhaber ausgeschieden ist. Die Tätigkeit wird von diesem Tag an ausgeübt. Die Erprobung ist bis zum 30. Juni desselben Jahres befristet. Der Beschäftigte erhält derzeit Entgeltgruppe 9, Stufe 3. Besteht ein Anspruch auf eine persönliche Zulage? Berechnen Sie ggf. die Höhe.	
5. Am 1. April eines Jahres wird einem Beschäftigten in der Entgeltgruppe 6 Stufe 5 eine Tätigkeit nach Entgeltgruppe 8 übertragen. Er übt sie ununterbrochen bis zum 15. Mai aus. Besteht ein Anspruch auf eine persönliche Zulage? Berechnen Sie ggf. die Höhe.	

BASISTEXT   **Stufenaufstieg und Stufenhemmung**

Die Entgeltgruppen im TVöD sind in sechs Stufen gegliedert und zwar in zwei **Grundentgeltstufen** und vier **Entwicklungsstufen**. Beschäftigte, die in dem ihnen übertragenen Aufgabenbereich eine **durchschnittliche Leistung** erbringen, erreichen die nächste Entgeltstufe jeweils nach den in § 16 Abs. 3 TVöD in Verbindung mit § 17 Abs. 2 TVöD normierten Zeiten. Ab der Stufe 3 **kann** nach § 17 Abs. 2 TVöD der Verbleib in einer Entgeltstufe leistungsbezogen verkürzt oder verlängert werden. Mit den leistungsbezogenen Stufenaufstiegen sollen nach dem Willen der Tarifparteien insbesondere Anliegen der Personalentwicklung unterstützt werden. Andererseits kann bei fortgesetzten Defiziten in der Leistungsbereitschaft der Stufenaufstieg längerfristig vorenthalten werden. Maßstab für die Anwendung der leistungsabhängigen Bewegung ist die Feststellung einer **erheblich über- oder unterdurchschnittlichen Leistung** des Beschäftigten durch den Arbeitgeber.

Die Entscheidung über einen vorgezogenen Stufenaufstieg bzw. eine Stufenhemmung trifft allein der Arbeitgeber nach **pflichtgemäßem Ermessen**. Allerdings regelt der Tarifvertrag nicht, mit welchen Instrumenten eine Leistungsmessung vorzunehmen ist. Insbesondere ist nicht definiert, wann eine **erhebliche Abweichung vom Durchschnitt** vorliegt. Um dem Grundsatz der Gleichbehandlung Rechnung zu tragen, ist die Systematisierung der Entscheidungsmerkmale zur Feststellung der individuellen Leistung hilfreich. Bereits vor Inkrafttreten des TVöD wurden in unterschiedlicher Weise in den Verwaltungen Leistungsmessungen vorgenommen. Häufig gibt es **Beurteilungsrichtlinien**, die regeln, in welchem Verfahren von wem wie oft und aus welchem Anlass Beamte und Beschäftigte beurteilt werden und in welcher Weise die Beurteilung eröffnet wird.

Beurteilungsrichtlinien

sind sämtliche allgemeinen Regelungen einer Verwaltung, die **Beurteilungskriterien** schaffen und die **Bewertungsmethode** im Hinblick auf die Objektivierung der Beurteilung zur Gewährleistung des Gleichheitssatzes im Einzelnen festlegt.

Um für den Stufenaufstieg und die Stufenhemmung zu einer ermessensfehlerfreien Entscheidung zu kommen, muss eine Verwaltung ein einheitliches sachbezogenes Vorgehen entwickeln. Sie kann dazu eine **Beurteilungsrichtlinie** unter Beachtung der Beteiligungsrechte des Personalrates erlassen oder mit dem Personalrat eine **Dienstvereinbarung** erlassen, nach welchen Kriterien Stufenaufstiege bzw. Stufenhemmungen zu beurteilen sind.

Basis jeder Beurteilung bildet das **Anforderungsprofil** der aktuellen Stelle. Die Erstellung ist Teil der Personalentwicklung. Das Anforderungsprofil bildet den Ausgangspunkt für Stellenbesetzungsverfahren, Mitarbeitergespräche, **Beurteilungsgespräche** und Qualifizierungsmaßnahmen.

Im Rahmen der Beurteilung ist die Führungskraft gefordert, zu beobachten und zu bewerten, ob und wie die einzelnen Anforderungsmerkmale erfüllt sind. Beurteilungsrichtlinien von Verwaltungen können sehr unterschiedlich ausgeprägt sein. Häufig sind Beobachtungskategorien mit einer Skalierung verbunden.

Der Arbeitgeber muss entsprechend dem bei ihm geltenden betrieblichen Beurteilungssystem entscheiden, wann er nach welchen Kriterien den § 17 Abs. 2 TVöD anwenden will. Nutzt er das Instrument, hat er zwei Möglichkeiten, die für ihn bzw. den Beschäftigten unterschiedliche Konsequenzen haben.

Stufenaufstieg
Attestiert der Arbeitgeber einem Beschäftigten **erheblich über dem Durchschnitt liegende Leistungen,** können nur diejenigen davon profitieren, die sich mindestens in der Stufe 3 und noch nicht in der Endstufe befinden. Übt er sein Ermessen unter Beachtung des Gleichheitssatzes dahin aus, ihm vorzeitig eine höhere Stufe zu gewähren, erhält der Beschäftigte mit der Entscheidung die nächste Stufe seiner Entgeltgruppe, also ein höheres Entgelt. Hat er damit noch nicht die Endstufe erreicht, bildet der vorgezogene Stufenaufstieg die Grundlage für die zeitliche Abfolge weiterer Stufenaufstiege. Erbringt der Beschäftigte weiterhin erheblich überdurchschnittliche Leistungen, kann ein weiterer Stufenaufstieg in Frage kommen. Wenn der Beschäftigte danach nur durchschnittliche Leistungen erbringt, ist eine Rückführung auf den alten Zustand tariflich nicht vorgesehen. Legt der Arbeitgeber bei der Beurteilung der erheblich überdurchschnittlichen Leistungen **keinen** strengen Maßstab an, können im Übermaß ausgesprochene vorzeitige Stufenaufstiege erhebliche Personalkostensteigerungen bedeuten.

Stufenhemmung
Stellt der Arbeitgeber **erheblich unter dem Durchschnitt liegende Leistungen** fest, sind nur diejenigen Beschäftigten davon betroffen, die sich bereits in der Stufe 3, aber noch nicht in der Endstufe befinden. In einem solchen Fall kann die Verlängerung des Verbleibs in der derzeitigen Stufe vorgenommen werden. Legt der Beschäftigte dagegen Beschwerde ein, berät sie eine paritätisch besetzte **betriebliche Kommission.** Diese hat lediglich beratende Funktion. Die Letztentscheidung über die Stufenhemmung trifft der Arbeitgeber, wobei dem Beschäftigten der Weg zu den Arbeitsgerichten offen steht. Im Fall der Stufenhemmung hat der Arbeitgeber jährlich zu prüfen, ob die Voraussetzungen für die Verzögerung noch vorliegen.
Stellt der Arbeitgeber bei der jährlich erneut vorzunehmenden neuen Leistungsbeurteilung wiederum erheblich unterdurchschnittliche Leistungen fest, kann die Verzögerung weiterhin aufrechterhalten werden. Stellt er eine durchschnittliche oder gar überdurchschnittliche Leistung fest, kann ein Stufenaufstieg unter der Voraussetzung, dass die regelmäßige Verweildauer nach § 16 Abs. 3 TVöD erreicht ist, vorgenommen werden.

PRAXISMUSTER 6   **Auszug aus dem Bewertungsformular**
(einer Beurteilungsrichtlinie)

Beobachtungskatego-rien	Bewertungsskala					
	1 Pkt.	2 Pkt.	3 Pkt.	4 Pkt.	5 Pkt.	6 Pkt.
Denken und Urteilen	☐	☐	☐	☐	☐	☐
Arbeitsweise	☐	☐	☐	☐	☐	☐
Fachliche Kompetenz	☐	☐	☐	☐	☐	☐
Kommunikation/ Kooperation	☐	☐	☐	☐	☐	☐
Arbeitsergebnisse	☐	☐	☐	☐	☐	☐
	Ggf. Stufen-aufstieg					Ggf. Stufen-hemmung

Legende zur Skalierung
1 = Übertrifft die Anforderungen in besonderem Maße
2 = Übertrifft die Anforderungen
3 = Entspricht den Anforderungen in vollem Umfang
4 = Entspricht im Wesentlichen den Anforderungen
5 = Entspricht den Anforderungen mit Einschränkungen
6 = Entspricht nicht den Anforderungen

ÜBUNG 31

Ordnen Sie folgende beobachtbare Verhaltensweisen den Beobachtungskategorien des Praxisbeispiels zu.

Beobachtbares Verhalten	Beobachtungskategorie
Arbeitet inhaltlich richtig, formal fehlerfrei und rechtmäßig.	
Begegnet anderen Menschen respektvoll und unvoreingenommen.	
Erfasst, ordnet, verarbeitet und verknüpft Informationen.	
Plant und arbeitet systematisch und ziel-gerichtet.	
Übernimmt Verantwortung für die persön-liche Weiterentwicklung.	

Beobachtbares Verhalten	Beobachtungskategorie
Arbeitet eigenständig und eigenverantwortlich.	
Ordnet persönliche Interessen dem Sachinteresse unter.	
Setzt eigene Ideen in Gestaltungs- und Handlungsvorschläge um.	
Trifft termingerechte, sachgerechte und eindeutige Entscheidungen.	
Variiert Handlungsstrategien je nach Situation.	
Setzt Ressourcen (Arbeitszeit, Finanz- und Sachmittel) sinnvoll und kostenbewusst ein.	
Wirkt der Eskalation einer Konfliktsituation entgegen.	
Handelt auch in Stresssituationen mit Ruhe und Übersicht.	
Besitzt Fach- und Methodenkenntnisse.	
Erläutert dem Bürger Bedeutung, Zweck und Tragweite von Verwaltungsentscheidungen.	
Verfolgt aktiv die Entwicklung des eigenen Fachgebietes.	
Drückt sich situations- und adressatengerecht aus.	
Erreicht die vereinbarten oder vorgegebenen Ziele.	

Aufgabe: Ermitteln Sie in Ihrer Verwaltung, welche Beurteilungsrichtlinien es gibt und für welche Personenkreise sie in welchen Rhythmen angewandt werden. Werten Sie die verschiedenen Richtlinien in Gruppenarbeit aus.

BASISTEXT   **Leistungsentgelt**

Die Einführung von **Leistungsentgelten** ab dem 01.01.2007 ist ein Herzstück des seit Ende 2005 geltenden TVöD. Es steht damit erstmals ein Tarifinstrumentarium zur Verfügung, mit dem über eine differenzierte Bezahlung die Leistung des einzelnen Beschäftigten für den Erfolg der Verwaltung honoriert und anerkannt werden kann. Es geht aber nicht nur um die Verteilung von Geld an Leistungsträger. Vielmehr soll eine moderne Managementphilosophie mit betriebswirtschaftlichen Elementen und eine verbesserte Verwaltungskultur im öffentlichen Dienst gefördert werden.

Dazu gehört, dass

- gute Leistungen und schlechte Leistungen differenziert werden.
- output-orientiert nur tatsächlich erreichte Ergebnisse der Beschäftigen zählen sollen und
- Führungskräfte fortan betriebliche Ziele definieren, sie den Beschäftigten vermitteln und mit ihnen durch abgestimmtes Handeln verwirklichen.

Als Ziele der Leistungsbezahlung formuliert § 18 TVöD demzufolge die Verbesserung öffentlicher Dienstleistungen sowie die Stärkung der Motivation, Eigenverantwortung und Führungskultur.

Zur Umsetzung der Tarifnorm ist der Arbeitgeber verpflichtet, einen **Leistungstopf** zu bilden. Er muss einen Prozentsatz der Summe verschiedener Entgeltbestandteile eines Kalenderjahres ermitteln und diesen Betrag zwingend an die Beschäftigten ausschütten. Über die Kriterien der Ausschüttung müssen sich die betrieblichen Partner, in einer Kommune der Bürgermeister und der Personalrat, in Form einer **Dienstvereinbarung** einigen. Tun sie dies nicht, regelt der TVöD die Ausschüttung an alle Beschäftigten ohne Leistungsnachweis. Diese Form der Auszahlung des Leistungstopfes wird umgangssprachlich als „**Gießkannenprinzip**" bezeichnet.

Für die Ausgestaltung einer Dienstvereinbarung sieht der TVöD lediglich Eckpunkte vor. Das Nähere regeln die betrieblichen Partner eigenverantwortlich bezogen auf die betrieblichen Verhältnisse vor Ort, den Entwicklungsstand der Beschäftigten und der Führungskräfte sowie der individuell entwickelten Verwaltungskultur. Das vereinbarte Leistungsentgeltsystem wird begleitet durch ein paritätisch besetztes tarifliches Gremium, der sog. **Betrieblichen Kommission**. Sie hat lediglich eine beratende Funktion und wirkt mit bei der **Entwicklung** des Systems, berät die Verwaltungsführung bei schriftlich begründeten **Beschwerden** von Beschäftigten und empfiehlt notwendige **Korrekturen** des Systems.

Grundsätzlich sollen im Rahmen der Dienstvereinbarung **sämtliche Beschäftigte** die Chance auf ein Leistungsentgelt erhalten. Ausgenommen sind Praktikanten, Auszubildende und leitende Beschäftigte, deren Arbeitsbedingungen außertariflich vereinbart wurden. Das Leistungsentgeltsystem kann dabei so ausgestaltet sein, dass **individuelle Leistungen** aber auch **Gruppenleistungen** honoriert werden können.

Für die **Feststellung und Bewertung von Leistungen**, die zur Zahlung eines Leistungsentgeltes führen können, sieht der Tarifvertrag zwei Methoden, die **Zielvereinbarung** und die **systematische Leistungsbewertung** vor.

Zielvereinbarung

ist eine **freiwillige individuelle Vereinbarung** für einen bestimmten Zeitraum zwischen dem Beschäftigten und seinem Vorgesetzten über ein angestrebtes Ergebnis auf der Basis **verwaltungsstrategischer Ziele** mit einer Anpassungsmöglichkeit bei geänderten Rahmenbedingungen. Weigert sich der Beschäftigte, eine Zielvereinbarung abzuschließen, kann er kein Leistungsentgelt erhalten.

Basis für Zielvereinbarungen

Leitbild der Kommune

Strategische kommunale **Handlungsfelder**
z. B.

- Haushaltssanierung
- Stadtentwicklung
- Familienfreundlichkeit

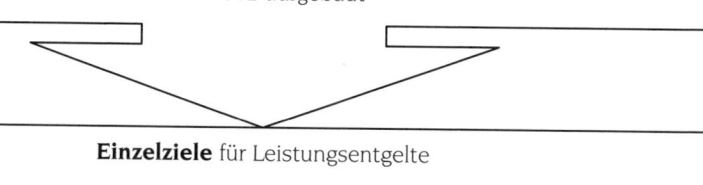

Aus Handlungsfeldern abgeleitete **strategische Ziele**
z. B.

- Haushaltsausgleich ist bis zum Haushaltsjahr 2015 erreicht
- Hochwasserschutzmaßnahmen sind bis zum 01.10.2015 abgeschlossen
- Krippenplätze stehen ab 01.08.2014 für alle Kleinkinder zur Verfügung
- Bürgerstreife wird bis zum 01.04.2012 aufgebaut

Einzelziele für Leistungsentgelte

PRAXISMUSTER 7

Zielvereinbarung
zwischen

Name Vorgesetzter: Monika Leers	Name Mitarbeiter: Frank Seeger
Zielbeschreibung: Die durchschnittliche Verweildauer einer Reisekostenabrechnung bis zur Weitergabe der Auszahlungsanordnung wird von derzeit 8 Tagen auf 6 Tage gesenkt.	Ziel soll erreicht werden bis zum 30.09.2011 1. Zwischengespräch am _____ 2. Zwischengespräch am _____
Kriterien: (z.B. Qualität, Quantität) Die Anzahl der fehlerhaften Abrechnungen darf sich nicht erhöhen.	Messgröße Erhebung der durchschnittlichen Verweildauer einer Reisekostenabrechnung (Eingangsstempel) bis zur Erstellung der Anordnung.
Rahmenbedingungen: Die Qualität der übrigen Aufgaben bleibt auf dem gleichen Niveau.	Bemerkungen: keine

Ich erkläre mich mit der Zielvereinbarung einverstanden:

....
Datum, Unterschrift Führungskraft

....
Datum, Unterschrift Mitarbeiter

Ergebnis des Zielerreichungsgespräch:	Zielerreichung in %
Leistungsentgelt ja/nein	Unterschrift Vorgesetzter

Auf Grund der vielen verschiedenen strategischen Ziele in einer Verwaltung, der verschiedenen Zeitperspektiven, der Akteure bei der Zielvereinbarung und Zielerreichung, müssen Zielvereinbarungen als Managementinstrument systematisiert werden. In der Betriebswirtschaft wurde dazu die Formel „SMART" entwickelt.

Spezifisch   = eindeutig, konkret und präzise.
Messbar   = festlegen konkreter Kriterien für die Messung.
Anspruchsvoll = herausfordernd, aber auch leistbar.
Realisierbar   = keine Überforderung, dennoch herausfordernd.
Terminiert   = Zeitpunkt der Zielerreichung ist genau definiert.

Aufgabe   Beurteilen und begründen Sie, ob das Praxismuster der „SMART"-Formel entspricht.

Lösung:

Systematische Leistungsbewertung

ist ein unabhängig von der Zustimmung des Beschäftigten mit der Personalvertretung vereinbartes **betriebliches System** zur Feststellung erbrachter **Leistungen** von Beschäftigten durch den Vorgesetzten nach möglichst messbaren oder anderweitig objektivierbaren Kriterien.

Nach einer besonderen Niederschriftserklärung zu § 18 TVöD entspricht die systematische Leistungsbewertung nicht der Regelbeurteilung. Andererseits definiert der Tarifvertrag dieses Instrument zur Leistungsmessung nicht, sondern überlässt die Ausgestaltung den Betriebsparteien. Eine Regelbeurteilung (s. Kap. 7) bewertet den ganzen Menschen mit seinen Fähigkeiten, Eigenschaften und Potenzialen. Eine Bewertung des Teilaspektes „Leistung" kann sich nur am „output" orientieren. Insofern können nur einige Elemente einer Regelbeurteilung leistungsentgeltrelevant sein.

PRAXISMUSTER 8   **Auszug aus dem Bewertungsformular
(einer systematischen Leistungsbewertung)**

	Bewertungsskala					
	1 Pkt.	2 Pkt.	3 Pkt.	4 Pkt.	5 Pkt.	6 Pkt.
Beobachtungskategorien						
Fachliche Kompetenz	☐	☐	☐	☐	☐	☐
Arbeitsergebnisse	☐	☐	☐	☐	☐	☐
	Ggf. Leistungs-entgelt					

Legende zur Skalierung
1 = Übertrifft die Anforderungen in besonderem Maße
2 = Übertrifft die Anforderungen
3 = Entspricht den Anforderungen in vollem Umfang
4 = Entspricht im Wesentlichen den Anforderungen
5 = Entspricht den Anforderungen mit Einschränkungen
6 = Entspricht nicht den Anforderungen

Nach der Bewertung von individuellen Leistungen mittels der Zielvereinbarung oder der systematischen Leistungsbewertung sieht der Tarifvertrag **drei verschiedene Formen** des Leistungsentgeltes vor.

Leistungsprämie

ist eine grundsätzlich **einmalige Zahlung**, die nachträglich **auf Grundlage einer Zielvereinbarung** oder einer systematischen Leistungsbewertung **als Belohnung** für ein erreichtes Ziel oder die Erreichung eines Leistungsmaßstabes gezahlt wird.

Beispiel 1:
 Mit dem Boten der Poststelle wurde das **Ziel vereinbart**, dass er in einem Zeitraum von 10 Monaten durch vorausschauende und sparsame Fahrweise sowie durch Vermeidung von unnötigen Fahrten 200 Liter weniger Kraftstoff verbraucht. Nachdem der das Ziel erreicht hat, erhält er eine Prämie.

Beispiel 2:

In der Ausländerstelle arbeiten zwei Beschäftigte. Der eine Kollege hat eine chronische Erkrankung und fällt häufig mehrere Tage aus. Der andere Kollege fängt die Ausfallzeiten durch besonderen Arbeitseinsatz auf. Nach **Bewertung der Leistung** durch den Vorgesetzten erhält er eine Prämie.

Leistungszulage

ist eine **zeitlich befristete**, widerrufliche, in der Regel monatlich **wiederkehrende Zahlung** in Erwartung der Erreichung eines **Zieles** oder eines vorher definierten Leistungsmaßstabes.

Beispiel:

Vier Beschäftigte in der Buchhaltung der Stadtkasse müssen sämtliche eingehende Auszahlungsanordnungen doppisch buchen. Die Anordnungen kommen nach Eingangsdatum auf einen Stapel. Die Verteilung organisieren die Mitarbeiter unter sich. Ein Beschäftigter bucht seit zwei Jahren bei gleicher Arbeitszeit regelmäßig 15 % mehr Anordnungen als die Kollegen. In Erwartung einer weiterhin stetig überdurchschnittlichen Leistung wird ihm eine Leistungszulage gezahlt.

Erfolgsprämie

ist eine Zahlung, die in Abhängigkeit von einem zuvor definierten **wirtschaftlichen Erfolg einer Verwaltung** oder eines Betriebes zusätzlich zum Leistungstopf gewährt werden kann.

Beispiel:

Im Rahmen des 750-jährigen Bestehens der Stadt Welfenheim wurde von einer Projektgruppe eine Sonderausstellung geplant und durchgeführt. Der Bürgermeister stellt eine Erfolgsprämie in Aussicht, wenn die Veranstaltung einen Kostendeckungsgrad von 110 % erreicht. Von den darüber hinaus gehenden Mehreinnahmen werden 10 % als Erfolgsprämie auf die Projektmitglieder verteilt.

Aufgabe: Diskutieren Sie in Gruppenarbeit Ihre Position zum Thema Leistungsentgelt im öffentlichen Dienst. Berücksichtigen Sie dabei die individuellen Interessen der Beschäftigten und die Interessen des Arbeitgebers und zeigen Sie die Vor- und Nachteile auf. Stellen Sie Ihr Ergebnis auf einer Wandzeitung dar.

 Notieren Sie die Lösung auf einem besonderen Blatt.

Aufgabe 2: Vereinbaren Sie mit einem Teilnehmer Ihrer Lerngruppe wechselseitig ein zukünftig zu erreichendes Lernziel. Es kann sich auf eine bevorstehende Klausur, auf einen praktischen Ausbildungsabschnitt, auf die Zwischenprüfung, auf die Abschlussprüfung oder auf eine Situation in der Berufsschule beziehen.

Entwickeln Sie gemeinsam Messkriterien für die Zielerreichbarkeit und prüfen Sie, ob Ihre Zielvereinbarung „SMART" ist.

BASISTEXT **Verjährung und Ausschlussfrist für Ansprüche aus dem Arbeitsverhältnis**

Aus einem Arbeitsverhältnis entstehen insbesondere durch die Hauptpflichten viele wechselseitige Ansprüche, die gelegentlich aus Unachtsamkeit ohne schuldhaftes Handeln nicht der Rechtsgrundlage entsprechend erfüllt werden. Die häufigsten Fallbeispiele bilden Leistungen auf Grund der Lohnzahlungspflicht. Auf Arbeitnehmerseite können es Ansprüche auf Tabellenentgelt, persönliche Zulage, Zeitzuschläge, Krankenbezüge, Jubiläumszuwendung usw. sein. Der Arbeitgeber hingegen wird Ansprüche wegen zuviel gezahlter Bezüge, Rückzahlung von Gehaltsvorschüssen oder aus vom Arbeitnehmer verursachten Schäden geltend machen können. Wenn Fehler durch falsche Tarifauslegung oder durch Unachtsamkeit entstehen, werden sie häufig erst Monate oder Jahre später festgestellt. Ist im Rahmen einer Einstellung eine einschlägige Berufserfahrung von der Personalverwaltung falsch eingeschätzt worden und dadurch die Stufe nach § 16 TVöD falsch zugeordnet worden, wird der Beschäftigte, der es gar nicht bemerkt hat, eine beträchtliche Nachzahlung erwarten.

Ansprüche aus dem Arbeitsverhältnis unterliegen aus Gründen der Rechtssicherheit und des Rechtsfriedens nach § 195 BGB einer **Verjährungsfrist** von drei Jahren. Die Frist beginnt nach § 199 Abs. 1 BGB mit dem Schluss des Jahres, in dem der Anspruch entstanden ist und der Gläubiger von den Anspruch begründenden Umständen und der Person des Schuldners Kenntnis erlangt oder ohne grobe Fahrlässigkeit erlangen müsste. Nach Ablauf der Verjährungsfrist ist die Geltendmachung des Anspruches gehemmt. Der Durchsetzung des Anspruches kann prozessual die Einrede der Verjährung entgegengehalten werden.

Die Verjährungsnormen des BGB gelten für Ansprüche aus allen Arbeitsverhältnissen, unabhängig davon, ob als Grundlage Bestimmungen des BGB oder eines Tarifvertrages vereinbart wurden. § 4 Abs. 4 S. 3 TVG lässt weitergehende Einschränkungen zu. Danach können in einem Tarifvertrag Ausschlussfristen für die Geltendmachung tariflicher Rechte vereinbart werden. Die Tarifvertragsparteien des öffentlichen Dienstes haben davon in § 37 TVöD Gebrauch gemacht.

Die Ausschlussfrist

bestimmt den Zeitraum, nach **dessen Ablauf ein Anspruch** auf Leistungen aus dem Arbeitsverhältnis **erlischt**, wenn der Anspruch nicht geltend gemacht wird.

Die Hauptunterschiede zwischen Verjährung und Ausschlussfrist bestehen also darin, dass bei der Verjährung auch nach Ablauf der Frist dem Schuldner nur ein **Leistungsverweigerungsrecht** zusteht, das er geltend machen muss ("Einrede" der Verjährung), wenn er die Leistung verweigern will. Auch bei erhobener Einrede geht der Anspruch indessen nicht unter. Im Gegensatz dazu ist der Anspruch nach Ablauf der Ausschlussfrist erloschen. Eine Kenntnis der Vertragsparteien ist dazu nicht erforderlich.

Merke:

Die Eingruppierung im Rahmen der Tarifautomatik ist kein Anspruch aus dem Arbeitsverhältnis, da sie sich unmittelbar und zwingend aus der auszuübenden Tätigkeit ergibt. Sie unterliegt damit nicht der Ausschlussfrist. Das auf Grund der Eingruppierung zu zahlende Entgelt hingegen unterliegt der Ausschlussfrist.

Der Zeitpunkt, zu dem die Ausschlussfristen zu laufen beginnen, richtet sich nach der Fälligkeit der Leistung. Eine Leistung wird fällig, wenn der Gläubiger diese fordern kann. Die Berechnung der Ausschlussfristen bestimmen sich nach den §§ 186 ff. BGB. Hier sind zwei Fallgruppen zu unterscheiden:

Fallgruppe 1:
Fälligkeitsbegründende Ereignisse mit Bestimmung der Ereignisfrist

Für die Fälligkeit kann ein **bestimmtes Ereignis** maßgebend sein. Dieser Tag rechnet für die Frist nach § 187 Abs. 1 BGB nicht mit.

Beispiel 1:
Die Zahlung des Entgeltes für den Monat März muss nach § 24 Abs. 1 S. 2 TVöD am letzten Tag des Monats erfolgen. Es steht dem Arbeitgeber der ganze Tag dafür zur Verfügung. Die Ausschlussfrist beginnt am 01.04. 0:00 Uhr und läuft nach § 188 Abs. 2 Alt. 1 BGB am 30.09. 24:00 Uhr ab. Fällt der 30.09. auf einen Sonnabend, Sonntag oder Feiertag, so tritt nach § 193 BGB an diese Stelle der nächste Werktag.

Bei der Zahlung des Entgeltes gibt es eine Besonderheit. Fällt der Zahltag auf einen Samstag, einen Wochenfeiertag oder den 31. Dezember, gilt der vorhergehende Werktag, fällt er auf einen Sonntag, gilt der zweite vorhergehende Werktag als Zahltag. Das Tatbestandsmerkmal „gilt" stellt eine normative und damit nicht widerlegbare Fiktion auf, lässt jedoch durch diese fiktive Vorverlegung des Zahltags den Fälligkeitstag unberührt. Die sechsmonatige Ausschlussfrist nach § 37 TVöD beginnt daher bei der Entgeltzahlung immer mit Beginn des ersten Tages des nächsten Kalendermonats.

Beispiel 2:
Der Arbeitnehmer verursacht am 12.01. vorsätzlich einen Schaden. Der Arbeitgeber möchte Schadensersatz geltend machen. Die Ausschlussfrist beginnt am 13.01. und läuft nach § 188 Abs. 2 Alt. 1 BGB am 12.07. ab.

Beispiel 3:
Der Arbeitnehmer kündigt zum 30.06. des Jahres. Er hat nach § 35 TVöD mit Beendigung des Arbeitsverhältnisses einen Anspruch auf ein Zeugnis. Die Ausschlussfrist beginnt am 01.07. und läuft nach § 188 Abs. 2 Alt. 1 BGB am 31.12. ab.

Fallgruppe 2:
Fälligkeitsbegründende Ansprüche mit Bestimmung der Beginnfrist
Ansprüche können mit **Beginn des Tages** fällig werden; dieser Tag zählt bei der Berechnung der Frist nach § 187 Abs. 2 BGB mit.

Beispiel 1:
Der Arbeitgeber sagt im Rahmen einer Nebenabrede eine Leistung zu, die dem Arbeitnehmer am 01.04. zur Verfügung stehen soll. Der 01.04. ist ein Werktag. Die Ausschlussfrist läuft nach § 188 Abs. 2 Alt. 2 BGB am 30.09. ab.

Beispiel 2:
Der Arbeitnehmer hat nach Vollendung einer Beschäftigungszeit von 25 Jahren am 31.08. einen Anspruch auf ein Jubiläumsgeld in Höhe von 350 Euro. Der Anspruch entsteht am 01.07. um 0:00 Uhr. Die Ausschlussfrist läuft nach § 188 Abs. 2 Alt. 2 BGB u. § 188 Abs. 3 BGB am 28.02. des Folgejahres ab. Handelt es sich um ein Schaltjahr, endet die Ausschlussfrist am 29.02. des Jahres.

Ausschlussfrist gem. § 37 TVöD   **ÜBERSICHT 20**

Tatbestand	**Hinweise**
Keine besondere Tarifregelung	Kann sich ergeben z. B. aus einer Dienstvereinbarung
Anspruch aus Arbeitsverhältnis	Z. B. §§ 8, 14 ff. TVöD, § 7 BUrlG oder unerlaubte Handlung
Fälligkeit	Z. B. § 24 Abs. 1 TVöD
Geltendmachung durch AN oder AG	Setzt Zugang der Willenserklärung und Benennung des Anspruchs dem Grunde und der Höhe nach voraus.
Schriftlich	Bei Verstoß: Unwirksamkeit nach § 125 S. 1 BGB
Innerhalb einer Frist von 6 Monaten nach Fälligkeit	Fristberechnung gem. §§ 187, 188 BGB nach Monaten

Rechtsfolge ➔ <u>**Anspruch erlischt**</u>

FALL 12   **Der erste Job**

Nach bestandener Prüfung zur Verwaltungsfachangestellten hat Inge Schmidt von der Bürgermeisterin am 1. Juli neben einem Blumenstrauß ihren ersten Arbeitsvertrag erhalten. Gleichzeitig wird ihr mitgeteilt, dass sie nun auf Dauer als Sachbearbeiterin im Fachbereich I in der Stadtkasse beschäftigt wird. Im Arbeitsvertrag wurde wie bei allen Berufsanfängern die Entgeltgruppe 5 TVöD vereinbart. Ihre ersten drei Entgeltzahlungen wurden jeweils an einem Werktag am letzten des Monats auf ihrem Konto gutgeschrieben.

Im Jahr darauf am 7. März (kein Schaltjahr) erfährt sie, dass die Kolleginnen und Kollegen, die die gleichen Aufgaben erfüllen, nach Entgeltgruppe 6 TVöD vergütet werden. Der Fachbereichsleiter bestätigt ihr, dass alle Stellen der Stadtkasse gleichwertig sind und korrekt nach Entgeltgruppe 6 zu bezahlen sind. Frau Schmidt beantragt am selben Tage schriftlich, ihr rückwirkend ab 1. Juli des vergangenen Jahres Entgelt nach Entgeltgruppe 6 TVöD zu zahlen.

Aufgabe: Prüfen Sie, ob der Antrag Aussicht auf Erfolg hat.

Lösung:

Krankenbezüge   **Basistext**

Krankheit

im medizinischen Sinne ist jeder **regelwidrige körperliche oder geistige Zustand**, der durch eine ambulante oder stationäre ärztliche Heilbehandlung grundsätzlich behebbar erscheint.

Es kann sich um einen grippalen Infekt mit einem Ausfall des Arbeitnehmers von ein paar Tagen oder um einen schweren Unfall mit einem mehrmonatigen Krankenhausaufenthalt und anschließender Rehabilitationsmaßnahme handeln. Dazu gehören auch Trunk- und Drogensucht.

Nicht jede Krankheit hat aber eine Arbeitsunfähigkeit des Arbeitnehmers zur Folge.

Arbeitsunfähig

im arbeitsrechtlichen Sinne ist, wer **auf Grund von Krankheit** seine ausgeübte Tätigkeit **nicht mehr** oder nur unter der Gefahr der Verschlimmerung der Erkrankung **ausführen kann**.

Beispiele:
1. Ein Arbeitnehmer verliert eine Plombe aus einem Zahn und hat leichte Beschwerden. Er ist damit krank im medizinischen Sinne, nicht jedoch arbeitsunfähig.
2. Ein Arbeitnehmer hat Husten und Schnupfen aber kein Fieber. Er ist krank, aber nicht arbeitsunfähig.

Kann der Arbeitnehmer aus Krankheitsgründen keine Arbeitsleistung erbringen, wäre es im Sinne des § 611 BGB gerechtfertigt, wenn der Arbeitnehmer auch kein Entgelt erhielte. Unverschuldet wäre sehr schnell die wirtschaftliche Existenz des Einzelnen gefährdet. Daher hat der Gesetzgeber **soziale Absicherungen** geschaffen, z. B. das Entgeltfortzahlungsgesetz und das Sozialgesetzbuch.

Im öffentlichen Dienst sind die wesentlichen Regelungen des Entgeltfortzahlungsgesetzes in den TVöD nicht nur übernommen, sondern erweitert worden. Neben der klassischen Entgeltfortzahlung für sechs Wochen wird das sich daran anschließende Krankengeld der Krankenkasse ggf. durch einen Krankengeldzuschuss des Arbeitgebers für einen Zeitraum von bis zu 39 Wochen seit Beginn der Erkrankung aufgestockt.

Entgelt im Krankheitsfall

ist im öffentlichen Dienst der **Oberbegriff** für Entgeltfortzahlung und Krankengeldzuschuss.

Die **Höhe des Krankengeldes** der Krankenkasse richtet sich nach dem regelmäßigen Bruttoarbeitsentgelt. Bei einem Verwaltungsfachangestellten ist dies nach § 21 Abs. 1 TVöD im Normalfall das Tabellenentgelt. Nach Ablauf der gesetzlichen Entgeltfortzahlung durch den Arbeitgeber wird das Krankengeld tageweise in Höhe von bis zu 70 % des bisherigen Bruttoentgeltes durch die Krankenkasse berechnet und gezahlt. Es wird jedoch zweifach nach oben begrenzt. Zum einen darf es max. 70 % der täglichen Beitragsbemessungsgrenze in der Kranken- und Pflegeversicherung, zum anderen 90 % des bisherigen täglichen Netto-Arbeitsentgelts nicht übersteigen. Das gesetzliche Krankengeld wird unabhängig vom jeweiligen Kalendermonat auf der Basis von 30 Kalendertagen als **Tagessatz** ermittelt.

Zusätzlich zum Krankengeld und abhängig von der Beschäftigungszeit ist vom Arbeitgeber der **Krankengeldzuschuss** zu zahlen. Er bemisst sich nach § 22 Abs. 2 TVöD.

Krankengeldzuschuss

ist die **Differenz** zwischen den tatsächlichen **Barleistungen** der Krankenkasse und dem **Nettoentgelt** des Beschäftigten.

Der **Tagessatz** des Nettoentgelts des Beschäftigten wird nach § 24 Abs. 3 S. 1 TVöD entgegen dem Krankengeld je nach der Anzahl der tatsächlichen Kalendertage des jeweiligen Kalendermonats berechnet. Insofern kann der Krankengeldzuschuss von Monat zu Monat differieren.

Für die Berechnung der Dauer der Zahlung eines Krankengeldzuschusses wird jeweils auf den am Anfang des Beschäftigungsverhältnisses festzusetzenden **Beginn der Beschäftigungszeit nach § 34 Abs. 3 TVöD** zurückgegriffen.

Besondere Bedeutung kommt bei Entgeltfortzahlungsansprüchen dem **Verschulden** zu.

Verschulden der Arbeitsunfähigkeit

liegt dann vor, wenn die Arbeitsunfähigkeit **vorsätzlich oder grob fahrlässig** herbeigeführt wurde.

Die Arbeitsunfähigkeit ist dann **vorsätzlich** herbeigeführt, wenn der Beschäftigte den Sachverhalt, der die Krankheit bewirkt, mit Wissen und Wollen verwirklicht hat.

Grob fahrlässig hat sich der Beschäftigte die Arbeitsunfähigkeit dann zugezogen, wenn er voraussehbar und vermeidbar den Sachverhalt verwirklicht hat, der die Krankheit zur Folge hat, und dabei einen groben Verstoß gegen das von einem verständigen Menschen im eigenen Interesse zu erwartende bzw. gebotene Verhalten begangen hat.

Beispiele:

Ein grobes Verschulden ist anzunehmen, wenn die Arbeitsunfähigkeit auf einen Verkehrsunfall wegen alkoholbedingter Fahruntüchtigkeit zurückzuführen ist (BAG 30.03.88, DB 72, 395).

Gleiches gilt für erhebliche Geschwindigkeitsübertretungen (BAG 05.04.62, DB 62, 971), für das Überfahren einer Rotlicht zeigenden Ampel (BGH 08.07.92, NJW 92, 2418), für das Überholen an unübersichtlicher Stelle, für die Benutzung eines erkennbar verkehrsunsicheren Fahrzeuges (ArbG Marburg 24.08.90, DB 91, 869) oder das Telefonieren ohne Freisprecheinrichtung während der Fahrt.

Das Nichtanlegen des Sicherheitsgurtes begründet ebenfalls ein den Entgeltfortzahlungsanspruch ausschließendes Verschulden, wenn die Verletzungen gerade darauf zurückzuführen sind, dass der Sicherheitsgurt nicht angelegt war (BAG 07.10.81, DB 82, 496).

Arbeitsunfähigkeiten auf Grund sportlicher Betätigungen (z.B. Amateurboxen und Drachenfliegen) führen nur dann zum Verlust des Entgeltfortzahlungsanspruchs, wenn der Arbeitnehmer nicht richtig ausgerüstet und mit der Sportart offensichtlich überfordert ist.

Ein Eigenverschulden liegt ferner vor, wenn die Arbeitsunfähigkeit durch die Teilnahme an einer Rauferei eintritt (LAG Köln 22.06.88, DB 88, 1073).

Hat hingegen ein Dritter die Arbeitsunfähigkeit herbeigeführt, kann der Beschäftigte einen Schadensersatzanspruch u. a. wegen Verdienstausfalls geltend machen. Dieser Anspruch geht nach § 6 EFZG auf den Arbeitgeber über. Der Beschäftigte ist verpflichtet, dem Arbeitgeber die zur Geltendmachung des Schadensersatzanspruches erforderlichen Angaben zu machen.

 **ÜBERSICHT 21**   **Leistungsansprüche der Beschäftigten im Krankheitsfall**

Zeitablauf	Rechtsfolge
6 Wochen	**Entgeltfortzahlung** nach EFZG bzw. § 22 TVöD durch den Arbeitgeber bis zum Ende der 6. Woche seit Beginn der Arbeitsunfähigkeit.
13 bzw. 39 Wochen	**Krankengeld** durch die Krankenkasse und **Krankengeldzuschuss** durch den Arbeitgeber bis max. zum Ende der 39. Woche seit Beginn der Arbeitsunfähigkeit.
78 Wochen	**Krankengeld** durch die Krankenkasse bis zum Ende der 78. Woche seit Beginn der Arbeitsunfähigkeit.
Nach 78 Wochen	Wenn der Arbeitnehmer nicht ohnehin wegen einer Erwerbsminderungsrente ausgeschieden ist, bestehen je nach Einzelfall Ansprüche gegen die Bundesanstalt für Arbeit oder gegen den Träger der Sozialhilfe nach dem SGB II.

 ÜBUNG 32

Beantworten Sie die Fragen unter Angabe der einschlägigen Rechtsgrundlagen.

Frage	Antwort
1. Woher erhält ein arbeitsunfähiger Beschäftigter die Mittel für seinen Lebensunterhalt nach Ablauf der Entgeltfortzahlungsfrist gem. § 22 Abs. 2 TVöD?	
2. Ein Beschäftigter ist seit dem 01.01.2011 bei der Stadt Welfenheim beschäftigt. Für wie viele Wochen hat er Anspruch auf Krankenbezüge, wenn er heute erkrankt?	
3. Ein Beschäftigter ist auf dem Heimweg grundlos verprügelt worden. Er ist drei Wochen krank. Der Täter wurde ermittelt. Welche Pflichten hat der Beschäftigte gegenüber seinem Arbeitgeber?	

Glatteis im Januar   FALL 13

Heinz Meyer ist am 01.03.2008 von der Stadt Welfenheim als Beschäftigter eingestellt worden. Vorher war er ausschließlich in der Privatwirtschaft tätig. Am 02.01.2011 gerät Herr Meyer während einer Privatfahrt auf Grund plötzlich auftretender Eisglätte mit seinem Auto ins Schleudern und erleidet einen Unfall. Er trägt Verletzungen davon und wird ins Krankenhaus eingeliefert. Herr Meyer legt der Stadt Welfenheim eine Arbeitsunfähigkeitsbescheinigung vor, wonach er „bis auf weiteres" krank ist.

Aufgabe: Prüfen Sie, für welchen Zeitraum Herr Meyer Krankenbezüge beanspruchen kann.

Notieren Sie die Lösung auf einem besonderen Blatt.

Abwandlung:

Der Unfall ereignete sich am 02.01.2011. Herr Meyer war nicht angeschnallt. Nur dieser Umstand führte zur Arbeitsunfähigkeit.

Aufgabe: Prüfen Sie, ob und, wenn ja, für welchen Zeitraum Herr Meyer Entgelt im Krankheitsfall beanspruchen kann.

Notieren Sie die Lösung auf einem besonderen Blatt.

Urlaub und Arbeitsbefreiung   BASISTEXT

Jeder Beschäftigte hat einen **Anspruch auf einen gesetzlichen Mindesturlaub**, gleichgültig, ob er voll- oder teilzeitbeschäftigt ist. Neben dem Bundesurlaubsgesetz gibt es weitere öffentlich-rechtliche Vorschriften, die Urlaubsansprüche regeln, beispielsweise § 19 des Jugendarbeitsschutzgesetzes oder § 125 des Sozialgesetzbuches IX. Unabhängig von den gesetzlichen Mindestbestimmungen haben die Tarifvertragsparteien des öffentlichen Dienstes in den §§ 26 ff. TVöD eigene Regeln geschaffen, die über die gesetzlichen Mindestarbeitsbedingungen hinausgehen und auch besonderen Gegebenheiten Rechnung tragen.

Ausgehend vom **Äquivalenzprinzip** kann eine Entgeltzahlung nur erfolgen, wenn auch die Arbeits- bzw. Dienstleistungspflicht erfüllt worden ist. Der Urlaub durchbricht dieses Prinzip, indem Beschäftigte ohne Einkommenseinbußen von der Arbeit freigestellt werden. Der Urlaubsanspruch ist höchstpersönlicher Natur und kann demzufolge nicht auf Dritte übertragen werden. Die Tarifverträge des öffentlichen Dienstes kennen zunächst den **Erholungsurlaub**, der der Erhaltung und Regeneration der Arbeitskraft dient. Dem gleichen Zweck dient der Zusatzurlaub. Auf ihn haben Beschäftigte Anspruch, die auf Grund besonderer Belastungen während der Arbeitsleistung einen erhöhten Erholungsbedarf haben.

Erholungsurlaub

ist die zum Zwecke der Erholung erfolgte **zeitweise Freistellung des Arbeitnehmers** von der ihm nach dem Arbeitsvertrag obliegenden Arbeitspflicht durch den Arbeitgeber unter Fortzahlung der Vergütung, um ihm Gelegenheit zur selbst bestimmten Erholung zu geben.

Um einen Urlaubsanspruch zu verwirklichen, bedarf es eines **Leistungsverlangens** seitens des Arbeitnehmers. In der Praxis wird üblicherweise ein **Urlaubsantrag** mit konkreter Angabe der gewünschten Urlaubszeit gestellt. Die rechtzeitige Geltendmachung des Urlaubsanspruches ist eine Obliegenheit des Arbeitnehmers im eigenen Interesse, da sonst der Urlaubsanspruch mit Ablauf des Kalenderjahres oder ggf. dem Ende des Übertragungszeitraumes erlischt. Ein im jeweiligen Kalenderjahr nicht genommener Urlaub kann unter bestimmten Voraussetzungen nach § 7 Abs. 3 BUrlG in das Folgejahr übertragen werden; nicht hingegen mit dem Zweck der Erholung vereinbar ist die Erfüllung eines Urlaubsanspruches im Vorgriff. Im Vorgriff gewährte Urlaubstage kann der Arbeitnehmer im Urlaubsjahr noch einmal fordern, ohne zur Rückgewähr des bereits erhaltenen Urlaubsentgelts verpflichtet zu sein.

Auch wenn ein Urlaubsanspruch besteht, darf der Arbeitnehmer die **Lage des Erholungsurlaubs** nicht eigenmächtig bestimmen. Der Antritt eines vom Arbeitgeber nicht genehmigten Urlaubs stellt eine grobe Verletzung der Arbeitspflicht dar und kann einen wichtigen Grund zur fristlosen Kündigung darstellen.

Der Erholungsurlaub ist auf Erhaltung der Arbeitskraft angelegt. Der Gesetzgeber hat daher eine **Wartezeit von sechs Monaten** bestimmt, die der Arbeitnehmer in einem Arbeitsverhältnis bei seinem Arbeitgeber verbracht haben muss. Die Wartezeit muss nur im ersten Jahr des Arbeitsverhältnisses erfüllt sein. Auf sie werden Ausbildungszeiten angerechnet, die unmittelbar vor Beginn des Arbeitsverhältnisses beim selben Arbeitgeber zurückgelegt wurden. Erst mit Ablauf der Mindestzeit entsteht der volle Urlaubsanspruch. Die Fristen berechnen sich nach § 187 Abs. 1, 188 Abs. 2 BGB. Sofern der Arbeitnehmer die Wartezeit z.B. auf Grund einer nur wenige Monate umfassenden Befristung des Arbeitsverhältnisses nicht erfüllen kann, kann ein **Teilanspruch** nach § 5 BUrlG erworben werden. Ein Teilurlaubsanspruch entsteht auch, wenn das Arbeitsverhältnis unterjährig beginnt oder endet. Der Teilurlaub beträgt 1/12 des Jahresurlaubs für jeden vollen Monat des Bestehens des Arbeitsverhältnisses. Dabei sind nicht Kalendermonate, sondern Beschäftigungsmonate maßgebend. Es muss sich um volle Monate handeln, angefangene Monate bleiben außer Betracht. Bei der Berechnung des Teilurlaubs entstehende Bruchteile von Urlaubstagen werden nach § 5 Abs. 2 BUrlG aufgerundet, wenn sie mindestens einen halben Tag ergeben.

§ 3 BUrlG bestimmt einen **gesetzlichen Mindesturlaub** von 24 Werktagen. Da der Samstag zu den Werktagen zählt, entspricht das einem zusammenhängenden Urlaub von vier Wochen.

Nach § 13 Abs. 1 Satz 3 BUrlG kann von den Mindestbestimmungen nur zu Gunsten der Arbeitnehmer abgewichen werden. Die Tarifparteien haben davon Gebrauch gemacht und eine nach Lebensalter gestaffelte Anspruchssteigerung vereinbart. Bei Berechnung des Lebensalters wird der Tag der Geburt in das Lebensalter einberechnet. Ein Lebensjahr ist daher am Tage vor dem Geburtstag vollendet (§ 187 Abs. 2 Satz 2 BGB, § 188 Abs. 2 Alt. 2 BGB). Ein am 1. Januar geborener Beschäftigter zählt daher noch zu den Personen, die im vorhergehenden Kalenderjahr ein Lebensjahr vollendet haben.

Beispiel:
> Ein am 01.01.1978 geborener Beschäftigter, der am 01.01.2008 seinen 30. Geburtstag feiert, hat, da er bereits am 31.12.2007 sein 30. Lebensjahr vollendet, im Urlaubsjahr 2007 einen Urlaubsanspruch von 29 Arbeitstagen.

Sofern lediglich ein Teilurlaubsanspruch wegen des Ausscheidens aus dem Arbeitsverhältnis erworben wird, kann in bestimmten Fällen der gesetzliche Mindesturlaubsanspruch höher als der tarifliche Urlaubsanspruch sein. Das liegt darin begründet, dass § 26 Abs. 2 Buchst. b TVöD die Zwölftelung des Urlaubsanspruchs einschränkungslos für alle Fälle des Eintritts und Ausscheidens vorsieht, während die gesetzliche Regelung in § 5 Abs. 1 Buchst. b BUrlG einen Teilurlaubsanspruch nur für den Arbeitnehmer vorsieht, der in der ersten Hälfte des Kalenderjahres ausscheidet.

Beispiel 1:
Das unbefristete Arbeitsverhältnis des 31-jährigen Beschäftigten endet auf Grund eigener Kündigung zum 30.06. des Jahres.

> Berechnung des tariflichen Urlaubsanspruchs (Fünftagewoche):
> 6/12 von 29 Urlaubstagen = 14,50, gerundet = 15 Urlaubstage
>
> Berechnung des gesetzlichen Urlaubsanspruchs:
> 6/12 von 24 Werktage = 12 Werktage = 10 Arbeitstage
> Es kann folglich der tarifliche Urlaub beansprucht werden

Beispiel 2:
Das unbefristete Arbeitsverhältnis endet zum 31.07. im gegenseitigen Einvernehmen.

> Berechnung des tariflichen Urlaubsanspruchs entsprechend der Staffelung in § 26 Abs. 1 TVöD (Fünftagewoche):
> 7/12 von 26 Urlaubstagen = 15,17, gerundet = 15 Urlaubstage
> 7/12 von 29 Urlaubstagen = 16,92, gerundet = 17 Urlaubstage
> 7/12 von 30 Urlaubstagen = 17,50, gerundet = 18 Urlaubstage
>
> Berechnung des gesetzlichen Urlaubsanspruchs:
> Nach § 5 Abs. 1 Buchst. c BUrlG steht der gesetzliche Mindesturlaub in vollem Umfang von 24 Werktagen oder 20 Arbeitstagen zu.
> Erst bei einem Ausscheiden im September überlagert der tarifliche Teilurlaub den vollen gesetzlichen Mindesturlaub.

Grundsätzlich muss der Urlaub im laufenden Kalenderjahr gewährt und genommen werden. Liegen **dringende betriebliche** oder **in der Person** des Arbeitnehmers liegende Gründe vor, ist eine Übertragung in das Folgejahr statthaft. Es bedarf dazu keiner weiteren Handlung (z.B. Antrag, Erklärung) durch die Vertragsparteien. Vielmehr ist am Ende des Urlaubsjahres zu bewerten, ob die gesetzlichen Tatbestandsmerkmale vorgelegen haben.

Dringende betriebliche Gründe

liegen vor, wenn ohne die Verschiebung des Urlaubs der ordnungsgemäße Betriebsablauf beeinträchtigt ist.

Beispiel:

Ein im Winterdienst im wöchentlichen Wechsel eingeteilter Mitarbeiter hat seinen Resturlaub von zwei Tagen nach dem Weihnachtsfest geplant. Ein Wintereinbruch mit erheblichen Schneefällen erfordert zusätzliche Fahrer für die Räumfahrzeuge. Der Urlaub wird kurzfristig gestrichen.

In der Person des Arbeitnehmers liegende Gründe

sind dann gegeben, wenn der Arbeitnehmer wegen Arbeitsunfähigkeit seinen Urlaub nicht rechtzeitig antreten konnte.

Beispiel:

Ein Mitarbeiter hat zwischen den Weihnachtsfeiertagen seinen Resturlaub beantragt. Kurz vor Weihnachten erleidet er einen Unfall. Die Arbeitsunfähigkeit dauert über den Jahreswechsel an.

Liegen Gründe vor, erfolgt die Übertragung kraft Gesetzes. Der Urlaub muss dann bis zum 31.03. des Folgejahres angetreten werden. Der TVöD sieht darüber hinaus eine weitergehende Übertragungsmöglichkeit bis zum 31.05. vor. **Liegen derartige Gründe allerdings nicht vor, verfallen die Urlaubsansprüche ersatzlos.** In der Praxis lassen Arbeitgeber häufig übertariflich generell eine Übertragung bis zum 31.03. zu.

Eine besondere Form der bezahlten Freistellung von der Dienstleistung ist die **Arbeitsbefreiung**. § 616 BGB sieht eine Freistellung des Arbeitnehmers aus wichtigem Anlass vor.

Da diese Regelung dispositiv ist, haben die Tarifvertragsparteien in § 29 TVöD einen Katalog geschaffen, der für eine Vielzahl von Lebenssituationen eine Arbeitsbefreiung anordnet, beispielsweise für

- Niederkunft der Ehefrau
- Arbeitsjubiläum
- Erfüllung staatsbürgerlicher Pflichten (z.B. Wehrdienst, Wahlhelfer, Schöffe)
- Teilnahme an Tarifverhandlungen
- Teilnahme an Sitzungen von Prüfungs- und von Berufsbildungsausschüssen.

ÜBUNG 33

Bestimmen Sie den Umfang der Freistellung von der Arbeit.

Art der Freistellung	Geregelt in	Umfang
Erholungsurlaub	§ 26 TVöD u. BUrlG	
Zusatzurlaub	§ 27 TVöD	
Zusatzurlaub für Schwerbehinderte	§§ 2 Abs. 2, 125 SGB IX	
Sonderurlaub ohne Bezüge	§ 28 TVöD	
Arbeitsbefreiung anlässlich des 25. Arbeitsjubiläums	§ 29 Abs. 1 TVöD	
Teilnahme an Tarifverhandlungen	§ 29 Abs. 4 TVöD	
Stellensuche nach Kündigung	§ 629 BGB	
Erholungsurlaub im Rahmen eines befristeten Arbeitsvertrages vom 15.12. bis 13.04. des Folgejahres. Der Arbeitnehmer ist 32 Jahre alt.	§ 26 TVöD u. BUrlG	

Sonne, Sand und Meer ...   **FALL 14**

Die Verwaltungsfachangestellte Simone Herbst, 29 Jahre alt, wurde am 15.04. bei der Stadt Welfenheim unbefristet eingestellt. Sie hat einen üblichen Arbeitsvertrag als Vollbeschäftigte nach Entgeltgruppe 5 TVöD in einer Fünftagewoche. Sie kommt am 03.06. in die Personalverwaltung und erklärt, dass sie aus persönlichen Gründen ihren gesamten Jahresurlaub so schnell wie möglich auf Mauritius verbringen möchte. Dienstliche Interessen stehen der Urlaubsgewährung nicht entgegen.

Aufgabe: Prüfen Sie, wann Frau Herbst die Reise antreten kann und wie viel Arbeitstage sie auf Mauritius verbringen kann.

 Notieren Sie die Lösung auf einem besonderen Blatt.

BASISTEXT **Nebentätigkeit**

Im Rahmen des Arbeitsvertrages verpflichtet sich der Arbeitnehmer nur zur „Leistung der versprochenen Dienste" und nicht, seine gesamte Arbeitskraft zur Verfügung zu stellen. Sofern er seine Pflichten aus dem Hauptarbeitsverhältnis nicht verletzt, kann er weitere Beschäftigungen aufnehmen. Eine Nebentätigkeit kann im Rahmen eines Dienst-, Werk- oder Arbeitsvertrages ausgeübt werden. Auch unentgeltliche oder ehrenamtliche Tätigkeiten fallen unter den arbeitsrechtlichen Begriff der Nebentätigkeit.

Nebentätigkeit

ist jede Tätigkeit, die der Arbeitnehmer **außerhalb seines Hauptarbeitsverhältnisses** ausübt.

Beispiel:
Der Beschäftigte Max Reinhard unterrichtet nach erfolgreicher 2. Prüfung für das Studieninstitut als nebenamtlicher Fachlehrer das Fach Kommunalrecht.

Der Arbeitnehmer hat ein Grundrecht auf Nebentätigkeit aus Art. 2 und 12 GG. Deshalb ist ein generelles Nebentätigkeitsverbot unzulässig. Schranken können sich jedoch aus Gesetz, Vertrag oder Tarifvertrag ergeben (z. B. Höchstgrenzen der täglichen Arbeitszeit und Ruhezeiten aus dem ArbZG). Die Ausübung einer Nebentätigkeit bedarf grundsätzlich <u>nicht</u> der Genehmigung seitens des Arbeitgebers. Im öffentlichen Dienst ist dieses Recht durch § 3 Abs. 3 TVöD eingeschränkt worden. Danach haben die Beschäftigten eine Nebentätigkeit gegen Entgelt ihrem Arbeitgeber rechtzeitig vor deren Aufnahme **schriftlich anzuzeigen**. Im Rahmen der Leistungstreuepflicht darf der Beschäftigte auch keine Nebentätigkeiten aufnehmen, die die Erfüllung der arbeitsvertraglichen Haupt- und Nebenpflichten oder berechtigte Interessen des Arbeitgebers beeinträchtigen. Der Arbeitgeber kann Nebentätigkeiten **mit Auflagen versehen** oder ganz versagen.

Für eine unselbständige Nebentätigkeit gelten grundsätzlich die gleichen Rechte und Pflichten wie für das Hauptarbeitsverhältnis. Dabei ist zu beachten, dass nach § 2 Abs. 1 Satz 2 ArbZG bei der Beschäftigung in mehreren Arbeitsverhältnissen die einzelnen Beschäftigungen zusammen die gesetzliche Höchstgrenze der Arbeitszeit nicht überschreiten darf.

Im Falle der Ausübung einer Nebentätigkeit, auch wenn sie nicht der Anzeigepflicht unterliegen, ergeben sich **arbeitsvertragliche Rücksichtspflichten**. Ein Verstoß gegen diese Pflicht würde vorliegen, wenn der Beschäftigte krankheitsbedingt abwesend ist und dennoch einer Nebentätigkeit nachgeht, die den Genesungsprozess verzögert.

ÜBUNG 34

Markus Lehmann (22 Jahre) ist vollbeschäftigter Arbeitnehmer nach Entgeltgruppe 5 in der Stadt Welfenheim in der 40-Stunden-Woche tätig und möchte auf eine Eigentumswohnung sparen. Er ist in der Bibliothek beschäftigt und arbeitet nach einem Dienstplan im Wechsel in der ersten Woche von Mo. – Fr. von 8:00 Uhr bis 17:30 Uhr und in der zweiten Woche von Mo. – Fr. von 12:00 Uhr bis 19:30 Uhr jeweils abzüglich einer halbstündigen Pause.

Um schneller zum Ziel zu kommen, erwägt er eine unselbständige Nebentätigkeit als Aushilfskellner in der Hafengaststätte seines besten Freundes im nahe liegenden Fischerdorf. Er möchte direkt nach Feierabend jeweils von Montag bis Freitag zwei Stunden zusätzlich arbeiten. Weiterhin möchte er in der Hauptsaison im Juli drei Wochen Urlaub nehmen und jeweils von Mo. bis Sa. von 10:00 Uhr bis 20:00 Uhr für seinen Freund tätig werden.

1. Prüfen Sie, ob und in welchem Umfang er eine Nebentätigkeit aufnehmen kann.

 Notieren Sie die Lösung auf einem besonderen Blatt.

Zeugnis **BASISTEXT**

Gem. § 35 TVöD hat der Beschäftigte unabhängig von den Voraussetzungen des § 630 BGB und § 109 GewO einen unmittelbaren tariflichen Anspruch auf ein **Zeugnis**, und zwar

*   auf ein **vorläufiges Zeugnis** bei bevorstehender Beendigung des Arbeitsverhältnisses (z.B. auf Grund einer Kündigung oder Ablauf des Zeitvertrages),
*   auf ein **endgültiges Zeugnis** bei Beendigung des Arbeitsverhältnisses und
*   auf ein **Zwischenzeugnis**, wenn triftige Gründe (z.B. Vorgesetztenwechsel, Bewerbung um eine neue Stelle) vorliegen.

Das Zeugnis ist für das berufliche Fortkommen eines Arbeitnehmers von entscheidender Bedeutung. Lesen Sie dazu den folgenden Auszug aus einem Urteil des Bundesarbeitsgerichts 03.03.1993 - AP Nr. 20 zu § 630 BGB.

"Das Arbeitszeugnis spielt bei einer Bewerbung des Arbeitnehmers eine erste wesentliche Rolle. Es bescheinigt dem Arbeitnehmer die bei dem Arbeitgeber ausgeübte Tätigkeit (einfaches Zeugnis) und enthält als qualifiziertes Zeugnis eine Leistungsbeurteilung, die für den Arbeitnehmer von hohem persönlichen Wert ist. Das Zeugnis dient vor allem als Unterlage für eine Bewerbung um einen neuen Arbeitsplatz und stellt deshalb einen wichtigen Faktor im Arbeitsleben dar. Vor allem bei der Vorauswahl der Bewerber und der Frage, wer zu einem Vorstellungsgespräch zugelassen wird, spielt das Zeugnis eine wesentliche Rolle, da es zu diesem Zeitpunkt die einzige Informationsquelle darstellt, die nicht vom Bewerber selbst, sondern von einem Dritten stammt. Für den Arbeitnehmer ist das Zeugnis gleichsam die "Visitenkarte" für weitere Bewerbungen. Für den künftigen Arbeitgeber schafft es eine Unterlage für seine Einstellungsentscheidung."

ÜBUNG 35

Kennzeichnen Sie in Stichworten Funktionen eines Dienstzeugnisses.

Auch wenn heute bei Bewerbungen vielfach telefonische Auskünfte eingeholt werden oder persönliche Empfehlungen eine große Rolle spielen, bleibt das Zeugnis weiterhin **wesentlicher Bestandteil der Bewerbungsunterlagen**. Besonders bei einem Ortswechsel oder nach längerer Zeit, wenn der frühere Arbeitgeber sich nicht mehr an den Arbeitnehmer erinnert oder möglicherweise nicht mehr existiert, ist das Zeugnis oft die einzige Erkenntnisquelle für die Eignung des Bewerbers.

Arbeitgeber des öffentlichen Dienstes verlangen von Stellenbewerbern grundsätzlich, dass sie die vor der Einstellung liegenden Beschäftigungszeiten durch Zeugnisse nachweisen. Umgekehrt legen auch Arbeitnehmer Wert darauf, ein erfolgreiches Arbeitsleben durch eine vollständige Reihe guter Zeugnisse belegen zu können.
Zu unterscheiden ist zwischen dem **einfachen** und dem **qualifizierten** Zeugnis. Beide Zeugnisarten enthalten Angaben über die Person, die Art und die Dauer der Beschäftigung. Das qualifizierte Zeugnis mit seinen zusätzlichen Aussagen zu Führung und Leistung des Arbeitnehmers liefert weitere wesentliche Hinweise über den Bewerber.

Führung

ist das **Verhalten** im Dienst gegenüber Vorgesetzten, Kollegen und Bürgern wie auch gegenüber nachgeordneten Mitarbeitern sowie **Beachtung der betrieblichen Ordnung**.

Hierzu gehört insbesondere das **äußere Verhalten** und **typische Charaktereigenschaften** des Beschäftigten, z. B. Führungseigenschaften, das Sozialverhalten gegenüber Vorgesetzten, Arbeitskollegen und Außenstehenden (z. B. Ratsuchenden), Benehmen, Einfühlungsvermögen, Disziplin, Fleiß und Zuverlässigkeit. Das außerdienstliche Verhalten ist nur zu erwähnen, wenn es sich dienstlich auswirkt, z. B. bei Trunk- oder Drogensucht.

Leistung

ist die im Dienst erbrachte **Gesamtheit der Arbeitsergebnisse**.

Die Leistungsbeurteilung muss sich an der Tätigkeitsbeschreibung und dem Anforderungsprofil der Arbeitsaufgabe orientieren. Die Leistung kennzeichnet sich durch körperliches und geistiges Leistungsvermögen, Fachkenntnisse und Fähigkeiten, Qualität und Güte der Arbeitsleistung, Arbeits- und Verantwortungsbereitschaft, Fähigkeit zu selbstständiger Arbeit, Ausdrucksvermögen, Verhandlungsgeschick, Engagement, Durchsetzungsfähigkeit und Entscheidungsbereitschaft.

Die vorstehenden Werturteile müssen **wahrheitsgetreu** sein. Anderenfalls kann sich der Aussteller gegenüber einem nachfolgenden Arbeitgeber wegen vorsätzlicher, sittenwidriger Schädigung nach § 826 BGB schadensersatzpflichtig machen.

Beispiel:
  Eine Haftung kommt in Betracht, wenn dem Arbeitnehmer „äußerste Zuverlässigkeit in einer Vertrauensstellung" bescheinigt wird, obwohl nach Aufdeckung einer Korruptionsaffäre ein Auflösungsvertrag geschlossen wurde. Der neue Arbeitgeber kann dem Beschäftigten in der Probezeit kündigen und von dem Zeugnis ausstellenden Vorarbeitgeber Schadensersatz in Höhe der entstandenen Lohnkosten fordern.

Andererseits soll das Zeugnis **wohlwollend** formuliert sein und dem beruflichen Weiterkommen dienen. Diese aus der Rechtsprechung entwickelten Grundsätze zum Zeugnisrecht führen manchmal zu einem Konflikt bei der Zeugnisformulierung.

Wenn der Arbeitgeber seiner Verpflichtung zur Zeugniserteilung nicht nachkommt, kann der Beschäftigte gem. § 2 Abs. 1 Nr. 3 Buchst. e ArbGG auf Erteilung eines Zeugnisses vor dem Arbeitsgericht klagen. Er kann auch auf Berichtigung, d. h. auf Erteilung eines ordnungsgemäßen Zeugnisses klagen, wenn es in formeller oder materieller Hinsicht nicht den Anforderungen entspricht.

Kommt der Arbeitgeber auch nach einem Arbeitsgerichtsprozess seiner Verpflichtung nicht nach, erfolgt die Vollstreckung durch Androhung von Zwangsgeld oder Zwangsstrafen.

Weiterhin kann der Arbeitgeber schadensersatzpflichtig werden, wenn das Zeugnis nicht rechtzeitig ausgestellt wird und der Beschäftigte deshalb keine oder eine schlechter bezahlte Arbeitsstelle erhält.

ÜBUNG 36

Beantworten Sie die nachfolgenden Fragen zum Thema „Zeugnis".

Frage	Antwort
1. Welcher Beschäftigte kann zu welchem Zeitpunkt ein Zeugnis beanspruchen?	
2. Welche Funktion hat das Zeugnis?	
3. Welche Zeugnisarten gibt es?	
4. Muss der Arbeitgeber von sich aus ein qualifiziertes Zeugnis ausstellen?	
5. Welche Form hat das Zeugnis?	
6. Welchen Inhalt hat das einfache Zeugnis?	
7. Welchen Inhalt hat das qualifizierte Zeugnis?	
8. Hat der Personalrat ein Beteiligungsrecht bei der Zeugnisgestaltung?	
9. Welcher Gefahr setzt sich ein Arbeitgeber aus, der bewusst fälschlich ein zu gutes Zeugnis ausstellt?	
10. Ein TVöD-Beschäftigter beantragt ein Jahr nach seinem Ausscheiden ein Zeugnis. Muss der frühere Arbeitgeber es ihm ausstellen?	

Dienstzeugnis ÜBERSICHT 22

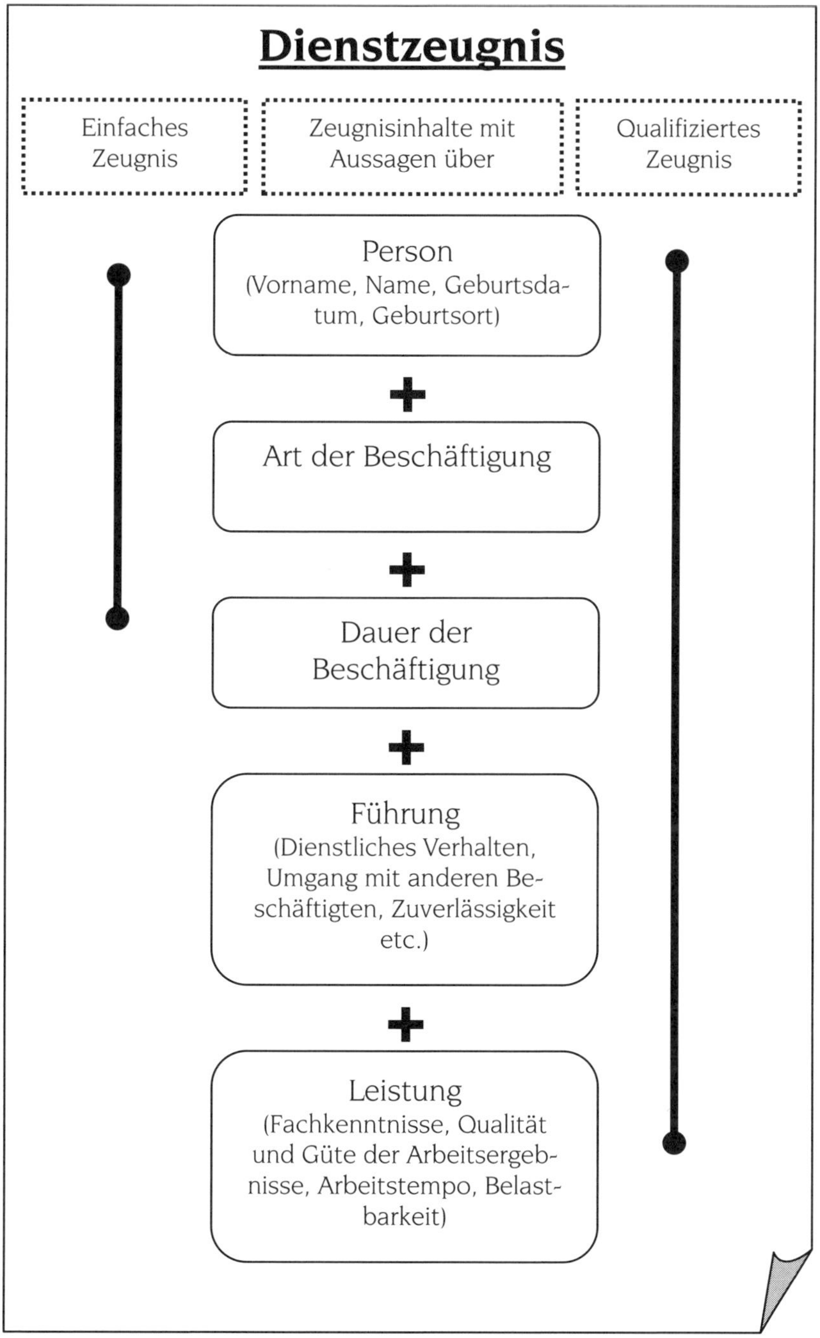

Dienstzeugnis

| Einfaches Zeugnis | Zeugnisinhalte mit Aussagen über | Qualifiziertes Zeugnis |

Person
(Vorname, Name, Geburtsdatum, Geburtsort)

+

Art der Beschäftigung

+

Dauer der Beschäftigung

+

Führung
(Dienstliches Verhalten, Umgang mit anderen Beschäftigten, Zuverlässigkeit etc.)

+

Leistung
(Fachkenntnisse, Qualität und Güte der Arbeitsergebnisse, Arbeitstempo, Belastbarkeit)

PRAXISMUSTER 9   **Einfaches Zeugnis**

Stadt Welfenheim
- Die Bürgermeisterin -
Schlossgarten 13
30470 Welfenheim

Herrn
Andreas Bode
Königstraße 18

30470 Welfenheim

Fachdienst	Herr Birkholz	Welfenheim,
Personal	Zimmer 214	05.07.2011
Az. 11 3 56241	Tel.: 05141/12221	

Zeugnis

Herr Andreas Bode, geb. 24.07.1987 in Celle, wohnhaft Königstraße 18, Welfenheim, war in der Zeit vom 01.02.2009 bis zum 30.06.2011 als Verwaltungsfachangestellter bei der Stadt Welfenheim in der Entgeltgruppe 6 beschäftigt.
Herr Bode wurde in der Einwohnermeldeabteilung eingesetzt. Er nahm dort sämtliche Aufgaben des Melde-, Pass- und Ausweisrechts wahr.

Julius Reich
(Fachbereichsleiter)

ÜBUNG 37

Bezeichnen Sie die Art des Dienstzeugnisses, kennzeichnen Sie die Merkmale im Text und listen Sie sie nachfolgend auf.

Zeugnisart	
Merkmale	

Qualifiziertes Zeugnis   PRAXISMUSTER 10

Stadt Welfenheim
- Die Bürgermeisterin -
Schlossgarten 13
30470 Welfenheim

Herrn
Andreas Bode
Königstraße 18

30470 Welfenheim

Fachdienst	Herr Birkholz	Welfenheim,
Personal	Zimmer 214	05.07.2011
Az. 11 3 56241	Tel.: 05141/12221	

Zeugnis

Herr Andreas Bode, geb. 24.07.1987 in Celle, wohnhaft Königstraße 18, Welfenheim, war in der Zeit vom 01.02.2009 bis zum 30.06.2011 als Verwaltungsfachangestellter bei der Stadt Welfenheim in der Entgeltgruppe 6 beschäftigt.

Herr Bode wurde in der Einwohnermeldeabteilung eingesetzt. Er nahm dort sämtliche Aufgaben des Melde-, Pass- und Ausweisrechts wahr.

Auf Grund seiner guten Auffassungsgabe hat Herr Bode in der kurzen Zeit seiner Beschäftigung fundierte und umfangreiche Kenntnisse über sein Sachgebiet erworben. Seine Aufgaben erledigte er zügig und mit großer Sorgfalt. Herr Bode hat gezeigt, dass er über besonders gute EDV-Kenntnisse verfügt. Insbesondere im Umgang mit dem Publikum war sein Verhalten stets vorbildlich. Er blieb auch in schwierigen Situationen ruhig, beherrscht, hilfsbereit und verfügte über das in solchen Fällen erforderliche Einfühlungsvermögen. Sein Verhalten gegenüber Vorgesetzten und Kollegen war zu jeder Zeit und in jeder Hinsicht korrekt und vorbildlich.

Zusammenfassend bestätige ich, dass Herr Bode alle ihm übertragenen Aufgaben stets zu meiner vollen Zufriedenheit erledigt hat.

Das Arbeitsverhältnis wurde auf Wunsch von Herrn Bode im gegenseitigen Einvernehmen beendet. Für seinen weiteren beruflichen und persönlichen Lebensweg wünsche ich ihm alles Gute.

Julius Reich
(Fachbereichsleiter)

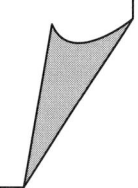

ÜBUNG 38

Bezeichnen Sie die Art des Dienstzeugnisses, kennzeichnen Sie die Merkmale im Text und listen Sie sie nachfolgend auf.

Zeugnisart	
Merkmale	

05 Beendigung des Arbeitsverhältnisses

Beendigungsfälle   BASISTEXT

Jedes Arbeitsverhältnis, gleich wie lange es dauert, endet irgend wann, sei es, dass der Beschäftigte den Wunsch nach einer beruflichen Veränderung realisiert und kündigt, sei es, dass ein langes Arbeitsleben in der Rente mündet oder ein Arbeitsvertrag lediglich für eine bestimmte Zeit abgeschlossen wurde. Schließlich ist eine Beendigung des Arbeitsverhältnisses auf Initiative des Arbeitgebers, durch Kündigung oder Angebot eines Aufhebungsvertrages, in der Praxis häufig.

Ebenso wie bei der Begründung eines Arbeitsverhältnisses gibt es bei seiner Beendigung Regeln, die nachfolgend bezogen auf die einzelnen Beendigungsfälle dargelegt werden.

1. Auflösungsvertrag

Nach dem Grundsatz der Vertragsfreiheit können Arbeitgeber und Arbeitnehmer das Arbeitsverhältnis jederzeit zu einem bestimmten Termin durch einen Auflösungsvertrag beenden.

2. Zeitablauf

Ist ein Arbeitsverhältnis nach § 620 BGB, dem TzBfG oder § 30 TVöD dergestalt befristet, dass ein bestimmtes Datum als Endtermin vereinbart wurde, so wird es zu diesem Termin ohne Weiteres beendet.

Ist als Endtermin ein Ereignis bestimmt (z. B. Fertigstellung einer bestimmten Arbeit), so ist der Eintritt dieses Ereignisses der Beendigungstermin.

3. Kündigung

Mittels der Kündigung wird ein unbefristetes Arbeitsverhältnis vorzeitig aufgehoben. Die Kündigung durch den Arbeitgeber bedeutet regelmäßig einen besonderen wirtschaftlichen Nachteil für den davon betroffenen Beschäftigten. Verfahrens- und materiellrechtlich sind sowohl die Tarifverträge als auch viele gesetzliche Arbeitnehmerschutzvorschriften zu beachten. Der Kündigung durch den Arbeitgeber wird daher in diesem Kapitel besondere Aufmerksamkeit geschenkt.

Unproblematisch ist die Kündigung durch den Arbeitnehmer. Er hat die Kündigung nach § 623 BGB lediglich schriftlich auszusprechen und ist hinsichtlich der Beendigung des Arbeitsverhältnisses an gesetzliche, tarifliche oder vertragliche Kündigungsfristen gebunden. Insbesondere einen Grund für eine Kündigung braucht er weder anzugeben, noch überhaupt zu haben.

4. Auflösung durch das Arbeitsgericht gegen Abfindung

Eine besondere Beendigungsmöglichkeit sieht § 9 Abs. 1 KSchG vor. Danach kann das Arbeitsgericht auf Antrag des Arbeitnehmers oder des Arbeitgebers ein Arbeitsverhältnis auflösen, wenn zwar eine Kündigung unwirksam war, es dem Arbeitnehmer aber unzumutbar ist, weiter an seinem alten Arbeitsplatz zu arbeiten. Der Arbeitnehmer erhält im Gegenzug eine angemessene, vom Gericht festzusetzende Abfindung, die von der Beschäftigungszeit abhängig ist.

5. Anfechtung

Die dem Abschluss des Arbeitsvertrages zu Grunde liegende Willenserklärung kann nach § 119 BGB wegen **Erklärungs-, Inhalts- bzw. Eigenschaftsirrtums** oder nach § 123 Abs. 1 BGB wegen **arglistiger Täuschung** oder **widerrechtlicher Drohung** anfechtbar sein. Die Anfechtung erfolgt nach § 143 Abs. 1 BGB durch Erklärung gegenüber dem Anfechtungsgegner. Es handelt sich dabei um eine einseitige, empfangsbedürftige Willenserklärung.

Wird die Willenserklärung angefochten, so ist der Arbeitsvertrag nach § 142 Abs. 1 BGB von Anfang an nichtig. Die Folgen der Anfechtung gestalten sich im Arbeitsrecht zum Teil anders als im übrigen Privatrecht. Bei einem erfolgreich angefochtenen Kaufvertrag besteht beispielsweise die Verpflichtung, die vormals ausgetauschten Leistungen (Ware gegen Geld) nach § 812 Abs. 1 S. 1 BGB (ungerechtfertigte Bereicherung) herauszugeben. Dies ist bei einer höchstpersönlich erbrachten Dienstleistung nicht möglich. Deshalb entfaltet die Anfechtung bei bereits vollzogenen Arbeitsverhältnissen nur Wirkung für die Zukunft. Für die zurückliegende Zeit ist ein solches Arbeitsverhältnis grundsätzlich wie ein fehlerfrei zu Stande Gekommenes zu behandeln. Ein tatsächlich vollzogenes Arbeitsverhältnis, für das kein gültiger Arbeitsvertrag vorliegt, wird als **faktisches Arbeitsverhältnis** bezeichnet.

Ist lediglich ein **Teil des Arbeitsvertrages nichtig**, so ist nach § 139 BGB die Nichtigkeit des gesamten Arbeitsvertrages immer dann gegeben, wenn nicht angenommen werden kann, dass der Arbeitsvertrag auch ohne den nichtigen Teil abgeschlossen worden wäre. Ist beispielsweise Gegenstand einer Einstellungsverhandlung die Zahlung der üblichen monatlichen Vergütung von 2.000,- EUR und vereinbaren beide Vertragsteile im Arbeitsvertrag irrtümlich eine monatliche Vergütung von 20.000,- EUR, wird im Falle einer arbeitgeberseitigen Anfechtung anzunehmen sein, dass das Arbeitsverhältnis dem Grunde nach ohne neuerlichen Abschluss eines Arbeitsvertrages aufrecht erhalten bleiben sollte.

Ist jedoch ein Teil des Arbeitsvertrages nichtig, der **gegen Arbeitnehmerschutzgesetze** verstößt, ist § 139 BGB nach der Rechtsprechung des Bundesarbeitsgerichtes nicht anwendbar. **An** die **Stelle des nichtigen Teiles** des Arbeitsvertrages tritt dann die gesetzliche Regelung. Beispielweise kann dies sein, wenn arbeitsvertraglich eine tägliche Arbeitszeit von zwölf Stunden (ArbZG sieht tägliche Höchstarbeitszeit von zehn Stunden vor) oder eine unzulässig kurze Kündigungsfrist vereinbart wurde.

6. Berufs- oder Erwerbsunfähigkeit

Es gibt Situationen, in denen Arbeitnehmer aus gesundheitlichen Gründen auf Dauer nicht mehr in der Lage sind, ihren Beruf oder jede andere Tätigkeit auszuüben.

Beispiele:
1. Ein Schwimmmeister der Stadt Welfenheim erleidet eine Chlorallergie. Er kann aus diesem Grund seinen Beruf nicht mehr ausüben.

Der Rentenversicherungsträger bewilligt eine Berufsunfähigkeitsrente (Anm.: Dies gilt nur für vor dem Jahr 1961 geborene, für jüngere Beschäftigte gilt, dass diese eine Rente wegen teilweise geminderter Erwerbsfähigkeit erhalten: Der Arbeitnehmer muss mit der verbliebenen Leistungskraft nach Möglichkeit einer Teilzeitbeschäftigung nachgehen.

2. Eine Bürokraft der Stadt Welfenheim ist auf Grund einer Sehnenverkürzung in den Handgelenken nicht mehr in der Lage, mit den Händen zuzugreifen. Auf Grund eines ärztlichen Gutachtens kann sie schmerzfrei weder einen Kugelschreiber halten noch eine Tastatur bedienen. Da sie auch keine andere Tätigkeit ausüben kann, bewilligt ihr der Rentenversicherungsträger eine Erwerbsminderungsrente.

Wegen Berufs- oder Erwerbsunfähigkeit ist eine Beendigung des Arbeitsverhältnisses gesetzlich nicht vorgesehen. Jedoch regelt § 33 Abs. 2 TVöD für diese Fälle, dass das Arbeitsverhältnis automatisch mit Ablauf des Monats endet, in dem der Bescheid des Rentenversicherungsträgers zugestellt wird.

7. Altersgrenze

Es gibt keine gesetzliche bzw. tarifliche Vorschrift, wonach ein Arbeitsverhältnis mit Erreichen eines bestimmten Alters automatisch endet. Soweit der TVöD anzuwenden ist, sieht jedoch § 33 Abs. 1 TVöD vor, dass das Arbeitsverhältnis mit Ablauf des Monats endet, in dem der Beschäftigte das 65. Lebensjahr vollendet hat, ohne dass es einer Kündigung bedarf.

8. Tod des Beschäftigten

Nach § 613 BGB hat der Arbeitnehmer die Dienstleistung persönlich zu erbringen. Deshalb endet im Falle seines Todes das Arbeitsverhältnis.
Dem gegenüber hat der Tod des Arbeitgebers i. d. R. keine Beendigungswirkung, es sei denn, die Arbeitsleistung ist ausschließlich auf die Person des Arbeitgebers zugeschnitten. Auch der „Tod" einer juristischen Person (Insolvenz) kann allenfalls eine ordentliche Kündigung rechtfertigen.

ÜBUNG 39

Bestimmen Sie für die im Folgenden genannten Beendigungsgründe die dazu gehörigen Rechtsgrundlagen.

Beendigungsgründe	Rechtsgrundlagen
1. Erreichen der gesetzlichen Altersgrenze	
2. Anfechtung wegen widerrechtlicher Drohung	
3. Zeitablauf oder Zweckerreichung	

Beendigungsfälle	Rechtsgrundlagen
4. Feststellung der vollen oder teilweisen Erwerbsminderung durch den Rentenversicherungsträger	
5. Ordentliche und außerordentliche Kündigung	
6. Tod des Arbeitnehmers	
7. Auflösungsvertrag	

ÜBUNG 40

Prüfen Sie, welche Anfechtungsmöglichkeit in Betracht kommt, und geben Sie die Rechtsgrundlage an.

Sachverhalt	Lösung
1. Durch ein Büroversehen wird im Arbeitsvertrag statt der vorgesehenen EG 6 die EG 9 ausgewiesen und von beiden Seiten unterschrieben.	
2. Ein Assistenzarzt wird für ein Operationsteam eingestellt. Wenn er Blut sieht, wird ihm regelmäßig schlecht.	
3. Aufgrund eines hervorragenden Examenszeugnisses wird Herr Müller als Ingenieur eingestellt. Später wird ermittelt, dass das Zeugnis gefälscht war.	
4. Die Bürgermeisterin begeht nach einem Unfall Fahrerflucht. Ein vormals abgelehnter Bewerber beobachtet zufällig den Vorgang. Er macht gegenüber der Bürgermeisterin deutlich, dass er sein Wissen nur dann nicht preisgeben wird, wenn er einen Arbeitvertrag erhält. Er bekommt daraufhin einen Vertrag.	

Auflösungsvertrag   **PRAXISMUSTER 11**

Auflösungsvertrag

zwischen
der Stadt Welfenheim
- vertreten durch die Bürgermeisterin -,
Schlossgarten 13, 30470 Welfenheim
und
Herrn Ferdinand Klein, geb. 09.03.64 in Celle,
wohnhaft Elzweg 70, 30470 Welfenheim

§ 1

Das mit Wirkung vom 01.02.2001 geschlossene Arbeitsverhältnis wird im gegenseitigen Einvernehmen zum 30.04.2011 aufgelöst.

§ 2

(*ggf. Abwicklungsregelungen*)

Welfenheim, den 15.03.2011

Angela Sommer
(Bürgermeisterin)

Ferdinand Klein
(Arbeitnehmer)

 **BASISTEXT** Die Kündigung

Kündigung

ist eine **empfangsbedürftige Willenserklärung**, die ein zwischen den Vertragspartnern bestehendes **Rechtsverhältnis für die Zukunft beenden** soll, sei es mit sofortiger Wirkung (außerordentliche Kündigung) oder sei es unter Einhaltung einer gebotenen Kündigungsfrist (ordentliche Kündigung).

Die Kündigung kann sowohl vom Arbeitgeber als auch vom Arbeitnehmer ausgesprochen werden. Es gelten die Regelungen des BGB über die **Wirksamkeit von Willenserklärungen**. Sie kann z. B. nach § 134 BGB gegen ein gesetzliches Verbot verstoßen und damit nichtig sein. Ebenso kann die Kündigung angefochten werden.

Die Kündigung ist eine **einseitige** Beendigungsform, da für ihre Wirksamkeit eine Willenserklärung des Vertragspartners nicht erforderlich ist. Die Kündigung wird in dem Zeitpunkt wirksam, in dem sie dem Vertragspartner zugeht, also so in seinen Machtbereich gelangt, dass er unter regelmäßigen Umständen davon Kenntnis nehmen konnte.

Ob er tatsächlich von ihr Kenntnis nimmt, ist dabei nicht entscheidend. Unproblematisch ist diese Frage bei der Kündigung gegenüber einem Anwesenden, also wenn z. B. der Arbeitnehmer dem Arbeitgeber persönlich eine schriftliche Kündigung übergibt.

Ist der Vertragspartner nicht anwesend, so gilt § 130 BGB. Danach wird eine Willenserklärung, die einem anderen gegenüber abzugeben ist, in dem Zeitpunkt wirksam, in welchem sie ihm **zugeht**. Das kann zum Streit darüber führen, wann die Kündigungserklärung in den Machtbereich des Vertragspartners gelangt ist. Schickt der Arbeitgeber dem Arbeitnehmer eine Kündigung nach Hause, so ist entscheidend, wann der Brief in den Hausbriefkasten gelangt und der Arbeitnehmer Gelegenheit hat, diesen zu leeren. Wirft der Arbeitgeber aber den Brief persönlich erhebliche Zeit nach der allgemeinen Postzustellung in den Hausbriefkasten, so gilt die Kündigung erst am nächsten Tage als zugegangen. Andererseits gilt die Kündigungserklärung auch dann als zugegangen, wenn der Arbeitnehmer verreist ist.

Wichtig ist, dass der Kündigende beweisen kann, **ob** und **wann** die Kündigung zugegangen ist. Da die Kündigungserklärung mit Zugang wirksam wird, ist eine Rücknahme danach nicht mehr möglich. Es könnte dann nur ein neues Arbeitsverhältnis geschlossen werden, zu dem beide Seiten ihre Zustimmung geben müssen.

Nach § 623 BGB bedarf jede Kündigung des Arbeitsverhältnisses zu ihrer Wirksamkeit der **Schriftform**. Wird diese Formvorschrift nicht eingehalten, so ist die Kündigungserklärung nach § 125 BGB nichtig.

Im Hinblick auf die Wirkungen einer ausgesprochenen Kündigung unterscheidet man die außerordentliche von der ordentlichen Kündigung.

Außerordentliche Kündigung

ist die **einseitige fristlose Aufhebung** eines Arbeitsverhältnisses aus wichtigem Grunde.

Nach § 626 BGB kann das Arbeitsverhältnis **aus wichtigem Grund** auch **ohne Einhaltung der Kündigungsfrist** gekündigt werden, wenn die Fortsetzung des Arbeitsverhältnisses dem Kündigenden bis zum Ablauf der Kündigungsfrist **nicht zuzumuten** ist. Dabei sind die Umstände des Einzelfalles und die Interessen beider Vertragsteile zu berücksichtigen. Eine außerordentliche Kündigung wird in der Regel **fristlos** erfolgen, sie kann jedoch auch mit einer sogenannten sozialen Auslauffrist ausgesprochen werden.

Der Kündigende muss nach § 626 Abs. 2 BGB **innerhalb von zwei Wochen** nach dem Zeitpunkt kündigen, in dem er von den Tatsachen, die zur Kündigung berechtigen, Kenntnis erlangt.

Ordentliche Kündigung

ist die **einseitige Aufhebung eines Arbeitsverhältnisses** unter Beachtung der gesetzlichen, tarifvertraglichen oder einzelarbeitsvertraglich vereinbarten **Kündigungsfrist**.

Nach dem BGB und dem TVöD bedarf es für den Ausspruch einer ordentlichen Kündigung keines besonderen Grundes, jedoch schließt § 34 Abs. 2 TVöD die ordentliche Kündigung durch den Arbeitgeber aus, wenn der Arbeitnehmer eine 15-jährige Beschäftigungszeit und das 40. Lebensjahr vollendet hat. Diesen Fall der Unkündbarkeit gibt es jedoch nur im Tarifgebiet-West.

Ob nach anderen Rechtsvorschriften eine Kündigung ausgeschlossen ist oder bestimmte Gründe dafür vorliegen müssen, wird in diesem Kapitel unter dem Stichwort „Kündigungsschutz" behandelt.

Sonderform einer Kündigung ist schließlich die Änderungskündigung.

Änderungskündigung

ist die **Kündigung** des Arbeitsverhältnisses mit dem **gleichzeitigen Angebot**, das Arbeitsverhältnis unter anderen Arbeitsbedingungen fortzusetzen.

Die Änderungskündigung kann sowohl fristgerecht als auch fristlos ausgesprochen werden, jedoch muss für eine fristlose Änderungskündigung ein wichtiger Grund vorliegen. Nimmt der Vertragspartner das Angebot an, so besteht das Arbeitsverhältnis zu den geänderten Arbeitsbedingungen weiter, andernfalls ist es beendet.

Beispiel für eine fristlose Änderungskündigung:
Der Cheffahrer verliert alkoholbedingt seinen Führerschein. Ihm wird außerordentlich gekündigt mit dem Angebot, als Laufbote gegen ein geringeres Entgelt weiterzuarbeiten.

Die Kündigungsfristen für ordentliche Kündigungen sind in § 622 BGB gesetzlich vorgeschrieben, jedoch kann nach § 622 Abs. 4 BGB durch Tarifvertrag davon abgewichen werden. Hiervon haben die Tarifpartner in § 34 TVöD Gebrauch gemacht.
Für außerordentliche Kündigungen gibt es keine Kündigungsfrist (jedoch eine **Kündigungserklärungsfrist**, was ein Unterschied ist!).

Bei allen Kündigungen ist der Personalrat zu beteiligen. Die Art der Beteiligung richtet sich nach dem geltenden Personalvertretungsgesetz des jeweiligen Landes.

ÜBUNG 41
Füllen Sie die Lücken aus.

Die Kündigung ist eine [   ] [   ]

[   ] . Sie beendet ein Arbeitsverhältnis sofort

= ([   ] [   ]) oder in Form einer

[   ] Kündigung nach Ablauf der [   ] .

Für die außerordentliche Kündigung ist ein [   ]

Grund nötig. Dieser Grund muss so wichtig sein, dass dem Arbeitgeber

nicht zugemutet werden kann, den [   ] bis zum

Ablauf einer regulären [   ] zu beschäftigen.

Außerordentliche Kündigung: Voraussetzungen   BASISTEXT

Die außerordentliche Kündigung kann auf Initiative sowohl des Arbeitgebers als auch des Arbeitnehmers erfolgen. Das außerordentliche Kündigungsrecht kann weder gesetzlich, noch tarifvertraglich, noch einzelvertraglich ausgeschlossen werden. Es kommt dann in Betracht, wenn eine **besonders schwerwiegende Störung** im Verhältnis zwischen Arbeitgeber und Arbeitnehmer auftritt.

Bevor jedoch die Tatbestandsvoraussetzungen geprüft werden können, muss der Sachverhalt möglichst vollständig aufgeklärt werden. Soll die Kündigung beispielsweise seitens des Arbeitgebers erfolgen, hat er neben der Sicherung der Beweismittel aus seiner Fürsorgepflicht heraus den Auftrag, den zu Kündigenden und ggf. Zeugen zu hören, um alle Tatsachen zu ermitteln. Erst dann kann er materiellrechtlich prüfen, ob die außerordentliche Kündigung als letztes mögliches Mittel (ultima ratio) in Betracht kommt.

Nach § 626 Abs. I BGB muss ein **„wichtiger Grund"** zur Kündigung vorliegen.

Wichtiger Grund

Ein wichtiger Grund zur außerordentlichen Kündigung ist dann gegeben, wenn Tatsachen vorliegen, auf Grund derer dem Kündigenden unter Berücksichtigung aller Umstände des Einzelfalls und unter Abwägung der Interessen beider Vertragsteile die Fortsetzung des Arbeitsverhältnisses bis zum Ablauf der Kündigungsfrist nicht zugemutet werden kann (§ 626 Abs. I BGB).

Da das Arbeitsverhältnis im Falle der außerordentlichen Kündigung in der Regel mit sofortiger Wirkung endet, stellen grundsätzlich nur **besonders schwere Vertragsverletzungen** einen wichtigen Grund dar.

 **ÜBERSICHT 23**   **Wichtige Gründe für eine außerordentliche Kündigung**

Gründe	Beispiele
Eigentumsdelikte zum Nachteil des Arbeitgebers	• Diebstahl • Unterschlagung
Beharrliche Weigerung des Arbeitnehmers, Hauptpflichten zu erbringen	• Arbeitsverweigerung • Häufiges unentschuldigtes Fehlen
Beharrliche Weigerung des Arbeitgebers, Hauptpflichten zu erbringen	• Lohnzahlungsverweigerung
Schwere Verletzung der Treuepflicht	• Annahme von Schmiergeldern • Bruch der Schweigepflicht • Tätlicher Angriff • Sexuelle Belästigung • Diskriminierende Handlungen
Schwere Verletzung der Fürsorgepflicht	• Nichtbeachtung von Sicherheitsnormen • Nichtabführung von Sozialversicherungsbeiträgen

Weitere Voraussetzung neben der besonders schweren Vertragsverletzung ist, dass es dem Kündigenden **nicht mehr zumutbar** ist, das Arbeitsverhältnis bis zum Ablauf der gesetzlich oder tariflich bestimmten Kündigungsfrist fortzusetzen. Nach objektiven Maßstäben darf für die Zukunft nicht mehr mit der Wiederherstellung der für den Bestand des Arbeitsverhältnisses unerlässlichen Vertrauensbasis zu rechnen sein. Dazu müssen die Umstände des Einzelfalles berücksichtigt werden. Hierbei ist u. a. die Frage zu stellen, warum es zu der schwerwiegenden Vertragsverletzung gekommen ist.

Umstände des Einzelfalles können sein:
- Die Pflichtverletzung wurde provoziert:
  z. B. eine Mitarbeiterin „beantwortet" eine unsittliche körperliche Berührung mit einer Ohrfeige
- Ein Diebstahl wurde leicht gemacht:
  z. B. der Zugang zur Kasse wurde nicht gesichert
- Besondere Stresssituation:
  z. B. besonderer Termindruck mit vorherigen Überstunden
- Besondere Probleme im persönlichen Bereich:
  z. B. Scheidungsverfahren mit Sorgerechtsauseinandersetzung.

Letztlich müssen die **Interessen** beider Vertragsteile gegeneinander abgewogen werden. Dazu gehören betriebliche und persönliche Belange. Bei der Abwägung ist auf die Verhältnisse im Kündigungszeitpunkt abzustellen.

Interessen des Arbeitgebers können sein:
* Gefahr der Wiederholung zu vermeiden
* Negative Auswirkungen auf andere Beschäftigte zu vermeiden
* Vertrauensschädigung in der Öffentlichkeit zu vermeiden
* Generalpräventiv Folgen von Arbeitspflichtverletzungen aufzuzeigen.

Interessen des Arbeitnehmers können sein:
* Die persönliche Existenzgrundlage zu sichern
* Familienunterhalt zu gewährleisten
* Erworbene Rechte zu erhalten (z. B. Beschäftigungszeit für Jubiläumszuwendung)
* Die Gefahr zu vermeiden, altersbedingt keinen Arbeitsplatz zu finden.

Richtig angewendet ist der Begriff des wichtigen Grundes nur dann, wenn unter Berücksichtigung sämtlicher in Betracht kommenden Umstände erwogen worden ist, ob die Weiterarbeit bis zum Ablauf der Kündigungsfrist zugemutet werden kann.

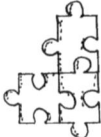

Prüfungsschritte 1

Außerordentliche Kündigung durch den Arbeitgeber

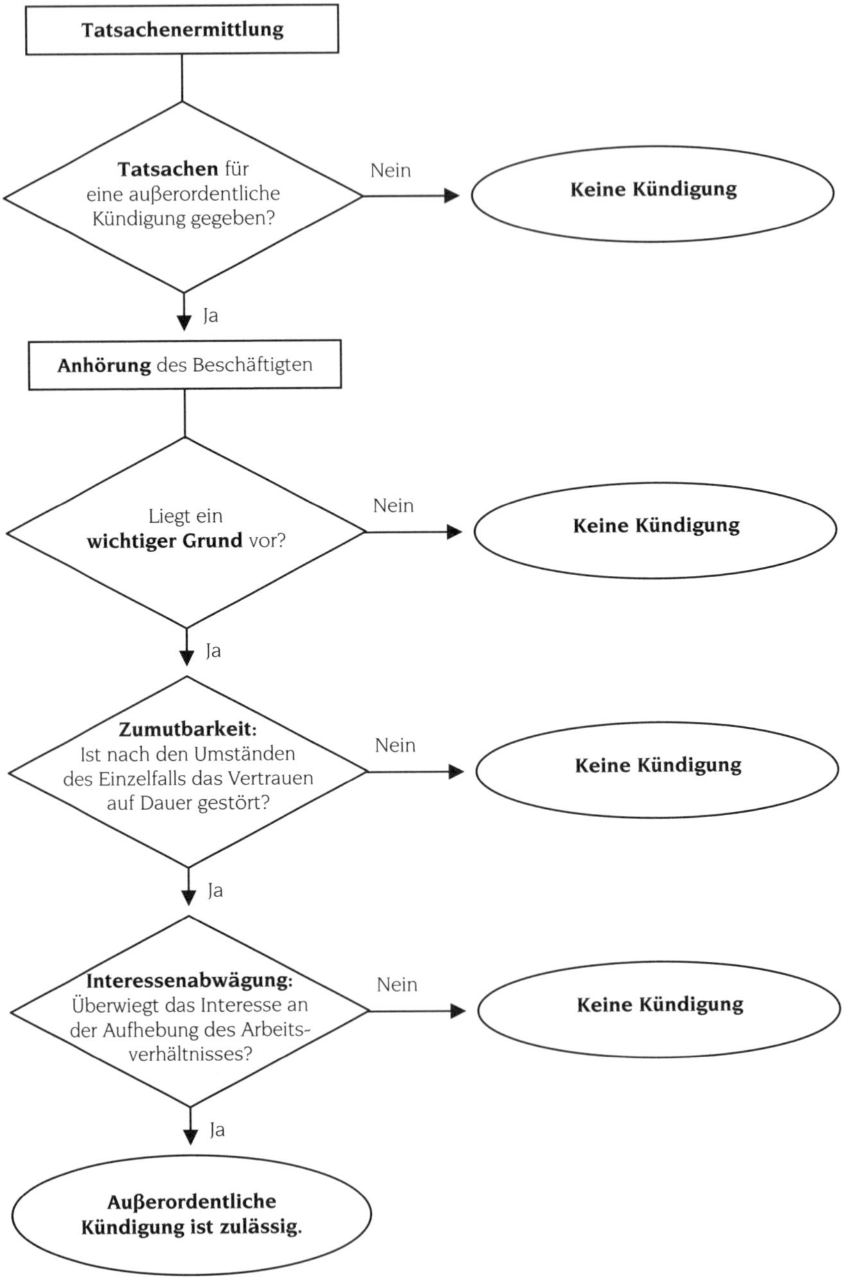

Tatsachenermittlung

Tatsachen für eine außerordentliche Kündigung gegeben? — Nein → Keine Kündigung

Ja

Anhörung des Beschäftigten

Liegt ein wichtiger Grund vor? — Nein → Keine Kündigung

Ja

Zumutbarkeit: Ist nach den Umständen des Einzelfalls das Vertrauen auf Dauer gestört? — Nein → Keine Kündigung

Ja

Interessenabwägung: Überwiegt das Interesse an der Aufhebung des Arbeitsverhältnisses? — Nein → Keine Kündigung

Ja

Außerordentliche Kündigung ist zulässig.

Außerordentliche Kündigung: Kündigungserklärungsfrist BASISTEXT

Der Kündigungsberechtigte muss die Kündigung innerhalb von **zwei Wochen** nach bekannt werden der maßgeblichen Tatsachen aussprechen. Es handelt sich hierbei um eine **Ausschlussfrist**. Nach deren Ablauf greift die unwiderlegbare gesetzliche Vermutung, dass auch ein wichtiger Grund die Weiterbeschäftigung nicht unzumutbar macht. Reagiert der Kündigungsberechtigte also nicht innerhalb der Ausschlussfrist auf die besondere Störung, ist davon auszugehen, dass er bereit ist, das Arbeitsverhältnis überhaupt, mindestens aber bis zum Ende einer ordentlichen Kündigungsfrist, aufrecht zu erhalten. Wird die Frist versäumt, ist eine gleichwohl ausgesprochene außerordentliche Kündigung unwirksam.

Die Ausschlussfrist beginnt mit dem Zeitpunkt, in dem der **Kündigungsberechtigte** von den für die Kündigung maßgebenden Tatsachen **Kenntnis** erlangt. Will eine Kommune außerordentlich kündigen, so kommt es für den Zeitpunkt der Kenntnis Erlangung darauf an, wer als Kündigungsberechtigter anzusehen ist. Im Regelfall wird dies das vom Kommunalverfassungsrecht bestimmte Organ sein, so dass die Frist erst zu laufen beginnt, wenn diesem die Tatsachen bekannt sind. Kündigungsberechtigter kann je nach Landesrecht ein Ausschuss als Organ der Gemeinde, der Bürgermeister oder ein Beauftragter sein. Tagt das Organ beispielsweise in einem turnusmäßigen Rhythmus, muss der Fall in der nächsten Sitzung vorgebracht werden. Erst dann beginnt auch die Ausschlussfrist zu laufen.
Erfolgte hingegen eine Delegation auf den Bürgermeister, liegt dort auch die Kündigungsberechtigung.

Erforderlich ist in der Regel, dass der Kündigungsberechtigte diese Kenntnis selbst erlangt, jedoch kann auch die Kenntnis einer anderen Person die Frist in Lauf setzen, wenn der Kündigungsgegner darauf vertrauen konnte, dass die maßgeblichen Tatsachen dem Kündigungsberechtigten mitgeteilt wurden. Werden beispielsweise dem Personalleiter Kündigungstatsachen mitgeteilt, ist davon auszugehen, dass er den kündigungsberechtigten Bürgermeister informiert.

In Einzelfällen kann die Bestimmung des Zeitpunktes, wann die für die Entscheidung maßgebenden Tatsachen vorliegen, problematisch sein. Wird eine besonders schwerwiegende Vertragsverletzung seitens eines Beschäftigten vermutet, muss die Aufklärung unverzüglich erfolgen.

Sind die Fakten bekannt, wird dem Betroffenen im Rahmen einer **Anhörung** Gelegenheit gegeben, sich zu den Vorwürfen zu äußern. Der Abschluss des Anhörungsverfahrens wird regelmäßig der maßgebliche Zeitpunkt für den Beginn des Fristlaufes sein. Ergeben sich aus der Anhörung Anhaltspunkte für Nachermittlungen in der einen oder anderen Richtung, wird ein zweiter Anhörungstermin erforderlich sein. Dann ist dieser Termin der maßgebliche Zeitpunkt für die Kenntnis Erlangung.

FALL 15   Schmierige Angelegenheiten

Der in der Abteilung Bauaufsicht tätige Beschäftigte Schulze steht seit längerem in Verdacht, gegen Zahlung einer ihm angemessenen Summe gefällige Entscheidungen zu treffen. Am Dienstag, dem 08.02., kann er der Schmiergeldannahme tatsächlich überführt werden, da er bei einer entsprechenden „Aktion" beobachtet wurde. Die am gleichen Tage informierte Bürgermeisterin entschließt sich sogleich, Schulze außerordentlich zu kündigen. Der Personalrat wird beteiligt und erklärt sich mit der Kündigung einverstanden.

Die Kündigung wird am Mittwoch, dem 16.02., schriftlich ausgefertigt. Durch die Erkrankung der Bürgermeisterin wird die Kündigung erst am Dienstag, dem 22.02., von ihr unterzeichnet. Am Mittwoch, dem 23.02., wird sie Schulze per Boten zugestellt.

Aufgabe: Prüfen Sie, ob die außerordentliche Kündigung fristgerecht ausgesprochen wurde.

Lösung:

BASISTEXT   Außerordentliche Kündigung: Verfahren und Form

Führt die materielle Prüfung zu dem Ergebnis, dass eine außerordentliche Kündigung angezeigt ist, müssen das vorgeschriebene Verfahren und die erforderliche Form eingehalten werden. Danach ist der Personalrat entsprechend der im Personalvertretungsgesetz vorgesehenen Form zu **beteiligen**. Die Kündigung muss nach § 623 BGB **schriftlich ausgefertigt** werden und bedarf der **Unterschrift** durch die gesetzlich vorgesehene Vertretung (in der Regel der Bürgermeister).

Bei der darauf folgenden **Zustellung** ist darauf zu achten, dass der Zugang der Kündigung zu beweisen ist, d. h. es empfiehlt sich, die Kündigung persönlich zu überreichen oder einen Boten zu beauftragen. Ausreichend ist, wenn die Kündigung in den Machtbereich des zu Kündigenden gelangt ist. Wird beispielsweise die Kündigung vor der üblichen Postzustellzeit von einem Boten in den Hausbriefkasten eingeworfen, so ist die Kündigung an diesem Tage zugegangen.

Mit einer Niederlegung im Rahmen eines Postzustellungsauftrages kann der Kündigungszugang nicht bewiesen werden.

ÜBUNG 42

Beantworten Sie die nachstehenden Fragen.

Frage	Antwort
1. Wer ist nach der Gemeinde- und Landkreisordnung Ihres Bundeslandes für die Kündigung zuständig?	
2. In welcher Form kann die Kündigungsberechtigung auf wen delegiert werden?	
3. Wer unterschreibt in Ihrer Ausbildungsbehörde eine außerordentliche Kündigung?	
4. Welche beweiskräftigen Formen der Kündigungszustellung gibt es?	

Außerordentliche Kündigung: Kündigungsschutz   BASISTEXT

Eine außerordentliche Kündigung ist grundsätzlich immer zulässig, wenn die Voraussetzungen des § 626 BGB vorliegen. Gleichwohl hat der Gesetzgeber in besonders schutzwürdigen Fällen Hürden aufgebaut. Hierzu zählen:

- Schwangerschaft/ Mutterschaft   § 9 MuSchG
- Erziehungsurlaub   § 18 BEEG
- Schwerbehinderung   § 85, § 91 SGB IX
- Personalratstätigkeit   § 15 KSchG.

ÜBUNG 43

Beantworten Sie die Fragen auf Grund der o. a. Kündigungsschutzvorschriften.

Frage	Antwort
1. Welche Institution kann eine Ausnahme vom Kündigungsverbot gegenüber einer Schwangeren erteilen?	
2. Wer muss einer Kündigung gegenüber einem Schwerbehinderten zustimmen?	
3. Welche Fristen müssen der Arbeitgeber und die zustimmende Stelle bei der außerordentlichen Kündigung gegenüber einem Schwerbehinderten beachten?	
4. In welcher Weise erfahren Mitglieder des Personalrats besonderen Schutz?	
5. Ist Frau Müller, die derzeit eine einjährige Tochter im Rahmen der Elternzeit zu Hause betreut, aus betrieblichen Gründen außerordentlich kündbar?	

FALL 16   Der Griff in die Kasse

In der Cafeteria des Rathauses sind in den letzten drei Wochen wiederholt Geldbeträge abhanden gekommen. Der Verdacht konzentriert sich auf den Mitarbeiter Paul Müller (verheiratet, zwei Kinder, Beschäftigungszeit: zehn Jahre, EG 6), der einen Schlüssel und damit Zugang zu der Cafeteria hat.

Das Münzgeld in der Kasse wird daraufhin in Absprache mit der Kriminalpolizei präpariert. Nachdem drei Tage später erneut Geld in der Kasse fehlt, sucht die Polizei Herrn Müller in dessen Wohnung auf und lässt sich das Hartgeld in seiner Geldbörse zeigen. Die Kripo stellt präparierte Geldmünzen fest.

Auf Befragen gesteht Herr Müller diesen und weitere Diebstähle und erklärt, er befinde sich zur Zeit in einer finanziellen Notlage und habe das Geld zu einem späteren Zeitpunkt zurücklegen wollen.

Aufgabe: Von der Bürgermeisterin erhalten Sie den Auftrag zu prüfen, ob eine außerordentliche Kündigung Aussicht auf Erfolg hat. Bereiten Sie einen Vortrag vor.

Lösung:

Ordentliche Kündigung: Voraussetzungen   BASISTEXT

Für Beschäftigte im öffentlichen Dienst gilt in der Regel die Tarifbindung, so dass sich die Kündigungsfristen aus § 34 TVöD ergeben. Im Gegensatz zur außerordentlichen Kündigung bedarf es für die ordentliche Kündigung keines besonderen Grundes.

Gleichwohl ist die ordentliche Kündigung durch den Arbeitgeber nicht schrankenlos möglich. Er muss gesetzliche Vorschriften des allgemeinen und besonderen Kündigungsschutzes beachten.

Der Arbeitnehmer hingegen kann ohne Angabe von Gründen und Beachtung gesetzlicher Vorschriften (z. B. KSchG oder Landespersonalvertretungsgesetz) sein Arbeitsverhältnis kündigen. Allerdings ist auch von ihm die Kündigungsfrist zu beachten und er muss nach § 623 BGB schriftlich kündigen.

Im Tarifgebiet-West schließt § 34 Abs. 2 TVöD als besondere tarifliche Schutznorm die ordentliche Kündigung durch den Arbeitgeber aus, wenn ein Beschäftigter eine **15-jährige Beschäftigungszeit** und das **40. Lebensjahr** vollendet hat (sog. **Unkündbarkeit**).

Betrachten wir zunächst die Kündigungsfristen. Sofern ein Beschäftigungsverhältnis länger als sechs Monate gedauert hat, bestimmt sich die Länge der Kündigungsfrist nach der Beschäftigungszeit, die der Beschäftigte am Tage des Zugangs der Kündigung erreicht hat. Es ist daher wichtig, den Beginn der Beschäftigungszeit festzusetzen.

Nach dem Zugang der Kündigung bis zum vorgesehenen Ende des Arbeitsverhältnisses verbringt der Beschäftigte zwar eine weitere Beschäftigungszeit bei dem selben Arbeitgeber, jedoch verbessert sich seine Rechtsposition nicht, wenn er in dieser Zeit eine Beschäftigungszeit erreicht, die eine längere Kündigungsfrist zur Folge hätte.

Beispiel:
> Anna Moser ist bei der Stadt Welfenheim seit dem 01.01.2003 und damit seit gut sieben Jahren bei der Stadt beschäftigt. Am 15.11.2009 erhält sie eine Kündigung aus verhaltensbedingten Gründen zum 31.03.2010. Die Tatsache, dass sich ihre Kündigungsfrist mit dem 01.01.2010 und einer Beschäftigungszeit von dann acht Jahren auf vier Monate verlängert hätte, steht wegen des erfolgten Zugangs der Kündigung am 15.11.2009 nicht entgegen.

Entscheidend ist jedoch, wie das Beispiel zeigt, dass eine Kündigung vor dem Überschreiten einer neuen „Beschäftigungszeitschwelle" bereits wirksam zugegangen sein muss. Dies kann dazu führen, dass sich der Tag des letzten Kündigungszeitpunkts evtl. nach vorne verschiebt.

Beispiel:
> Im selben Fall wie zuvor will die Stadt Welfenheim Anna Moser erst zum 30.06.2010 kündigen, da bis dahin noch die neue Mitarbeiterin eingearbeitet werden soll. Im Entscheidungszeitpunkt (15.11.2009) hat Frau Moser noch keine acht Jahre Beschäftigungszeit vorzuweisen, so dass ihr „eigentlich" die Kündigung am 31.03.2010 zugehen müsste. Allerdings überschreitet Frau Moser am 01.01.2010 die Acht-Jahres-Grenze; hat sie bis dahin keine Kündigung erhalten, muss ihr diese also bereits am 28.02.2010 zugestellt werden, um ihr Beschäftigungsverhältnis plangemäß am 30.06.2010 enden zu lassen. Der 28.02.2010 ist der Tag des spätesten Zugangs.

Die Kündigungsfristen sind Mindestfristen. Ihre Berechnung richtet sich nach §§ 186 ff. BGB. Alle Kündigungsfristen des TVöD sind durch ihr Ende, nämlich den Schluss eines Monats oder eines Kalendervierteljahres, festgelegt. Von diesem Tage ausgehend ist der jeweilige Beginn der Fristen zu errechnen (§ 188 Abs. 2 und 3 BGB). Die Kündigung muss dem Angestellten vor Beginn der Kündigungsfrist zugegangen sein, d. h. der Tag des Zugangs ist nicht in die Frist einzubeziehen (§ 187 Abs. 1 BGB).

Kündigungsfristen im Überblick ÜBERSICHT 24

Kündigungsfrist	Kündigungszeitziel	Kündigungszugang
Bis zum Ende des sechsten Monats seit Beginn des Arbeitsverhältnisses (§ 34 TVöD): Kündigungsfrist **zwei Wochen** zum Monatsschluss.	Monat mit 31 Tagen	17. des Monats
	Monat mit 30 Tagen	16. des Monats
	Monat Februar	14. Februar
	Monat Februar im Schaltjahr	15. Februar
Beschäftigungszeit mehr als sechs Monate bis zu einem Jahr (§ 34 Abs. 3 S. 1 TVöD): Kündigungsfrist **ein Monat** zum Monatsschluss.	Monatsende	Jeweils am letzten Tage des vorhergehenden Monats
Beschäftigungszeit mehr als ein Jahr: Kündigungsfrist **sechs Wochen** zum Schluss eines Kalendervierteljahres.	Ende des 1. Quartals (31.03.)	17. bzw. bei einem Schaltjahr 18. Februar
	Ende des 2. Quartals (30.06.)	19. Mai
	Ende des 3. Quartals (30.09.)	19. August
	Ende des 4. Quartals (31.12.)	19. November
Beschäftigungszeit mehr als fünf Jahre: Kündigungsfrist **drei, vier, fünf oder sechs Monate** zum Schluss eines Kalendervierteljahres.	Ende des 1. Quartals (31.03.)	Jeweils drei, vier, fünf oder sechs Monate vor Ablauf des Quartals
	Ende des 2. Quartals (30.06.)	
	Ende des 3. Quartals (30.09.)	
	Ende des 4. Quartals (31.12.)	

Ist der letzte Tag, an dem eine zu einem zukünftigen Zeitpunkt gewollte Kündigung fristwahrend erklärt werden kann, ein Samstag, Sonn- oder Feiertag, dann führt das nicht dazu, dass die Kündigung auch noch am folgenden Werktag wirksam erklärt werden kann. § 193 BGB, der den Fristlauf für den Fall regelt, dass der letzte Tag der Frist auf einen Sonntag, einen Feiertag oder auf einen Samstag fällt, ist bei der Kündigung von Arbeitsverhältnissen nicht anwendbar. Entscheidend in der Praxis ist jedoch, dass der Zugang der Kündigung an einem Samstag, Sonn- oder Feiertag vom Arbeitgeber auch bewiesen werden kann.

ÜBUNG 44

Prüfen Sie, wann die Kündigung in folgenden Fällen spätestens zugegangen sein muss.

Beispiele	Lösung
1. Albert Ahrend ist am 01.07.2010 bei der Stadt Welfenheim eingestellt worden. Am 19.12.2010 stellt die Bürgermeisterin fest, dass er die geforderten Leistungen nicht erbringt.	
2. Ebenfalls am 19.12.2011 steht fest, dass Beate Bode (eingestellt: 01.08.2009) erneut so langfristig krank ist, dass eine krankheitsbedingte Kündigung angesagt ist.	
3. Carsten Carlson ist am 01.03.2002 bei der Stadt Welfenheim eingestellt worden. Er überlegt sich am 07.02.2010, dass er zum 30.06.2010 kündigen möchte.	

ÜBUNG 45

Der Beschäftigte Max Friedrich ist im letzten Jahr zweimal unentschuldigt nicht zum Dienst erschienen. Der Leiter der Personalabteilung hatte mit Herrn Friedrich hierzu zunächst ein eindringliches Gespräch geführt und ihn beim zweiten Mal aber wegen unentschuldigten Fehlens abgemahnt.

Nunmehr fehlt Herr Friedrich erneut drei Tage unentschuldigt, so dass ihm gekündigt werden soll.

Sie erhalten in der Personalabteilung den Auftrag, den zeitlichen Ablauf des Kündigungsverfahrens darzustellen. Bringen Sie dazu die nachfolgenden Stichworte in eine sinnvolle Reihenfolge:

Anhörung/ Beschäftigungszeit ermitteln/ Kündigungsentscheidung/ Kündigungsfrist ermitteln/ Materielle Kündigungsprüfung/ Kündigungszuständigkeit/ Zustellung/ Personalratszustimmung/ Tatsachenermittlung/ Unterschrift

Stichwort	Begründung
1.	
2.	
3.	
4.	
5.	
6.	
7.	
8.	
9.	
10.	

Flucht nach vorn   FALL 17

Der 41-jährige Beschäftigte Fritz König ist seit 17 Jahren bei der Stadt Welfenheim beschäftigt. Aufgrund einer Bewerbung erhält er am 07.02. bei einem kommunalen Spitzenverband ein Einstellungsangebot zum 01.04. des Jahres in einer wesentlich höheren Entgeltgruppe.

Aufgabe: Prüfen Sie, unter welchen Voraussetzungen König das neue Arbeitsverhältnis zum 01.04. des Jahres beginnen kann.

Lösung:

BASISTEXT   **Ordentliche Kündigung: Allgemeiner Kündigungsschutz**

Die Bundesrepublik Deutschland ist nach Art. 20 Abs. 1 GG ein demokratischer und sozialer Bundesstaat. Aus dem Sozialstaatsgedanken ist es geboten, das grundsätzlich bestehende Recht eines Arbeitgebers, ein Arbeitsverhältnis zu kündigen, im Interesse des sozial schwächeren Arbeitnehmers einzuschränken. Ihm soll eine größtmögliche Sicherheit seines Arbeitsplatzes gesetzlich gewährleistet werden.

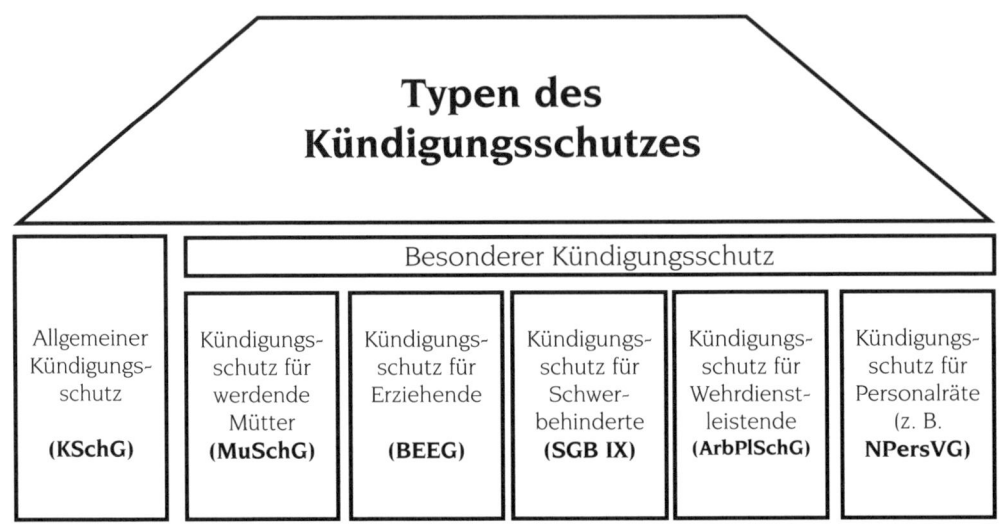

Den **allgemeinen Kündigungsschutz** von Arbeitnehmern (dazu gehören Angestellte, Arbeiter und die zu ihrer Berufsausbildung Beschäftigten) gewährleistet das Kündigungsschutzgesetz. Es umfasst nur die ordentliche Kündigung durch den Arbeitgeber.

Gemäß § 1 Abs. 1 KSchG haben Arbeitnehmer, deren Arbeitsverhältnis in demselben Betrieb oder Unternehmen nicht länger als sechs Monate ohne Unterbrechung bestanden hat, noch keinen Kündigungsschutz. Wird nach Abschluss der Berufsausbildung ein Arbeitsvertrag abgeschlossen oder ein befristeter Arbeitsvertrag aus sachlichen Gründen bei demselben Arbeitgeber verlängert, beginnt keine neue Wartefrist.

Beispiel:
01.08.11 – 15.06.14 Ausbildung
16.06.14 – 31.10.14 befristeter Vertrag   } Kündigungsschutzgesetz greift
01.11.14 – 31.03.15 befristeter Vertrag   sechs Monate nach Beginn der
                                               Ausbildung am 01.02.12

Der allgemeine Kündigungsschutz setzt nach § 23 KSchG voraus, dass der Betrieb **mehr als zehn Arbeitnehmer** beschäftigt. Für den öffentlichen Dienst ist diese Bestimmung praktisch ohne Bedeutung, da es derart kleine Einheiten nur selten gibt. Die Kündigung eines Arbeitnehmers ist nach § 1 Abs. 1 KSchG rechtsunwirksam, wenn sie **sozial ungerechtfertigt** ist. Nach § 1 Abs. 2 KSchG ist sie – im Umkehrschluss – dann sozial gerechtfertigt, wenn der Grund für die Kündigung

- in der **Person** des Arbeitnehmers **(personenbedingte Kündigung),**
- in dem **Verhalten** des Arbeitnehmers **(verhaltensbedingte Kündigung)** oder
- in **dringenden betrieblichen Erfordernissen** liegt, die einer Weiterbeschäftigung des Arbeitnehmers entgegenstehen **(betriebsbedingte Kündigung).**

Eine nähere Bestimmung, welche Sachverhalte unter die drei genannten Arten einer sozial gerechtfertigten Kündigung fallen, trifft das Kündigungsschutzgesetz nicht. Die Auslegung erfolgt zu dem seit 1951 bestehenden Gesetz durch die Rechtsprechung der Arbeitsgerichte.

Personenbedingte Gründe

sind solche Umstände, die auf einer in den **persönlichen Verhältnissen** oder **Eigenschaften des Arbeitnehmers** liegenden "Störquelle" beruhen.

Zu den personenbedingten Gründen, aus denen eine Kündigung ausgesprochen werden kann, zählen insbesondere mangelnde körperliche oder geistige Eignung, Erkrankungen, aber auch fehlende Erlaubnisse zur Ausübung einer Berufstätigkeit. Soll eine Erkrankung des Arbeitnehmers zu einer Kündigung führen, muss der Arbeitgeber die weitere Entwicklung der Krankheit prognostizieren und die negativen Auswirkungen auf den Betrieb z. B. in Form von unzumutbar hohen Entgeltfortzahlungskosten darlegen.

Die Drogen- bzw. Alkoholabhängigkeit eines Arbeitnehmers ist ebenfalls als Krankheit anzusehen. Ist der Arbeitnehmer nicht zur Therapie bereit, kann davon ausgegangen werden, dass er in absehbarer Zeit nicht geheilt wird, so dass die Kündigung gerechtfertigt ist.

Verhaltensbedingte Kündigung

ist die einseitige fristgemäße Aufhebung eines Arbeitsverhältnisses durch den Arbeitgeber auf Grund eines **vertragswidrigen Verhaltens des Arbeitnehmers**.

Aus dem Arbeitsverhältnis ergibt sich die Pflicht, die Arbeitskraft voll einzusetzen und den Anweisungen des Arbeitgebers zu folgen. Auch ohne ausdrückliche Anweisungen hat der Arbeitnehmer Pflichten gegenüber seinem Arbeitgeber und muss alles ihm Zumutbare tun oder unterlassen, um vom Arbeitgeber Schaden abzuwenden.

In vielen Tarifverträgen, aber auch in Arbeitsverträgen, werden die Pflichten konkretisiert, ohne dass es sich um erschöpfende Aufzählungen handelt.

Im TVöD sind das z. B.

Allgemeines Verhalten	(§ 41 TVöD-BT-V)
Schweigepflicht	(§ 3 Abs. 1 TVöD)
Verbot der Annahme von Belohnungen und Geschenken	(§ 3 Abs. 2 TVöD)

Verstößt der Arbeitnehmer durch sein Verhalten in einer Weise gegen ihm obliegende Pflichten, die von einem verständig denkenden Arbeitgeber nicht hingenommen werden können, so hat er im Sinne des Kündigungsschutzgesetzes einen Grund für die Kündigung geliefert, der eben in seinem Verhalten liegt. Typische Fehlverhaltensweisen sind Schlechtleistung, Verletzung von Anzeige- und Nachweispflichten bei Erkrankung, Annahme von Schmiergeldern, Verstoß gegen Dienstanweisungen, unerlaubte Aufnahme einer Nebentätigkeit, außerdienstliche Straftaten, Arbeitsbummelei, Arbeitsverweigerung, Störung des Betriebsfriedens durch Tätlichkeiten oder sexuelle Belästigung.

Ist ein Arbeitnehmer infolge Drogen- bzw. Alkoholmissbrauchs nicht mehr in der Lage, seinen arbeitsvertraglichen Pflichten nachzukommen und liegt keine Suchterkrankung vor, stellt dies ebenfalls einen verhaltensbedingten Kündigungsgrund dar.

Es liegt nicht im Interesse des Arbeitgebers, bereits kleinste Pflichtverletzungen mit einer Kündigung zu ahnden. Bevor er das Arbeitsverhältnis beendet, kann er **andere Maßnahmen** ergreifen, mit denen er ein bestimmtes Verhalten sanktionieren oder eine Verhaltensänderung herbeiführen kann. Kommt es beispielsweise zwischen den Beschäftigten zum Streit, lässt sich häufig der Verursacher nicht ermitteln. In solchen Fällen liegt es im Ermessen des Arbeitgebers, sein Direktionsrecht dahingehend auszuüben, einen Beschäftigten auf einen anderen Arbeitsplatz umzusetzen. Eine weitere mildere Maßnahme als eine Kündigung ist die Ermahnung, ein Hinweis auf ein Fehlverhalten und auf Pflichten aus dem Arbeitsvertrag. Erscheint ein Arbeitnehmer zu spät zur Arbeit, kann der Arbeitgeber anteilig die Vergütung kürzen.

ÜBUNG 46

Welche Möglichkeiten hat der Arbeitgeber, um eine Pflichtverletzung des Arbeitnehmers zu sanktionieren?

1.	4.
2.	5.
3.	6.

Kündigungsgründe aus der Praxis   PRAXISMUSTER 12

SPIEGEL _____   **Cellesche Zeitung**

Vom Büro aus für 1355 Euro auf Mauritius angerufen

Telefonieren ist Kündigungsgrund

ERFURT (dpa). Unerlaubte und heimlich auf Kosten des Arbeitgebers geführte Privattelefonate können eine fristlose Kündigung rechtfertigen. Das entschied das Bundesarbeitsgericht am Donnerstag in Erfurt (2 AZR 147/03). Die obersten Arbeitsrichter wiesen damit auch in der dritten Instanz die Klage eines Arbeitnehmers ab. Der Kläger war Betriebsratsmitglied einer Berliner Immobiliengesellschaft und hatte von Dienstanschlüssen private Telefongespräche nach Mauritius in Höhe von rund 1355 Euro geführt.

Der Arbeitgeber kündigte dem Mitarbeiter daraufhin fristlos. Der Kläger hielt die Kündigung für unwirksam, da es seiner Ansicht nach dafür keinen wichtigen Grund gab. Außerdem sei dem Kündigungsschreiben nicht die Zustimmung des Betriebsrates schriftlich beigefügt gewesen. Der Zweite Senat des Bundesarbeitsgerichts erklärte, dass der Arbeitgeber nicht verpflichtet sei, die Zustimmung des Betriebsrates dem Arbeitnehmer schriftlich mitzuteilen.

Fristlos entlassen
Kündigung bei kleinsten Diebstählen

ERFURT (gms). Arbeitnehmer können auch wegen sehr kleiner Diebstähle fristlos ihre Stelle verlieren. Wenn Angestellte bereits abgeschriebene Ware, die der Arbeitgeber grundsätzlich an die Mitarbeiter verschenken will, eigenmächtig mitnehmen, handeln sie grob vertragswidrig. Das entschied das Bundesarbeitsgericht in Erfurt (AZ. 2 AZR 36/03), berichtet der Informationsdienst „Neues Arbeitsrecht für Vorgesetzte" in Bonn. Schon nach einem versuchten Diebstahl kann Arbeitnehmern ohne Abmahnung gekündigt werden.

In dem verhandelten Fall hatte die Mitarbeiterin eines Warenhauses 62 Minifläschchen mit Alkoholika und zwei angebrochene Rollen Küchenpapier mit nach Hause nehmen wollen. Sie argumentierte, dass die Ware abgeschrieben gewesen sei. Die Richter machten jedoch klar, dass nur der Arbeitgeber über den Verbleib der Ware entscheidet.

Die Rechtsprechung hat ferner den Grundsatz entwickelt, dass der Arbeitnehmer vor Ausspruch einer verhaltensbedingten Kündigung erfolglos abgemahnt sein muss. Der Begriff der „Abmahnung" ist weder in Gesetzen noch in Tarifverträgen zu finden. Er ist von der Rechtsprechung geprägt worden.

Abmahnung

ist eine schriftliche oder mündliche **Rüge** einer **schuldhaften Pflichtverletzung** mit Hinweis auf **arbeitsrechtliche Konsequenzen** (Kündigung) bei erneuter Pflichtverletzung.

Als Rechtsgrundlage für die Abmahnung wird u. a. die **Fürsorgepflicht** angesehen. Der Arbeitgeber darf seinen Arbeitnehmer nicht sehenden Auges schuldig werden lassen. Er soll ihm, wenn nötig, mahnend helfen, den Anforderungen zu entsprechen.

Im öffentlichen Dienst wird eine Abmahnung – obwohl nicht vorgeschrieben – schriftlich erteilt. Dies dient der Beweisbarkeit des Vorgangs. Im Rahmen der Fürsorgepflicht ist der Arbeitgeber gehalten, vorher eine Anhörung durchzuführen. Auf Wunsch des Arbeitnehmers darf auch der Personalrat diesem Gespräch beiwohnen. Er ist je nach Ausgestaltung des Landespersonalvertretungsrechts vor Ausspruch der Abmahnung zu beteiligen. Ist die Abmahnung ausgesprochen worden, wird sie Gegenstand der Personalakte.

Je nach Art der Pflichtverletzung und Grad des Verschuldens entfaltet die Abmahnung eine **zeitlich begrenzte Wirkung** und kann bei einer neuerlichen Pflichtverletzung für die Prüfung einer verhaltensbedingten Kündigung herangezogen werden. Die Rechtsprechung hat bisher keine Regeln aufgestellt, wie lange eine Abmahnung wirkt. Je nach Pflichtverletzung kann dieser Zeitraum zwischen sechs Monaten und fünf Jahren liegen.

Nicht vor jeder verhaltensbedingten Kündigung ist eine Abmahnung nötig. In folgenden **Ausnahmefällen** ist die Abmahnung entbehrlich:
- bei besonders schweren Pflichtverletzungen (z. B. tätlicher Angriff gegen einen Vorgesetzten – ggf. wäre eine außerordentliche Kündigung zu prüfen)
- bei erkennbar fehlendem Willen des Arbeitnehmers zu künftigem vertragstreuem Verhalten (z. B. im Rahmen der Anhörung macht der Arbeitnehmer mehrfach deutlich, dass er einen bestimmten Vorgang keinesfalls bearbeiten wird)
- bei hartnäckigem und uneinsichtigem Fortsetzen der Vertragsverletzungen trotz Kenntnis der Vertragswidrigkeit des Verhaltens (z. B. Fortführung einer vorher untersagten, ungenehmigten Nebentätigkeit nach erfolgter Anhörung).

Abmahnung   **PRAXISMUSTER 13**

Stadt Welfenheim
- Die Bürgermeisterin -
Schlossgarten 13
30470 Welfenheim

Herrn Fritz Lehnert

Fachbereich Finanzen
Auf dem Dienstweg

Personalabteilung	Herr Birkholz	Welfenheim,
Az. 11 3 56241	Zimmer 214	21.06.2010
	Tel.: 05141/12221	

Abmahnung

Sehr geehrter Herr Lehnert,

am 14.06. und 15.06. dieses Jahres erschienen Sie nicht zum Dienst. Sie meldeten sich weder telefonisch noch auf andere Weise, um Ihre Dienststelle über die Gründe Ihres Fernbleibens zu unterrichten. Als Sie am 16.06. die Arbeit wieder aufnahmen, erklärten Sie Ihrer Fachbereichsleiterin, dass Sie private Dinge erledigen mussten.

Aufgrund dieses Vorfalles wurden Sie am 17.06. im Beisein des Personalratsvorsitzenden Werner Kröger gehört. Auf die Frage, warum Sie nicht die vorherige Zustimmung der Dienststelle eingeholt haben, entgegneten Sie, dass private Dinge den Arbeitgeber ungeachtet des Tarifvertrages nichts angingen. Die privaten Erledigungen seien wichtig gewesen. Eine weitere Rechtfertigung für Ihr Verhalten konnten Sie nicht vorbringen.

Sie haben damit gegen Ihre Hauptpflicht verstoßen, indem Sie die vertraglich geschuldete Arbeitsleistung nicht erbracht haben. Weiterhin waren Sie sowohl nach dem Tarifvertrag als auch aus der arbeitsvertraglichen Treuepflicht heraus verpflichtet, eine vorherige Genehmigung einzuholen, wenn Sie beabsichtigten, der Arbeit fernzubleiben. Gegen diese Pflicht haben Sie ebenfalls verstoßen, so dass ich nicht in der Lage war, entsprechende organisatorische Maßnahmen zur Bewältigung des Personalausfalls zu ergreifen. Rechtfertigungsgründe für Ihr Verhalten konnten Sie nicht vortragen, so dass Sie die Vertragsverletzungen auch zu vertreten haben.

Ich fordere Sie auf, zukünftig Ihren Verpflichtungen aus dem Arbeitsvertrag uneingeschränkt nachzukommen und drohe Ihnen für den Wiederholungsfall die Kündigung an.

Julius Reich
(Fachbereichsleiter)

FALL 18 **Privatsache**

Herr Menzel, Mitarbeiter im Touristbüro, ist ein geselliger Kollege und als solcher berühmt berüchtigt. Auf der Betriebsfahrt 2010 trank er bereits während der Busfahrt einen über den Durst und tätschelte daraufhin der mitgekommenen Ehefrau des Leiters der Personalabteilung mehrfach den Po. Als dieser sich beschwerte, duzte ihn Herr Menzel und pustete ihm Zigarettenrauch ins Gesicht. Er erhielt wegen dieses Vorfalls eine Abmahnung.

Auf der Fahrt 2011 sprach Herr Menzel erneut kräftig dem Alkohol zu und wollte diesmal Frau Sommer, Bürgermeisterin, in den Arm nehmen.

Herr Menzel arbeitet seit 14 Jahren bei der Stadt Welfenheim, hat drei minderjährige Kinder und einen blinden Hund.

Aufgabe: Der Personalchef möchte das Arbeitsverhältnis mit Menzel durch eine Kündigung beenden und bittet Sie, zu prüfen, ob eine (ordentliche) Kündigung zulässig wäre.

Lösung:

Während die Ursachen für personen- oder verhaltensbedingte Kündigungen in der Sphäre des Arbeitnehmers liegen, sind diese bei **betriebsbedingten Kündigungen** dem Einfluss- und Gestaltungsbereich des Arbeitgebers zuzurechnen.

Betriebsbedingte Kündigung

ist die einseitige fristgemäße **Aufhebung eines Arbeitsverhältnisses** durch den Arbeitgeber **wegen veränderter Arbeitsmenge** auf Grund inner- oder außerbetrieblicher Ursachen.

Eine betriebsbedingte Kündigung ist gerechtfertigt, wenn eine unternehmerische Entscheidung vorliegt, durch die auf Grund inner- oder außerbetrieblicher Ursachen eine veränderte Arbeitsmenge im Betrieb erledigt wird, und die Kündigung dringlich ist, also auch durch andere Maßnahmen nicht ersetzt werden kann. Beispiele aus der Privatwirtschaft gibt es viele: Durch Fusionen wird rationalisiert, Betriebe haben durch fehlende Aufträge Arbeitsmangel und müssen Personal entlassen.

Im öffentlichen Dienst kommen betriebsbedingte Kündigungen beispielsweise zum Tragen, wenn Schwimmbäder wegen Unrentabilität geschlossen werden oder die Abfallwirtschaft einem privaten Unternehmen übertragen wird.

Im Rahmen einer betriebsbedingten Kündigung muss der Arbeitgeber unter den für eine Kündigung in Betracht kommenden Arbeitnehmern eine **soziale Auswahl** treffen. Kriterien bilden dabei nach § 1 Abs. 3 KSchG die **Dauer der Betriebszugehörigkeit**, das **Lebensalter** und **etwaige Unterhaltspflichten** des Arbeitnehmers.

Aus der sozialen Auswahl kann der Arbeitgeber diejenigen Arbeitnehmer herauslassen, deren Weiterbeschäftigung wegen **betriebstechnischer, wirtschaftlicher** oder **sonstiger berechtigter betrieblicher Bedürfnisse** erforderlich ist. Beispielsweise kann es sich um Arbeitnehmer mit besonderen Fachkenntnissen zur Aufrechterhaltung des Qualitätsniveaus handeln oder die Weiterbeschäftigung jüngerer Arbeitnehmer ist zur Erhaltung einer ausgewogenen Altersstruktur erforderlich.
In jedem Fall, in dem der Arbeitgeber kündigen will, muss er jedoch aus dem Gedanken der Fürsorgepflicht heraus immer zuerst prüfen, ob es zur Lösung ein anderes Mittel gibt, das den Arbeitnehmer weniger belastet. So ist z. B. bei der Erwägung betriebsbedingter Kündigungen zunächst zu prüfen, ob es nicht an anderer Stelle, ggf. nach für den Arbeitgeber zumutbaren Umschulungs- oder Fortbildungsmaßnahmen, Weiterbeschäftigungsmöglichkeiten gibt.

Sag mir, wo die Kinder sind ...   FALL 19

Aufgrund des Geburtenrückganges steht fest, dass zukünftig die Kindertagesstätte „Kinderland" der Stadt Welfenheim von erheblich weniger Kindern besucht werden wird als bisher. Im „Kinderland" sind eine Leiterin, fünf Erzieherinnen und weitere fünf Arbeitskräfte in verschiedenen Arbeitsbereichen tätig. Weil ab 01.08.2008 eine Gruppe weniger zu betreuen ist, soll zwei Erzieherinnen zum 30.06.2008 (Juli ist Urlaubsmonat) gekündigt werden. Es handelt sich um die einzige von der Stadt betriebene Kindertagesstätte. Alle anderen Einrichtungen sind in freier Trägerschaft. Der Einsatz von Erzieherinnen an einer anderen Stelle ist nicht möglich.

Aus der folgenden Aufstellung sind die persönlichen Daten der Erzieherinnen zu ersehen.

Name	EG	Beginn/ beschäf- tigt seit	Alter	Familien- stand	Kinder	Ehegatte berufs- tätig	Besonderheiten
Fröhlich	9	01.07.98	40	Verh.	./.	Ja	Leiterin Kita, Fachkraft
Gärtner	8	01.10.95	43	Verh.	2	Ja	./.
Lehmann	6	01.08.06	48	Gesch.	3	./.	./.
Siebert	8	01.07.99	27	Verh.	./.	Ja	Personalratsmitglied
Berger	6	01.09.01	25	Verh.	./.	Ja	Im 3. Monat schwanger (dem AG bereits mitgeteilt)
Tröger	8	01.01.90	42	Verh.	./.	Ja	./:

Aufgabe: Stellen Sie eine soziale Reihenfolge auf und ermitteln Sie, welchen Erziehe-rinnen gekündigt werden kann, wenn die Kündigungen spätestens am 31.12.2008 zugehen sollen.

 Notieren Sie die Lösung auf einem besonderen Blatt.

 BASISTEXT   **Der Sozialplan**

Manchmal lässt sich die Entlassung auch einer größeren Anzahl von Mitarbeitern aus betriebsbedingten Gründen nicht verhindern. Für den Ausgleich und die Milderung der wirtschaftlichen Nachteile der Arbeitnehmer wird dann ein **Sozialplan** aufgestellt.

PRAXISMUSTER 14   **Sozialplan**

Zwischen

der Stadt Welfenheim, gesetzlich vertreten durch die Bürgermeisterin, Schlossgarten 13, 30470 Welfenheim
und

dem Personalrat, vertreten durch den Vorsitzenden Werner Kröger,

wird folgender **Sozialplan** geschlossen:

§ 1

Dieser Sozialplan gilt für alle Arbeitnehmer der Eigengesellschaft „Erlebnisbad", die am heutigen Tage in einem ungekündigten Arbeitsverhältnis stehen.

§ 2

Der Sozialplan enthält ein Gesamtvolumen in Höhe eines Betrages von 2,5 Monatseinkom-men der Mitarbeiter. Zwischen den Parteien besteht Einigkeit, dass das monatliche Einkom-men aus dem Durchschnitt der Entgelte der Monate März, April, Mai ermittelt wird unter Berücksichtigung von einem Zwölftel der Sonderzuwendung und etwaig geleisteter Leistungs-zulagen.

§ 3

Zum Ausgleich für den Verlust des Arbeitsplatzes erhalten die Arbeitnehmer eine Abfindung, die aufgeteilt wird in einen Pauschalbetrag (§ 4) und einen variablen Betrag nach sozialen Kriterien (§ 5). Von der Sozialplansumme werden zunächst die zu zahlenden Pau-schalabfindungen bestritten. Der danach verbleibende Rest wird unter den berechtigten Arbeitnehmern nach sozialen Kriterien aufgeteilt.

§ 4

Jeder sozialplanberechtigte, vollzeitbeschäftigte Arbeitnehmer erhält eine Pauschal-abfindung in Höhe von 1.000,- EUR.

§ 5

Im Übrigen errechnet sich die Abfindung nach folgenden Punktschlüsseln:

a) Für jedes volle Jahr der Betriebszugehörigkeit   2 Punkte

b) Lebensalter

1.	18 Jahre – 39 Jahre pro Lebensjahr	1 Punkt
2.	40 Jahre – 49 Jahre pro Lebensjahr	2 Punkte
3.	50 Jahre – 58 Jahre pro Lebensjahr	3 Punkte
4.	ab 59 Jahre pro Lebensjahr	2 Punkte

c) Für jedes auf der Lohnsteuerkarte eingetragene Kind   2 Punkte

d) Für Schwerbehinderte mit einem Gesamtgrad von 50 %
oder mehr sowie Gleichgestellte   3 Punkte

Der Restbetrag des Gesamtvolumens des Sozialplans nach Abzug der Pauschalabfindung wird dividiert durch die Gesamtpunktzahl der Arbeitnehmer nach dem obengenannten Punkteschlüssel.

§ 6

Teilzeitkräfte erhalten die Abfindung aus dem Sozialplan entsprechend dem Anteil ihrer Arbeitszeit an der Regelarbeitszeit. Insoweit werden sowohl die in § 5 genannten Punktreste anteilig reduziert und auch der Pauschalbetrag nach § 4.

§ 7

Abfindungsbeträge, die ein Arbeitnehmer aus sonstigen Gründen nach §§ 9, 10 KSchG im Rahmen eines arbeitsgerichtlichen Verfahrens erlangt, werden auf die Ansprüche aus diesem Sozialplan angerechnet.

§ 8

Widerspricht eine Vorschrift dieses Sozialplans höherrangigem Recht, so bleibt die Gültigkeit der übrigen Bestimmungen davon unberührt. Die unwirksame Bestimmung wird durch eine angemessene Regelung ersetzt, die dem am nächsten kommt, was die Vertragsparteien bei Kenntnis der Unwirksamkeit der Bestimmung vereinbart hätten. Der Inhalt dieser Vereinbarung wird den Arbeitnehmern durch Aushang bekannt gegeben. Auf Wunsch wird eine Ausfertigung ausgehändigt.

§ 9

Die vorliegende Vereinbarung tritt mit Unterzeichnung in Kraft.
Die Laufzeit dieser Vereinbarung endet mit Erfüllung aller darin gegebenen Ansprüche.

Welfenheim, den 20.04.2011

Sommer   *Kröger*

(Sommer)   (Kröger)

Bürgermeisterin   Personalratsvorsitzender

ÜBUNG 47

Ordnen Sie die Beispiele den möglichen Kündigungsarten zu.

Langanhaltende Krankheit   Schlechtleistung
Mangelnde körperliche Fähigkeiten   Dauernde Kurzerkrankungen
Arbeitsmangel   Störung des Betriebsfriedens
Arbeitsverweigerung   Rationalisierung

Kündigungsarten	Beispiele
Personenbedingte Gründe:	
Verhaltensbedingte Gründe:	
Betriebsbedingte Gründe:	

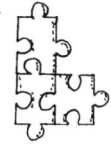

Allgemeiner Kündigungsschutz   PRÜFUNGSSCHRITTE 2

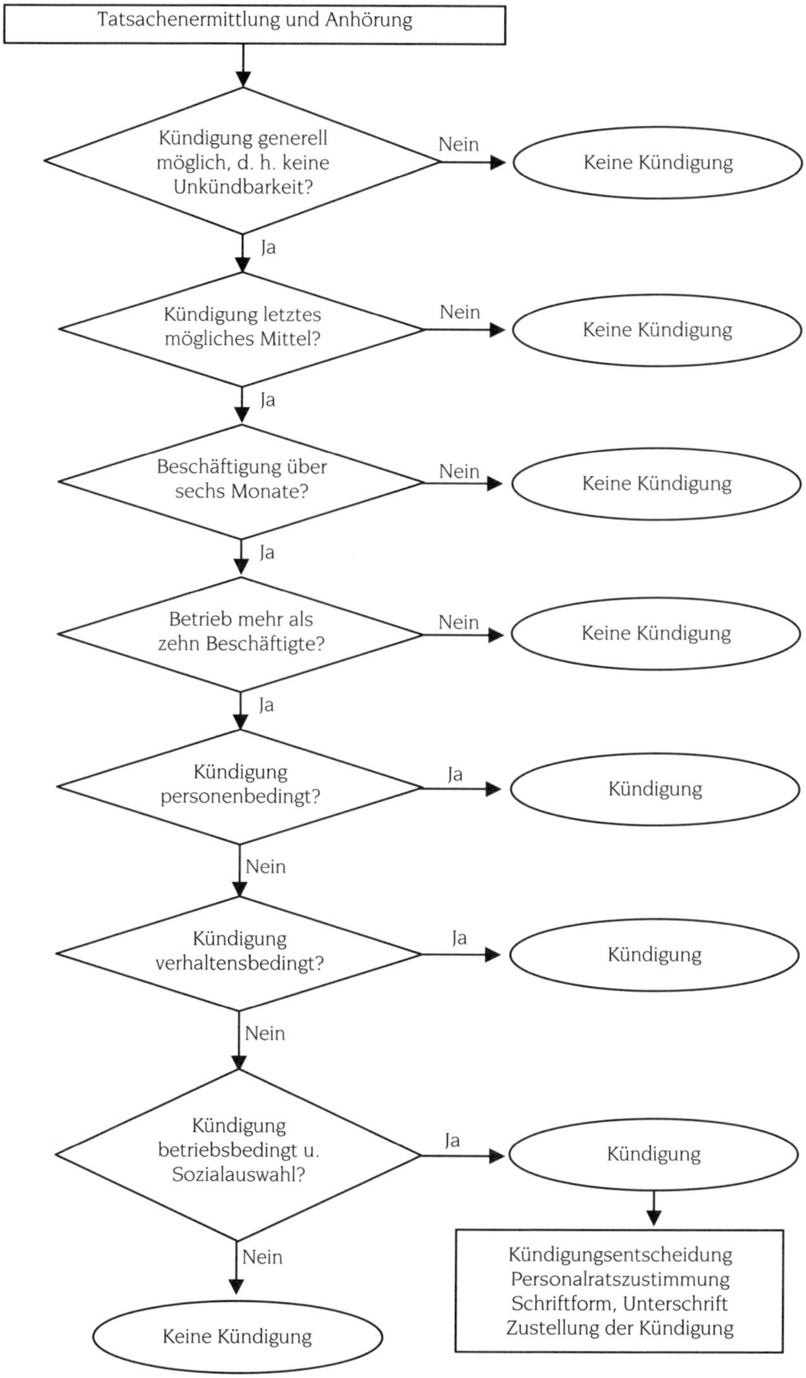

Tatsachenermittlung und Anhörung

Kündigung generell möglich, d. h. keine Unkündbarkeit? — Nein → Keine Kündigung

Ja

Kündigung letztes mögliches Mittel? — Nein → Keine Kündigung

Ja

Beschäftigung über sechs Monate? — Nein → Keine Kündigung

Ja

Betrieb mehr als zehn Beschäftigte? — Nein → Keine Kündigung

Ja

Kündigung personenbedingt? — Ja → Kündigung

Nein

Kündigung verhaltensbedingt? — Ja → Kündigung

Nein

Kündigung betriebsbedingt u. Sozialauswahl? — Ja → Kündigung

Nein

Keine Kündigung

Kündigungsentscheidung
Personalratszustimmung
Schriftform, Unterschrift
Zustellung der Kündigung

BASISTEXT   **Besonderer Kündigungsschutz: Schwangere und Mütter**

Nach § 9 Abs. 1 MuSchG ist die Kündigung gegenüber einer Frau während der Schwangerschaft und bis zum Ablauf von vier Monaten nach der Entbindung unzulässig. Das Gesetz unterscheidet nicht nach der Art der Kündigung, so dass das Kündigungsverbot für alle Arten von Kündigungen gilt.

Nach § 9 Abs. 3 MuSchG kann die für den Arbeitsschutz **zuständige Stelle**, beispielsweise in Niedersachsen das Gewerbeaufsichtsamt, in besonderen Fällen ausnahmsweise die Kündigung für zulässig erklären.

Voraussetzung für das Kündigungsverbot ist, dass dem Arbeitgeber zum Zeitpunkt der Kündigung die Schwangerschaft bekannt war oder sie ihm innerhalb von zwei Wochen nach Kündigung mitgeteilt wird. Diese Frist kann überschritten werden, wenn sie aus einem von der werdenden Mutter nicht zu vertretenden Grund überschritten und die Mitteilung unverzüglich nachgeholt wird.

FALL 20   **Keine gute Wahl**

Petra Müller war bei der Stadt Welfenheim am 01.08. unter zahlreichen Mitbewerberinnen als Verwaltungsangestellte in der Stadtkasse eingestellt worden.

Schon bald stellte sich heraus, dass die Stadt mit der Auswahl von Frau Müller alles andere als einen guten Griff getan hatte. Bis zum 30.09. war die Angestellte bereits an insgesamt 15 Arbeitstagen erkrankt. Am 06.10. ergab eine unvermutete Kassenprüfung einen Fehlbetrag von 1.000,- EUR, den sich niemand erklären konnte. Ausgerechnet an diesem Tag war Frau Müller nicht zum Dienst erschienen. Als sie sich auch am nächsten Tag nicht meldete, beschloss die Bürgermeisterin, die Kündigung von Frau Müller in die Wege zu leiten.

Am 11.10. ging bei der Stadt ein ärztliches Attest nach § 5 Abs. 2 MuSchG ein, wonach Frau Müller voraussichtlich am 12.04. des nächsten Jahres entbinden werde.

Aufgaben: 1. Prüfen Sie, bis wann die Stadt eine ordentliche Kündigung aussprechen müsste, um das Arbeitsverhältnis mit Frau Müller mit Ablauf des Monats Oktober zu beenden.

2. Prüfen Sie, ob die Stadt das Mutterschutzgesetz beachten musste, wenn sie die Kündigung bereits am 08.10. wirksam erklärt hätte.

 Notieren Sie die Lösung auf einem besonderen Blatt.

Besonderer Kündigungsschutz: Schwerbehinderte BASISTEXT

Schwerbehinderte im Sinne des § 2 Abs. 1, 2 SGB IX und Gleichgestellte nach § 2 Abs. 3 SGB IX genießen einen besonderen Kündigungsschutz. Ordentliche und außerordentliche Kündigungen durch den Arbeitgeber bedürfen nach § 85 SGB IX der **vorherigen Zustimmung des Integrationsamtes**, sofern das Arbeitsverhältnis länger als sechs Monate bestanden hat. Dieses hat ihre Entscheidung nach pflichtgemäßem Ermessen zu treffen und ist an Fristen gebunden.

1. Verfahren bei ordentlichen Kündigungen:

Nachdem der Arbeitgeber sich materiellrechtlich zu einer Kündigung entschlossen hat, muss er schriftlich die Zustimmung bei dem Integrationsamt § 87 SGB IX einholen. Das Integrationsamt soll nach Anhörung des Schwerbehinderten sowie nach Einholung von Stellungnahmen des Arbeitsamtes, des Personalrates und der Schwerbehindertenvertretung **innerhalb eines Monats** nach Eingang des Antrages über die Kündigung entscheiden.

Die Entscheidung ist dem Arbeitgeber und dem Schwerbehinderten zuzustellen. Die Bundesagentur für Arbeit erhält eine Abschrift der Entscheidung. Der Arbeitgeber kann die Kündigung im Falle der Zustimmung nur innerhalb eines Monats nach Zustellung der Entscheidung erklären. Entgegen den Kündigungsfristen des TVöD bzw. BGB muss er eine Mindestkündigungsfrist von vier Wochen einhalten, d. h. das Arbeitsverhältnis endet frühestens vier Wochen nach Zustellung der Kündigung an den Arbeitnehmer.

2. Verfahren bei außerordentlichen Kündigungen:

Sind dem Arbeitgeber die maßgebenden Tatsachen bekannt geworden und hat er sich entschlossen, eine außerordentliche Kündigung auszusprechen, muss er innerhalb von zwei Wochen schriftlich die Zustimmung bei dem Integrationsamt einholen. Das Integrationsamt (§ 91 Abs. 2 SGB IX) muss seine Entscheidung ebenfalls **innerhalb von zwei Wochen** vom Tage des Eingangs des Antrages treffen, wobei es die Zustimmung erteilen soll, wenn die Kündigung nicht im Zusammenhang mit der Schwerbehinderung steht. Trifft das Integrationsamt innerhalb dieser Frist keine Entscheidung, so gilt die Zustimmung als erteilt. Anders also als bei einer ordentlichen Kündigung kann der Arbeitgeber dann von einer Zustimmungsfiktion ausgehen.

Da die Frist des § 626 Abs. 2 BGB bei diesem Verfahren nicht einzuhalten ist, stellt § 91 Abs. 5 SGB IX klar, dass auch nach Ablauf dieser Frist außerordentlich gekündigt werden kann, allerdings nur, wenn die Kündigung **unverzüglich** nach Erteilen der Zustimmung oder Eintreten der Zustimmungsfiktion erklärt wird.

FALL 21   **Glück gehabt?**

Annette Glück, 39 Jahre, ledig, ist seit fünf Jahren bei der Stadt Welfenheim in der Stadt-kasse beschäftigt. Das Versorgungsamt hat bei ihr einen Grad der Behinderung von 40 v.H. festgestellt. Am 14.02. stellte Frau Glück bei der Bundesagentur für Arbeit einen Antrag auf Gleichstellung nach § 2 Abs. 3 SGB IX. Am 01.03. fehlen 2.000,- EUR in der Stadtkasse. Der Verdacht fällt auf Frau Glück. Am nächsten Tag gibt Frau Glück in der Anhörung zu, das Geld entnommen zu haben.

Am 10.03. wird entschieden, die außerordentliche Kündigung auszusprechen. Der Personalrat stimmt zu.

Am 11.03. wird der Antrag bei dem Integrationsamt auf Zustimmung gestellt. Der Antrag geht dort am 12.03. ein. Als am 10.04. noch keine Antwort vorliegt, erhält Frau Glück die außerordentliche Kündigung.

Aufgabe: Prüfen Sie, ob die Kündigung mit den Vorgaben des SGB IX vereinbar ist.

Lösung:

Besonderer Kündigungsschutz: Sonstige Fälle   BASISTEXT

Erziehungsurlaub

Arbeitnehmer haben im Rahmen der §§ 15 und 16 BEEG Anspruch auf Erziehungsurlaub. Vom Zeitpunkt der Beantragung an bis zur Beendigung des Erziehungsurlaubs besteht nach § 18 BEEG ein **absolutes Kündigungsverbot** für den Arbeitgeber. Nur in besonderen Fällen kann die zuständige Behörde, beispielsweise in Niedersachsen das Gewerbeaufsichtsamt, ausnahmsweise die Kündigung für zulässig erklären.

Das Gesetz unterscheidet nicht nach der Art der Kündigung, so dass vom Kündigungsverbot alle Kündigungen betroffen sind.

Einberufung zum Wehrdienst

Nach § 2 ArbPlSchG darf der Arbeitgeber von der Zustellung des Einberufungsbescheides bis zur Beendigung des Grundwehrdienstes und während einer Wehrübung das Arbeitsverhältnis nicht kündigen.

Das Recht zur außerordentlichen Kündigung bleibt nach § 3 ArbPlSchG bestehen, jedoch stellt die Einberufung zum Wehrdienst selbst – von einigen dort genannten Ausnahmen abgesehen – keinen wichtigen Grund dar.

Ableistung des Zivildienstes

Nach § 78 Abs. 1 S. 1 ZivildienstG gilt der Kündigungsschutz nach dem ArbPlSchG für Zivildienstleistende entsprechend. Sie werden insofern Wehrdienstleistenden gleichgestellt.

Personalräte

Für Personalräte besteht nach § 15 Abs. 2 KSchG ein besonderer Kündigungsschutz. Danach ist eine ordentliche Kündigung ausgeschlossen, eine außerordentliche Kündigung jedoch nicht.

Berufsausbildung

Nach § 15 Abs. 1 BBiG kann das Berufsausbildungsverhältnis von beiden Vertragsparteien innerhalb der Probezeit jederzeit ohne Einhaltung einer Kündigungsfrist gekündigt werden. Nach Ablauf der Probezeit kann es – abgesehen von Sonderfällen (§ 15 Abs. 2 Nr. 2 BBiG) – nur noch aus einem wichtigen Grunde gekündigt werden. Eine ordentliche Kündigung ist danach nicht mehr möglich.

ÜBUNG 48

Beurteilen Sie, welche Maßnahme(n) in Betracht kommt(en) – (Abmahnung, ordentliche Kündigung, außerordentliche Kündigung, sonstige Maßnahme) – und begründen Sie Ihre Entscheidung.

Sachverhalt	Maßnahmen und Begründung
1. Armin Adler, seit drei Jahren beschäftigt, kommt innerhalb eines Monats zweimal verspätet zum Dienst.	
2. Bernd Busmann, zwölf Jahre beschäftigt, erhält nach Vorlage einer gefälschten Dienstreiseabrechnung zu viele Reisekosten.	
3. Carsten Callies kommt nach einer Abmahnung erneut zwei Tage nicht zum Dienst.	
4. Dirk Darin ist Alkoholiker und schafft aus diesem Grunde seine Arbeit nicht.	
5. Emil Endler, 20 Jahre beschäftigt, nimmt Büroutensilien für den Privatverbrauch mit nach Hause.	
6. Friedrich Fels, 56 Jahre alt, 13 Jahre beschäftigt, ist nicht mehr in der Lage, seine Tätigkeit in der Stadtkasse so auszufüllen, wie es von ihm verlangt wird.	

Sachverhalt	Maßnahmen und Begründung
7. Gerd Grams, 35 Jahre alt, kommt innerhalb eines Jahres an 103 Arbeitstagen krankheitsbedingt nicht zur Arbeit.	
8. Schulhausmeister Hanse hält sich in der großen Pause in der Mädchentoilette auf, um Schülerinnen zu beobachten.	
9. Irmtraud Immel geht einer *ungenehmigten* Nebentätigkeit nach, die von ihr nicht angezeigt wurde.	
10. Jörg Jankers fährt mit 2,1 Promille einen Dienstwagen. Er ist alkoholkrank.	
11. Kurt Kytta, Kraftfahrer, fährt mit 0,9 Promille die BGM mit dem Dienstwagen. Er ist kein Alkoholiker und wurde bereits im gleichen Jahr wegen desselben Verhaltens abgemahnt.	
12. Lena Lüders beschädigt fahrlässig einen dienstlichen Computer. Es entsteht ein Schaden in Höhe von 6.500,- EUR.	
13. Mona Marder weigert sich, auf Anordnung der BGM Kaffee zu kochen mit dem Hinweis, dass sie lt. Arbeitsvertrag als Schreibkraft beschäftigt wird.	

BASISTEXT   **Das Verfahren vor den Arbeitsgerichten**

Das Arbeitsverhältnis ist vom **Äquivalenzprinzip** gekennzeichnet, d. h. Leistung und Gegenleistung stehen grundsätzlich in einem ausgewogenen Verhältnis zueinander. Allerdings ist die Interessenlage der Vertragsparteien häufig gegenläufig.

Der **Arbeitnehmer** möchte für seine Leistung gut bezahlt werden und seinen Arbeitsplatz behalten. Der **Arbeitgeber** erwartet für sein Geld eine entsprechende Leistung und möchte den Beschäftigten bei schlechter Auftragslage oder Leistungsmängeln schnell loswerden.

Die Komplexität der Beziehungen der Vertragsparteien zueinander führen immer wieder zum Streit, der in einem Rechtsstaat von unabhängigen Gerichten entschieden wird. Die Anlässe, um beim Arbeitsgericht um Rechtsschutz nachzusuchen, können vielfältig sein:

- Streit um die richtige Eingruppierung,
- Streit um Zahlung von Zulagen,
- Streit über Schadensersatzansprüche,
- Streit um Zahlung einer Abfindung,
- Streit über die Versagung von Urlaub,
- Streit darüber, ob eine Abmahnung gerechtfertigt ist,
- Streit über die Wirksamkeit einer Kündigung,
- Streit um die Abfassung eines Zeugnisses und anderes mehr.

Die Arbeitsgerichtsrechtsprechung hat seit Bestehen der Bundesrepublik Deutschland das **Arbeitsrecht fortentwickelt** und Rechtssätze aufgestellt, die allgemein akzeptiert sind.

Die Aufgaben, Zuständigkeiten und Zusammensetzungen der Arbeitsgerichte sind im **Arbeitsgerichtsgesetz** (ArbGG) geregelt. Je nach Streitwert und Bedeutung der Angelegenheit kann der Rechtsweg vom **Arbeitsgericht** über das **Landesarbeitsgericht** bis zum **Bundesarbeitsgericht** in Erfurt beschritten werden. Zusätzlich besteht beim Bundesarbeitsgericht ein sogenannter **großer Senat**, der entscheidet, wenn ein Senat in einer Rechtsfrage von der Entscheidung eines anderen Senats oder des Großen Senats abweichen will.

Rechtsschutz vor den Arbeitsgerichten kann grundsätzlich **jederzeit** begehrt werden. Lediglich im Kündigungsschutzprozess, wenn der Arbeitnehmer die Kündigung für sozial ungerechtfertigt hält, gibt es gem. § 4 KSchG eine Frist zur Klageerhebung von drei Wochen nach Zugang der Kündigung. Die **Klage** wird beim Arbeitsgericht **schriftlich oder mündlich zur Niederschrift** erhoben. Das Verfahren beginnt mit einer mündlichen Verhandlung vor dem Arbeitsgericht. In dieser sogenannten **Güteverhandlung** vor dem vorsitzenden Berufsrichter soll eine gütliche Einigung der Parteien erreicht werden, um das Arbeitsverhältnis nicht zusätzlich zu belasten. Es wird dabei das gesamte Streitverhältnis mit den Parteien unter freier Würdigung aller Umstände erörtert. Erscheint eine Partei nicht oder kommt eine gütliche Einigung nicht zu Stande, folgt die streitige Verhandlung vor der Kammer, die nach der Beweisaufnahme mit der **Verkündung des Urteils** endet.

In der Praxis besteht die Arbeit der Richter häufig darin, für eine gütliche Auseinandersetzung von Arbeitgeber und Arbeitnehmer zu sorgen, was meist über eine Auflösung des Arbeitsverhältnisses gegen Zahlung einer Abfindung erfolgt, vgl. § 9 Abs. 1 KSchG.

Vergleich   **PRAXISMUSTER 15**

Öffentliche Sitzung des Arbeitsgerichts Welfenheim, 2. Kammer

Az.: 2 Ca 242/10   Welfenheim, den 05.11.2010

Gegenwärtig:
Richter am Amtsgericht Meyer als Vorsitzender
ehrenamtlicher Richter Brandt, ehrenamtlicher Richter Steinkühn als Beisitzer

In dem Rechtsstreit

des Angestellten Ferdinand Klein, Elzweg 70, 30470 Welfenheim
- Kläger -
- Prozessbevollmächtigter: Rechtsanwalt Dr. Schneider, Bohlweg 5, 30470 Welfenheim –

gegen

die Stadt Welfenheim, gesetzlich vertreten durch die Bürgermeisterin, Schlossgarten 13, 30470 Welfenheim
- Beklagte -

erscheinen bei Aufruf:
1. für den Kläger Rechtsanwalt Dr. Schneider
2. für die Beklagte Stadtrat Reich

Die Sach- und Rechtslage wird mit den Parteien erörtert. Die Parteien erklären, dass zwischen ihnen zwischenzeitlich Vergleichsverhandlungen geführt worden seien. Es soll ein Widerrufsvergleich geschlossen werden. Für den Fall des Widerrufs des Vergleiches solle ein neuer Kammertermin bestimmt werden. Die Parteien schließen sodann den folgenden

Vergleich:

1. Die Parteien sind sich darüber einig, dass das zwischen ihnen bestehende Arbeitsverhältnis auf Grund der streitgegenständlichen Kündigung der Beklagten vom 25.06.2010 zu dem in der Kündigung genannten Beendigungstermin geendet hat.
2. Die Parteien sind sich darüber einig, dass der Kläger eine einmalige Abfindung von 2.000,- EUR erhält.
3. Damit ist der Rechtsstreit erledigt. Es bestehen keine gegenseitigen Pflichten mehr.
4. Beide Parteien behalten sich den Widerruf dieses Vergleichs vor durch einfache schriftliche Anzeige, eingehend bei Gericht bis spätestens Mittwoch, den 21.11. 2010.

V. u. g.

B. u. v.:
Für den Fall des Widerrufs des Vergleiches wird neuer Kammertermin von Amts wegen anberaumt.
- Meyer-

 ÜBERSICHT 25   **Arbeitsgerichtliche Instanzen**

3. Instanz = Bundesarbeitsgericht

Großer Senat

3. Instanz = Bundesarbeitsgericht

Senat

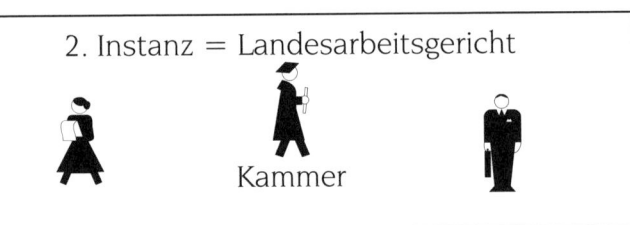

2. Instanz = Landesarbeitsgericht

Kammer

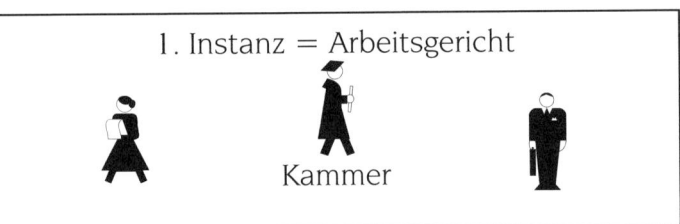

1. Instanz = Arbeitsgericht

Kammer

Berufsrichter

Ehrenamtliche Richter aus
Kreisen der Arbeitnehmer

Ehrenamtliche Richter aus
Kreisen der Arbeitgeber

Urteil   PRAXISMUSTER 16

2 Ca 470/10

Arbeitsgericht Welfenheim
Im Namen des Volkes!

Urteil

In dem Rechtsstreit
des Angestellten Ferdinand Klein, Elzweg 70, 30470 Welfenheim

- Kläger -

- Prozessbevollmächtigter: Rechtsanwalt Dr. Schneider, Bohlweg 5, 30470 Welfenheim

gegen

die Stadt Welfenheim, gesetzlich vertreten durch die Bürgermeisterin,
Schlossgarten 13, 30470 Welfenheim

- Beklagte -

hat die 2. Kammer des Arbeitsgerichts Welfenheim auf die mündliche Verhandlung vom 22.05.2010 durch den Richter am Arbeitsgericht Meyer als Vorsitzenden sowie die ehrenamtlichen Richter Brandt und Steinkühn für Recht erkannt:

1. Es wird festgestellt, dass das Arbeitsverhältnis zwischen den Parteien durch die Kündigung der Beklagten vom 28.05.2009 nicht aufgelöst worden ist, sondern fortbesteht.
2. Die Beklagte wird verurteilt, den Kläger zu unveränderten Bedingungen weiterzu-beschäftigen.
3. Die Beklagte trägt die Kosten des Rechtsstreits.
4. Der Streitwert wird auf 7.685,41 EUR festgesetzt.

Tatbestand

Die Parteien streiten um den Fortbestand des Arbeitsverhältnisses ...
(Es folgen Ausführungen zum tatsächlichen Geschehen)

Entscheidungsgründe

Die Klage ist zulässig und begründet ...
(Es folgen Ausführungen zur Rechtslage)

Rechtsmittelbelehrung ...
(Es folgen Ausführungen, wie man sich gegen das Urteil wehren kann)

Meyer

06 Personalentwicklung

BASISTEXT   Begriff und Ziele der Personalentwicklung

Die Qualität der Leistungen des „Dienstleistungsunternehmens" Kommunalverwaltung für die Bürger ist wesentlich von den Menschen abhängig, die die Dienstleistungen erbringen und von der Art und Weise, wie sie diese erbringen. Die **Qualifikation** und **Motivation** der Beschäftigten sind entscheidende **Erfolgsfaktoren**. Von ihrem Verhalten, insbesondere ihrer Zielklarheit, ihrer Identifikation und ihrem Leistungswillen ist der Erfolg ihrer Verwaltung abhängig. Die vom Arbeitgeber gewünschten positiven Verhaltenseigenschaften werden gefördert, wenn alle Beschäftigten durch geeignete Maßnahmen der Personalentwicklung und des Personaltrainings im verantwortlichen Handeln gestärkt werden. Dazu gilt es, das Lern- und Leistungspotenzial prinzipiell zu erhalten und die Mitarbeiter auf die Anforderungen von morgen vorzubereiten.

Eine Verwaltung, die solche Prinzipien zu ihrem Leitbild erhebt, wird „**lernende Verwaltung**" genannt. Sie wird durch gezielte Personalentwicklung am ehesten erreichen, dass die Beschäftigten neuen Herausforderungen gewachsen sind.

Personalentwicklung

bedeutet, **fortdauernd und systematisch Prozesse** zu gestalten, die es ermöglichen, die Fähigkeiten der Beschäftigten, ihr Lern- und Leistungspotenzial, zu erkennen, zu erhalten und verwendungs- und zukunftsorientiert zu fördern, um die effiziente **Aufgabenerledigung** sicherzustellen, die **Ziele** der Kommunalverwaltung zu erreichen und die **Motivation** der Beschäftigten zu stärken.

FALL 22   Wir bauen eine moderne Verwaltung

Susanne Knoop ist am 01.08.2010 als Auszubildende zur Verwaltungsfachangestellten bei der Stadt Welfenheim eingestellt worden. Im Januar 2012 besteht sie die Zwischenprüfung mit der Note „gut". Aufgrund sehr guter praktischer Leistungen und eines guten Berufsschulzeugnisses wird Frau Knoop gem. § 45 Abs. 1 BBiG vor Ablauf der dreijährigen Ausbildungszeit zur Abschlussprüfung zugelassen.

Am 20.02.2013 besteht sie die Abschlussprüfung mit der Note „gut" (13 Punkte). Frau Knoop erhält einen bis zum 31.12.2013 befristeten Vertrag nach der Entgeltgruppe 5 TVöD. Sie wird zunächst aushilfsweise im Stab der Verwaltungsspitze beschäftigt und hilft bei der Aufgabe „Modernisierung der Verwaltung" mit. Dazu ist es erforderlich, dass Frau Knoop sich mit den Zielen der Stadt Welfenheim befasst, um ausgehend von ihnen Maßnahmen zur Verwaltungsmodernisierung zu entwickeln.

Aufgabe: Versetzen Sie sich in Ihrer Ausbildungskommune in die Rolle von Frau Knoop: Welches sind die Profile und die Ziele Ihrer Kommune? Sammeln, ordnen und bewerten Sie dafür Informationen.

Lösung:

Anforderungen an Mitarbeiter in der Kommunalverwaltung ÜBERSICHT 26

Produktorientierung =

Neues Denken in Richtung
- Dienstleistung
- Kundenorientierung
- Wirtschaftlichkeit
- Selbstverantwortung

Dezentrale Ressourcen-verantwortung =

Kostenorientierung durch Kenntnisse über
- Betriebswirtschaftliche Instrumente
- Kennzahlen
- Folgekosten

Zielorientierung =

Keine Einzelanweisungen, sondern
- Selbstständig arbeitsplatzbezogene Ziele formulieren
- Definierte Handlungsspielräume selbstständig ausfüllen

Qualitätsorientierung =

Externe und interne Leistungsziele anstreben durch
- Blick auf Kundenerwartung
- Bürgerorientierung

Die zuvor genannten Anforderungen enthalten zugleich große Herausforderungen an die Bereitschaft der Mitarbeiter, ihre Kenntnisse, Fertigkeiten und Einstellungen zur Bewältigung dieser Anforderungen weiterzuentwickeln.

Beispiel:

Ein Mitarbeiter in der Bauaufsicht hat bisher lediglich auf Grund der vom Bauherren vorgelegten Antragsunterlagen eine Baugenehmigung erteilt oder versagt. Nunmehr soll er sich als Dienstleister verstehen und die Bauherren im Vorfeld dahingehend beraten, welche Unterlagen vorzulegen sind und wie das Bauvorhaben beschaffen sein muss, damit es genehmigungsfähig ist.

Bevor jedoch aufwändige Personalentwicklungsmaßnahmen umgesetzt werden können, müssen die Ziele der Personalentwicklung im Allgemeinen und diejenigen eines einzelnen Mitarbeiters definiert werden. Dabei ist es auch Aufgabe der Personalentwicklung, die Interessen von Arbeitgeber und Arbeitnehmer aufeinander abzustimmen und auf gemeinsame Ziele auszurichten. Wenn neue Anforderungen an Beschäftigte und die jeweiligen Interessen bekannt sind, lassen sich daraus **Personalentwicklungsziele** ableiten.

Ziele der Personalentwicklung   ÜBERSICHT 27

Arbeitgeberziele	Arbeitnehmerziele
1. Höhere Leistung, bessere Qualität	1. Eigene Leistung verbessern
2. Bessere Wirtschaftlichkeit	2. Arbeitsplatz behalten, Leistungsentgelt verwirklichen, Karrierechancen nutzen
3. Höhere Motivation der Beschäftigten	3. Sich selbst verwirklichen
4. Zufriedene Beschäftigte	4. Freude an der eigenen Arbeit haben
5. Flexibilität bei neuen Aufgaben	5. Wissen und Fähigkeiten erweitern
6. Wenig Konflikte mit Kunden	6. Bei Konflikten mit Kunden helfen

Beispiele für Maßnahmen zur Personalentwicklung

- Dienstleistungsorientierung fördern
- Qualitäts- und Verantwortungsbewusstsein entwickeln
- Kostenverantwortlichkeit durch betriebswirtschaftliche Schulungsangebote entwickeln
- Motivation durch technische Ausstattung des Arbeitsplatzes aufrechterhalten bzw. verbessern
- Arbeitszufriedenheit durch flexible Arbeitszeitregelungen und Teilzeitangebote aufrechterhalten bzw. verbessern
- Neue Formen der Zusammenarbeit fördern
- Modelle zur Vereinbarkeit von Familie und Beruf entwickeln

Beispiel:
  Zielrahmen und Konzept für die Personalentwicklung einer Kommunalverwaltung
  für interne Personalauswahlverfahren

Personalentwicklungs- prozess	Personalentwicklungs- maßnahme	Ziel
Bedarfs- und Bestands- analyse anhand des Stellenanforderungsprofils	-	Einschätzung, ob interne Bewerber vorhanden sind
Zielformulierung für die Stellenbesetzung	-	-
Zielgruppenauswahl	-	-
Maßnahme planen	Assessment-Center	Feststellung der Eignung und Einschätzung des Entwicklungspotenzials
Durchführung der Maßnahme und Auswahl	-	-
Controlling	-	-

Beispiel:
  Zielrahmen und Konzept für die Personalentwicklung eines Beschäftigten nach dem
  Einsatz auf einem neuen Arbeitsplatz

Personalentwicklungs- prozess	Personalentwicklungs- maßnahme	Ziel
Einarbeitung	Gezieltes Einarbeitungspro- gramm	Grundlage schaffen für effiziente Aufgabenerfül- lung
Mitarbeitergespräch	Personalentwicklungs- und Zielvereinbarungsgespräch	Vertrauenskultur entwickeln
Personalentwicklungs- programm	Fortbildung	Qualifizierung in Fach- und Methodenkompetenz
Zielvereinbarungsgespräch	Zielvereinbarung für ein Leistungsentgelt treffen	Motivationsförderung und Förderung der Verwal- tungsziele
Personalentwicklungs- programm	Fortbildung	Qualifizierung in Sozialkompetenz

Folgen einer gelungenen Personalentwicklung BASISTEXT

Wird die **Dienstleistungsorientierung** gefördert, wird der Beschäftigte die Wünsche der Bürger ermitteln, Bürger ernst nehmen, freundlich sein, sie verbindlich und umfassend beraten.

Die Entwicklung des **Qualitäts- und Verantwortungsbewusstseins** bedeutet für den Beschäftigten, dass er nicht nur seine eigene Zuständigkeit, sondern die **Aufgabe der Kommune als Ganzes** sieht. Er wird Schwerpunkte und Prioritäten bei seiner Arbeit setzen, um dabei einen Erfolg im Sinne von Nutzen und Wertschöpfung zu erzielen.

Durch die Entwicklung der **Kostenverantwortlichkeit** wird erreicht, dass Entscheidungen nicht nur auf die Recht- und Zweckmäßigkeit zum gegenwärtigen Zeitpunkt beurteilt werden, sondern auch entstehende Kosten errechnet und zukünftig zu erwartende Kosten abgeschätzt und auf ihre Finanzierbarkeit geprüft werden. Damit werden Effektivität („die richtigen Dinge tun") und Effizienz („die Dinge richtig tun") der öffentlichen Verwaltung gefördert.

Motivation und **Arbeitszufriedenheit** betreffen individuelle Befindlichkeiten von Beschäftigten. Anerkennung und Wertschätzung sind entscheidende Merkmale, die darauf Einfluss haben. Der Arbeitgeber sollte versuchen, eine Kultur und ein Arbeitsklima schaffen, das diesen beiden Zielen dient, d. h. er muss für ein intaktes soziales Umfeld sorgen. Dabei kommt den Führungskräften eine Vorbildfunktion zu. Deren Verhalten hat Einfluss darauf, ob sich die Zusammenarbeit reibungslos und konfliktfrei gestaltet. Menschliche Kommunikation funktioniert kaum durch Anweisungen.

Zu den **neuen Formen der Zusammenarbeit** gehört der **Abbau von Hierarchien**, um die Kommunikationswege zu verkürzen. Der Dienstweg von unten nach oben und umgekehrt ist angesichts neuer Herausforderungen zu schwerfällig geworden. Neue Techniken (Handy, SMS, E-Mail, Internet, Intranet sowie soziale Netzwerke) ermöglichen und bewirken veränderte Kommunikationsformen auf allen Ebenen. Weiterhin gehören zu den zukunftssichernden Erfolgsfaktoren flexible an den jeweiligen Bedarf angepasste Arbeitszeiten ebenso wie flexible Arbeitsformen. Dazu zählen beispielsweise Telearbeit, Teilzeitarbeit, Projektarbeit und ressortübergreifende Arbeitsgruppen.

Modelle zur **Vereinbarkeit von Familie und Beruf** sichern die Wettbewerbsfähigkeit. Im Zuge der demografischen Entwicklung werden die Verwaltungen auf dem Arbeitsmarkt immer weniger gut ausgebildete Menschen finden. Sie müssen ein hohes Interesse daran haben, Mütter und Väter neben der Kinderbetreuung das Engagement im Beruf zu ermöglichen.

Die Ziele der Personalentwicklung können nicht von oben angeordnet werden. Personalentwicklung ist ein Prozess, der wachsen muss und nie endet. So wie Auszubildende in einem dreijährigen Prozess auf die zukünftigen Aufgaben im Beruf vorbereitet werden, muss die Verwaltung lernen, sich fortwährend auf veränderte Bedingungen einzustellen. Die Gesamtheit der bisher gelebten Werte, Einstellungen und Normen werden durch Personalentwicklung in diese Richtung verändert. Solche Prozesse können nur erfolgreich sein, wenn die Beschäftigten sie mit Leben erfüllen.

FALL 23   **Flexibilität zahlt sich aus**

Aufgrund der nicht geplanten eigenen Kündigung eines Mitarbeiters in der Personalverwaltung zum 30.06.2013 wird eine Stelle nach Entgeltgruppe 6 TVöD intern ausgeschrieben. Susanne Knoop bewirbt sich und wird aufgrund ihrer guten Kenntnisse im Arbeitsrecht ausgewählt. Sie erhält vorzeitig zum 01.08.2013 einen unbefristeten Vertrag. Im Rahmen der von ihr zu erledigenden Aufgaben wird Frau Knoop Mitglied in der Projektgruppe „Personalentwicklung" der Stadt Welfenheim.

Aufgabe: Beschreiben Sie, aus welchen Gründen Personalentwicklung durchgeführt wird.

Lösung:

BASISTEXT   **Instrumente der Personalentwicklung**

Um die „lernende Verwaltung" zu realisieren, gibt es verschiedene Instrumente der Personalentwicklung, die auf die Struktur der jeweiligen Verwaltung abgestimmt, aber immer auf die Ziele der Gesamtverwaltung ausgerichtet sind. Es würde den Rahmen dieses Lernbuches sprengen, sämtliche Instrumente in ihrer Art und Wirkung zu beschreiben. Eine Auswahl der Wichtigsten finden Sie auf den folgenden Seiten.

Ausbildung

ist die **systematische Qualifizierung** von Nachwuchskräften für einen **Beruf**.

Beispiel:
Ausbildung zum Verwaltungsfachangestellten, Ausbildung für den gehobenen allgemeinen Verwaltungsdienst.

Ausbildung ist aus Sicht der Kommune eine **Investition in die Zukunft**. Die Qualität der Ausbildung hat einen großen Einfluss auf Art und Umfang sich anschließender Personalentwicklungsmaßnahmen. Die Verwaltungen müssen sich dauernd mit den Trägern der Ausbildung (z. B. Berufsschulen, Studieninstitute, Fachhochschulen) austauschen, um sich auf sinnvolle Verfahren und Maßnahmen zu einigen, die ihren Zielen dienen. In einer effizienten Berufsausbildung sind die Inhalte, Ziele und Aufgaben darauf ausgerichtet, den Erwerb berufsbild- und anwendungsbezogener Kenntnisse, Fertigkeiten und Fähigkeiten zu fördern. Sie hat ferner den Erwerb der erforderlichen Berufserfahrungen zu ermöglichen.

Fortbildung

Die Beschäftigten in der lernenden Verwaltung sind durch Personalentwicklungsmaßnahmen in der Lage, sich neue Lernfelder selbst zu erschließen. Gleichwohl wird es weiter notwendig sein, sich **fachlich** und **persönlich** für die Bewältigung der arbeitsplatzbezogenen Aufgaben weiterzuentwickeln. Zu unterscheiden ist zwischen der Fachfortbildung und der Fortbildung in Schlüsselqualifikationen. Zu den Schlüsselqualifikationen gehören methodische Kompetenzen (z. B. Gesprächs-, Problemlösungs-, Organisations-, Präsentations- und Moderationstechniken), soziale Kompetenzen (z. B. Kommunikations-, Kontakt-, Entscheidungs-, Kritik- und Konfliktfähigkeit) und persönliche Kompetenzen (z. B. Eigeninitiative, Veränderungsbereitschaft, Zuverlässigkeit und Belastbarkeit).

Fortbildung

ist die **einmalige oder laufende Aktualisierung** der fachlichen oder der überfachlichen Qualifikationen der Beschäftigten in der Verwaltung.

Beispiel:
Fachfortbildung zur Bewertung von Arbeitsplätzen
Fortbildung in Schlüsselqualifikationen: Rhetorikseminar

Mitarbeitergespräch

In der öffentlichen Verwaltung werden täglich eine Vielzahl von Gesprächen geführt. Neben den Kundengesprächen mit Bürgern sind für den laufenden Dienstbetrieb Absprachen zu treffen, Informationen weiterzuleiten und Rücksprachen wahrzunehmen. Dies geschieht persönlich oder telefonisch. Im Rahmen der Personalentwicklung haben jedoch die Gespräche zwischen Vorgesetztem und Mitarbeiter eine besondere Bedeutung. Ein Instrument der Personalentwicklung ist das Mitarbeitergespräch.

 **ÜBERSICHT 28**   **Gesprächstypen zwischen Vorgesetztem und Mitarbeiter**

Gesprächssituation	Beispielhafte Inhalte
Alltägliches Führungsgespräch	Aktuell laufende Arbeiten werden besprochen. Es gibt keine besonderen Formalitäten. Der Vorgesetzte besucht den Mitarbeiter und erkundigt sich, wie die Arbeit vorangeht und stimmt die weiteren Schritte ab. Der Mitarbeiter nimmt einen Rücksprachetermin bei seinem unmittelbaren Vorgesetzten wahr.
Dienstbesprechung	In vielen Organisationseinheiten werden in regelmäßigen Abständen an vorher festgelegten Terminen mit allen Mitarbeitern und dem Vorgesetzen Dienstbesprechungen abgehalten. Der Vorgesetzte informiert über neue Ziele der Verwaltungsführung. Für die weitere Arbeit werden Prioritäten gesetzt. Wichtige Informationen werden in einem größeren Kreis ausgetauscht.
Beurteilungsgespräch	Leistung und Verhalten für einen vergangenen Zeitraum werden einseitig vom unmittelbaren Vorgesetzten beurteilt und mit dem Mitarbeiter besprochen.
Mitarbeitergespräch	Gegenseitig wird ausgetauscht, wie die Zusammenarbeit in Zukunft besser gestaltet werden kann.

Mitarbeitergespräch

ist ein von der Tagesarbeit losgelöster regelmäßiger (meist einmal jährlich) stattfindender **persönlicher Austausch** zwischen einem Mitarbeiter mit seinem unmittelbaren Vorgesetzten mit dem Ziel, die Zusammenarbeit zu verbessern und das gegenseitige Handeln auf die Ziele der Organisation auszurichten.

Beispiel:
Der Abteilungsleiter lädt den Sachbearbeiter schriftlich unter Angabe seiner Gesprächsthemen zu einem Mitarbeitergespräch ein.

Bausteine des Mitarbeitergespräches   ÜBERSICHT 29

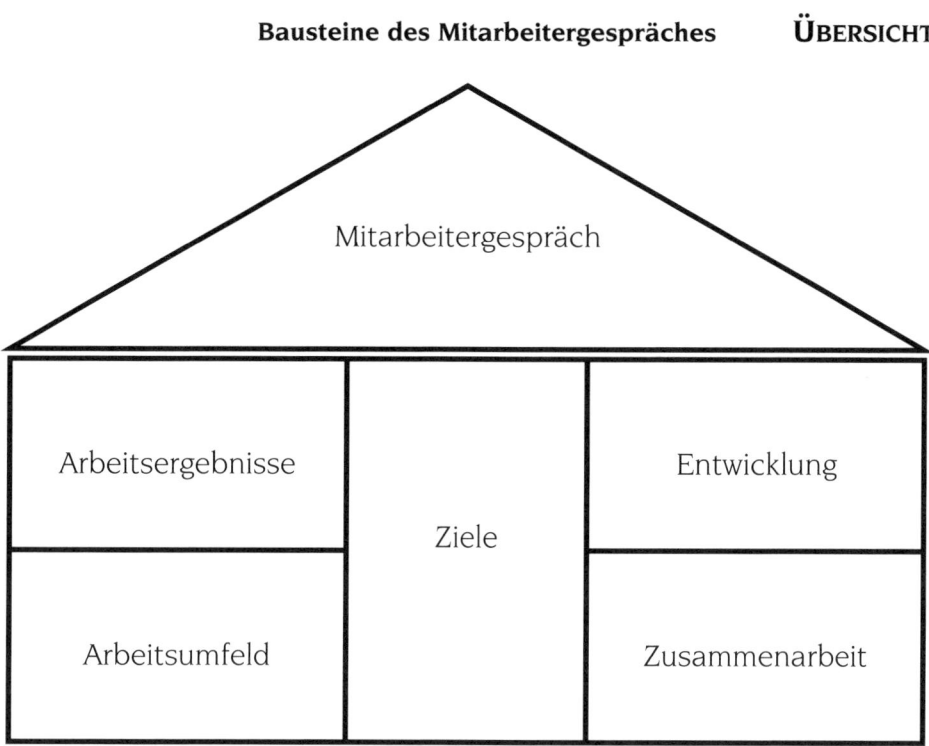

Es können beispielhaft folgende Themen besprochen, bzw. Fragen erörtert werden:

1. Gemeinsame Bestandsaufnahme über die **Arbeitsergebnisse** der zurückliegenden Zeit:
   - Was ist erreicht worden, was noch nicht abgeschlossen?
   - Was ist besonders gut, was weniger gut gelungen?
   - Was hat die Ergebnisse gefördert, was hat die Arbeit behindert?
   - Wo lagen die Ursachen für das Nichterreichen von Ergebnissen?
   - Entsprechen die Arbeitsergebnisse den Erwartungen?

2. Zukünftige **Aufgaben** und **Ziele**:
   - Welche Aufgaben und Ziele stehen auf dem konkreten Arbeitsplatz an?
   - Welche Aufgaben und Ziele wollen wir erreichen?
   - Können klare Zielvereinbarungen abgeschlossen werden?
   - Was ist zur Zielerreichung nötig?
   - Wie überprüfen wir die Zielerreichung?

3. Bilanzierung der **Zusammenarbeit** zwischen dem Vorgesetzten und dem Mitarbeiter:
   - Wie läuft die Zusammenarbeit?
   - wo treten Störungen / Missverständnisse bei der Zusammenarbeit auf?
   - warum treten diese Störungen / Missverständnisse auf?
   - wie offen ist die Kommunikation?
   - wie ist der persönliche Umgang miteinander?
   - welche Verbesserungen in der Zusammenarbeit sind möglich?
   - wie wird das Führungsverhalten empfunden?

4. Vorstellungen des Mitarbeiters zu Einsatz und **Entwicklung** am Arbeitsplatz:
   - welche Erwartungen bestehen hinsichtlich der beruflichen Entwicklung?
   - Entspricht das Arbeitsgebiet den eigenen Vorstellungen?
   - Besteht der Wunsch, andere / weitere Aufgaben zu übernehmen?
   - Welche Maßnahmen können die Entwicklung am Arbeitsplatz unterstützen?

5. Das **Arbeitsumfeld** kann Gegenstand der Erörterungen sein:
   - Funktionieren Vertretungsregelungen?
   - Ist die Ausstattung des Arbeitsplatzes ausreichend?
   - Sind alle Informationen zur Aufgabenerledigung vorhanden?

Die Einführung regelmäßiger Mitarbeitergespräche als Instrument der Personalentwicklung trägt zu folgenden positiven Veränderungen bei:

- Die Ziele der Verwaltungsspitze werden von den Vorgesetzten multipliziert, einmal jährlich kompakt kommuniziert und für die Beschäftigten in konkrete Ziele auf dem jeweiligen Arbeitsplatz umgesetzt. Die Identifikation mit dem Arbeitgeber als Institution und den Zielen der Verwaltung wächst.
- Eine zielorientierte Zusammenarbeit wird weiterentwickelt. Dies trägt zum Abbau von Reibungsverlusten bei.
- Das Gespräch dient der Potenzialermittlung und der darauf aufbauenden Qualifizierung der Beschäftigten, damit sie möglichst effektiv und kostengünstig Zukunftsaufgaben auf dem richtigen Arbeitsplatz meistern können.
- Der Soll-Ist-Vergleich von erwarteten Arbeitsergebnissen ermöglicht eine begründete und nachvollziehbare Beurteilung als Basis für Personalentscheidungen.

Das Mitarbeitergespräch bringt den gewünschten Erfolg nur, wenn sich beide Gesprächspartner gut darauf vorbereitet haben. Für den Rahmen ist der Vorgesetzte zuständig, für den Ablauf und die Inhalte sind beide Gesprächspartner verantwortlich. Die Menschen sind verschieden im Umgang und Verhalten, haben unterschiedliche Wissens- und Entwicklungsstände. Einen idealtypischen Gesprächsablauf zu beschreiben ist daher nicht möglich. Die Übersicht kann als Anhaltspunkt für den Ablauf aus Vorgesetztensicht, die danach folgenden Tipps der Vorbereitung des Mitarbeiters dienen.

Aufbau und Ablauf des Mitarbeitergespräches in der Verantwortung des Vorgesetzten ÜBERSICHT 30

Phase	Handlung
Gesprächsvorbereitung	Rahmen herstellen und sicherstellen, dass keine Störung erfolgt. Dem Mitarbeiter die Themen mitteilen und ausreichend Gelegenheit zur Vorbereitung geben. Sich mental auf das Gespräch einstellen.
Gesprächseröffnung	Im Rahmen der Begrüßung wird die Atmosphäre für das Gespräch hergestellt.
Anlass- und Zielklärung	Mit Rückfragen vergewissern, dass der Mitarbeiter Anlass und Ziele genau verstanden hat.
Dialog	Der Vorgesetzte versucht, die Sichtweise des Mitarbeiters zu verstehen und die eigene Sichtweise zu vermitteln. Er stellt sog. „W-Fragen" ohne „warum". Bsp.: „Wie können wir es lösen?" „Was kann ich tun?"
Lösungsphase	Die Ergebnisse, insbes. zukünftige Ziele werden dokumentiert und protokolliert.
Abschlussphase	Die letzten Sätze sind außerordentlich wichtig und bleiben bei dem Mitarbeiter haften. Sie müssen daher sorgfältig vorbereitet werden.

Tipps für einen Mitarbeiter zur Vorbereitung auf das Gespräch:
- Informieren Sie sich, welche Themen der Vorgesetzte ansprechen möchte.
- Klären Sie, wie viel Zeit für das Gespräch vorgesehen ist.
- Überlegen Sie, welche Themen Sie ansprechen wollen.

Tipps für einen Mitarbeiter im Gespräch:
- Konzentrieren Sie sich und hören Sie gut zu.
- Sprechen Sie über die eigene Person und nicht über andere.
- Entwickeln Sie eigene Vorstellungen über Ihre Rolle im Arbeitsprozess.
- Reden Sie über die Situation in der Zukunft.

BASISTEXT   **Flexible Arbeitszeiten**

Nach § 6 TVöD beträgt die regelmäßige Arbeitszeit ohne die Pausen durchschnittlich 39 Stunden wöchentlich im Tarifgebiet West und 40,0 Stunden wöchentlich im Tarifgebiet Ost. Für die Berechnung des Durchschnitts der regel-mäßigen Arbeitszeit ist ein Zeitraum von einem Jahr zu Grunde zu legen. Die tariflichen Vorschriften bestimmen jedoch nicht, wann die regelmäßige Arbeitszeit abzuleisten ist. Die Tarifparteien gehen grundsätzlich von einer **Fünf-Tage-Woche** von Montag bis Freitag aus. Soweit es dienstlich oder betrieblich notwendig ist, darf auch an Samstagen, Sonn- und Feiertagen gearbeitet werden.

Die **Lage der Arbeitszeit** unterliegt dem Direktionsrecht des Arbeitgebers, der bei der Festsetzung der individuellen Arbeitszeit für den Arbeitnehmer gesetzliche und tarifliche Grenzen beachten und unter Wahrung der Beteiligungsrechte des Personalrates nach billigem Ermessen entscheiden muss.

Im Rahmen einer bürgerfreundlichen und wirtschaftlichen Aufgabenerledigung ist es sinnvoll, das Personal zu dem Zeitpunkt einzusetzen, in dem es benötigt wird. Gleichzeitig ist es im Rahmen der Personalentwicklung sinnvoll, eine **mitarbeiterorientierte Arbeitszeitregelung** zu schaffen. Hieraus kann ein Spannungsverhältnis entstehen, das dadurch gelöst werden kann, dass einzelne Arbeitsgruppen die Arbeitseinsatzplanung eigenverantwortlich regeln. Beispielsweise können Teams in der Meldestelle oder Kraftfahrzeugzulassungsstelle die Anwesenheit auf zuvor ermittelte Besucherströme abstellen. Voraussetzung hierfür sind persönliche Zeitkonten, auf denen die geleisteten Stunden vermerkt und mit den vertraglich zu leistenden Stunden abgeglichen werden. Gefördert werden dadurch das Verantwortungsbewusstsein, die Flexibilität und die Kommunikation der daran beteiligten Mitarbeiter. Es wird möglich, private und dienstliche Interessen besser miteinander zu verbinden.

Flexible Arbeitszeiten

> zeichnen sich dadurch aus, dass ein **Arbeitszeitsystem** besteht, das von einer starren und gleichförmigen Ausgestaltung der Arbeitszeit abweicht, um unter **Berücksichtigung von Mitarbeiterbelangen** phasenweise schwankenden Arbeitsanfall zu bewältigen oder die Arbeitszeit kurzfristig an unvorhergesehene Ereignisse anzupassen.

Beispiele:

> In der Kfz-Zulassungsstelle werden in den Monaten März bis Mai besonders viele Kraftfahrzeuge zugelassen. Neben der Verlängerung der Öffnungszeit wird mehr Personal eingesetzt. Ein Zeitausgleich erfolgt in den zulassungsarmen Monaten Oktober bis Dezember.

Im Winterdienst fallen flexibel nach aktueller Wetterlage bereits ab 4:00 Uhr morgens und an den Wochenenden Überstunden an. Die Überstunden werden auf das Zeitkonto gebucht. Die grundsätzlich in Geld zu zahlenden Überstundenzuschläge werden nach § 8 Abs. 1 TVöD in Zeit umgewandelt und dem Zeitkonto gutgeschrieben. Der Zeitausgleich erfolgt zu einem späteren Zeitpunkt in Absprache zwischen dem Beschäftigten und dem Vorgesetzten.

Qualitätszirkel   **BASISTEXT**

Qualitätszirkel beinhalten eine neue Form der Beteiligung der Mitarbeiter. Deren Kenntnisse, Erfahrungen und Vorschläge werden genutzt, um die Organisation (Sachgebiet, Abteilung) weiterzuentwickeln. Entwicklungs- und Lernpotenziale der Mitarbeiter werden effektiv genutzt, indem gemeinsam mit dem Ziel der Qualitätsverbesserung Lösungen entwickelt werden.

Qualitätszirkel

> sind **Mitarbeitergruppen der gleichen Hierarchieebene** mit gleichen Aufgaben, die in regelmäßigen Abständen zusammentreffen, um Probleme des eigenen Arbeitsbereiches zu diskutieren und Lösungsvorschläge zu erarbeiten.

Beispiel:
> Die Beschäftigten der Grundsicherung erfahren Unmut der Bürger über die Schließung in der Mittagszeit. Die Beschäftigten schlagen vor, flexible Arbeitszeiten einzuführen, so dass ganztägig geöffnet werden kann.

Qualitätszirkel bestehen aus mehreren Beschäftigten, die sich regelmäßig freiwillig innerhalb oder außerhalb der Dienstzeit treffen, um anknüpfend an selbst gewählten betrieblichen Problemen Arbeitsabläufe und Betriebsergebnisse zu optimieren. Es wird dabei ein Protokoll geführt. Die erarbeiteten Ergebnisse werden dem Vorgesetzten präsentiert.

FALL 24 **Eigene Qualitätsansprüche durchsetzen**

Im Dezember 2013 ergreift Susanne Knoop die Initiative und gründet mit zwei weiteren Kollegen und Unterstützung des Vorgesetzten in der Personalverwaltung einen Qualitätszirkel. Ziel des Qualitätszirkels ist es, den Service der Personalverwaltung zu verbessern. Im Juli 2014 bittet der Vorgesetzte Frau Knoop zu einem Mitarbeitergespräch. Gemeinsam wird festgestellt, dass auf Grund der Ergebnisse des Qualitätszirkels organisatorische Änderungen vorgenommen werden konnten und die Bearbeitungsdauer der Beihilfeanträge von drei auf zwei Wochen gesunken sei. Allerdings sei zu befürchten, dass auf Grund der Neufassung der Beihilfevorschriften dieser Zeitvorteil wieder schrumpfen werde, da es längere Zeit erfordere, bis sich Frau Knoop in die neue Materie eingearbeitet habe. Gleichwohl wird als Ziel vereinbart, die Bearbeitungsdauer innerhalb eines halben Jahres auf eine Woche abzukürzen.

Aufgaben: 1. Prüfen Sie, welche Aufgabe ein Qualitätszirkel hat.
2. Überlegen Sie, durch welche PE-Maßnahme Frau Knoop bei der Verwirklichung des Ziels unterstützt werden kann.

Lösung:

BASISTEXT **Sonderaufträge**

Beschäftigte können schließlich auch zeitlich befristet zusätzlich oder ausschließlich mit einer besonderen Aufgabe betraut werden. Dies kann die Organisation des Briefwahlbüros, die Vertretung eines Erkrankten oder die Betreuung einer ausländischen Delegation einer Partnerstadt sein. In allen Fällen muss der Mitarbeiter ein hohes Maß an Flexibilität und Einsatzbereitschaft mitbringen. Er hat aber auch die Chance, durch Sonderaufträge neue Kompetenzen zu erwerben.

Sonderauftrag

ist eine in sich **abgeschlossene Aufgabe**, die innerhalb einer **bestimmten Zeit** zu erfüllen und danach beendet ist.

Beispiel:
Übertragung der Projektleitung für die Erstellung einer Dienstanweisung zur Nutzung des Internets.

Arbeitsplatzanreicherung   BASISTEXT

Die Arbeitsplatzanreicherung wird auch **Job-Enrichment** genannt. Dem Mitarbeiter werden anspruchsvollere Aufgaben zugewiesen oder es wird ihm mehr Verantwortung und Entscheidungskompetenz z. B. durch erweiterte Zeichnungsbefugnisse übertragen. Mit diesem Personalentwicklungsinstrument soll das Verantwortungsbewusstsein des Mitarbeiters gestärkt werden.

Arbeitsplatzanreicherung

ist die Übertragung **anspruchsvollerer Aufgaben** oder die Übertragung von mehr Verantwortung.

Beispiel:
Der Personalsachbearbeiter der Entgeltgruppe 8 TVöD darf selbstständig über die Einstellung von Vertretungskräften im Reinigungsbereich entscheiden und die Arbeitsverträge unterschreiben.

Durch die Übertragung von qualifizierteren Aufgaben oder mehr Verantwortung können sich allerdings die Tätigkeitsmerkmale mit der Folge ändern, dass der Arbeitnehmer nach der Tarifautomatik des TVöD in eine höhere Vergütungsgruppe eingruppiert ist.

Arbeitsplatzwechsel   BASISTEXT

Ein geplanter regelmäßiger Wechsel auf gleichwertige Stellen führt zu mehr Flexibilität in der Verwaltung und trägt zur Erhaltung der Innovationsfähigkeit und zu einem verbesserten Teamverständnis bei. Durch Rotation wird der sogenannten „Betriebsblindheit" entgegengewirkt. Die Beschäftigten lernen viele Arbeitsplätze der Verwaltung kennen und entwickeln die Fähigkeit, in größeren Zusammenhängen zu denken. Zugleich fördern sie ihr Überblickswissen über die Gesamtverwaltung.

Arbeitsplatzwechsel

ist die alle zwei oder drei Jahre zu einem bestimmten Zeitpunkt stattfindende **Rotation von Stelleninhabern** auf gleichwertigen Stellen.

Beispiel:
Drei Beschäftigte der Entgeltgruppe 6 TVöD, die im Ordnungswesen, der Personalverwaltung und im Sozialwesen tätig sind, tauschen nach drei Jahren gleicher Tätigkeit die Arbeitsplätze.

BASISTEXT   **Assessment-Center**

Auf Grund des permanenten technologischen und gesellschaftlichen Wandels sind Verwaltungen bestrebt, die bestmögliche Dienstleistung für die Bürger zu erbringen. Hierzu sind sie darauf angewiesen, für die Erfüllung ihrer Aufgaben und Erreichung ihrer Ziele Mitarbeiter auszuwählen, die diesem Streben am besten entsprechen. Zur Personalgewinnung gibt es verschiedene Auswahlmethoden. Eine Art des Personalauswahlverfahrens ist das **Assessment-Center** (AC).

Assessment-Center

ist ein **eignungsdiagnostisches Verfahren** zur qualifizierten Feststellung von Verhaltensleistungen.

Beispiel:

Nach der internen Ausschreibung einer Führungsaufgabe mit einem detaillierten Anforderungsprofil liegen fünf Bewerbungen von Beschäftigten vor, die eine gleich gute Leistungsbeurteilung vorweisen können. Das Assessment-Center soll feststellen, wer am besten geeignet ist.

Mit einem Assessment-Center werden Verhaltensleistungen bzw. Verhaltensdefizite festgestellt. Im Rahmen dieses Verfahrens müssen die Teilnehmer an einem bis zwei Tagen verschiedene praxisbezogene Aufgaben bewältigen. Sie werden dabei von einem Team besonders geschulter Personen beobachtet, die aus der Verwaltung kommen und bei dieser Aufgabe ggf. von externen Moderatoren unterstützt werden.

Ziel des AC ist die Feststellung überfachlicher Qualifikationen im Rahmen folgender Aufgabenstellung:

- **Bewerberanalyse**
  Für die Auswahl von Nachwuchskräften für verschiedenste Ausbildungsgänge werden häufig Eignungstests durchgeführt.

- **Potenzialanalyse**
  Getestet werden alle Sachbearbeiter bestimmter Entgeltgruppen, um festzustellen, welche besonderen Fähigkeiten vorhanden sind. Danach kann der Einsatz auf einzelnen Stellen optimiert werden.

- **Laufbahn- bzw. Karriereplanung**
  Es wird festgestellt, welche Personen für spätere Führungsaufgaben und welche für herausgehobene Sachbearbeiterpositionen geeignet sind.

- **Abgleich eines Stellenanforderungsprofils mit den Bewerbern**
  Im Rahmen einer aktuellen Stellenbesetzung wird versucht, den am besten Geeigneten herauszufinden.

Aufgabenstellungen in einem AC   ÜBERSICHT 31

Aufgabenart	Ziel der Aufgabe	Beurteilungskriterien
Leitungslose Gruppendiskussion	Kooperations- und Durchsetzungsverhalten feststellen	Kooperation, Flexibilität, Durchhaltevermögen, Beeinflussbarkeit
Postkorbübung (unter Zeitdruck ist ein Stapel Post zu sortieren und mit Erledigungsvermerken zu versehen).	Messung der Arbeitsorganisation und der Fähigkeit zum vernetzten Denken	Stressverhalten, Ausdauer, Entscheidungsverhalten, Planung
Rollenspiele	Verhalten im Umgang mit Bürgern, Kollegen und Vorgesetzten feststellen	Überzeugungskraft, Einfühlungsvermögen, Kontaktfähigkeit, Kritikfähigkeit
Präsentation eines Themas	Wirksamkeit nach außen feststellen	Vortragstechnik, Rhetorik, Fachkompetenz, Visualisierungstechnik

Das Assessment-Center-Verfahren ist zeitaufwändig und kostenintensiv. Es ist aber ein geeignetes Personalentwicklungsinstrument, um aktuelle Kompetenzen von Menschen einzuschätzen und eine Prognose über die zukünftige Entwicklung zu geben.

Beurteilungssystem   **BASISTEXT**

Der TVöD enthält anders als die beamtenrechtlichen Vorschriften keine Bestimmungen über die Beurteilung von Beschäftigten. Dennoch steht dem Arbeitgeber des öffentlichen Dienstes nach der Rechtsprechung des Bundesarbeitsgerichts ein **Beurteilungsrecht** gegenüber dem Beschäftigten zu. Durch dienstliche Beurteilungen erhält der Arbeitgeber ein Bild über die **Eignung**, **Befähigung** und **fachliche Leistung** seiner Beschäftigten unabhängig davon, ob es sich um Beamte oder Beschäftigte handelt. Die Beurteilungen haben damit Bedeutung für alle Personalentscheidungen, bei denen es auf die Leistungen des einzelnen Beschäftigten oder einen Vergleich der Leistungen von Beschäftigten gleicher Ebene (z. B. Entgeltgruppe) untereinander ankommt. Beurteilungen stellen damit Weichen für eine berufliche Entwicklung und liegen im berechtigten Interesse der Beschäftigten. Letztlich dient eine sachgerechte Beurteilung als Basis für die Erfüllung der Arbeitgeberverpflichtung, dem Arbeitnehmer ein Zeugnis (§ 35 TVöD) auszustellen.

Für die dienstliche Beurteilung haben die meisten Arbeitgeber **Beurteilungsrichtlinien** erlassen, die gleichermaßen für Beamte und Beschäftigte gelten. Die Personalvertretungen sind bei dem Erlass von Beurteilungsrichtlinien zu beteiligen. Die Beurteilungsrichtlinien sehen neben den **Bedarfsbeurteilungen** aus konkretem Anlass für einen Beschäftigten, z. B. für eine Höhergruppierung, auch sog. **Regelbeurteilungen** vor. Für die Regelbeurteilungen spricht, dass sie in regelmäßigen Abständen (3 bis 4 Jahre) alle Beschäftigten erfassen und den Beurteiler zu einem Stichtag zwingen, seine Mitarbeiter auch untereinander zu vergleichen. Durch die Regelbeurteilung erfahren die Beschäftigten außerdem, wie sie den an sie gestellten Anforderungen gerecht geworden sind. Danach kann jeder für die Zukunft sein Verhalten und seine Leistung ausrichten.

Der Arbeitgeber muss die dienstlichen Beurteilungen so erstellen, dass sie unter Abwägung der beiderseitigen Interessen ein möglichst **objektives Bild von der Person**, **ihrem Verhalten** und **ihrer Leistung** ergeben. Auch ungünstige Beurteilungen sind zu den Personalakten zu nehmen. Sie bieten ggf. Anlass zu arbeitsrechtlichen Maßnahmen, wenn die Leistung nicht den Anforderungen entspricht. Liegt die Schlechtleistung im Verhalten des Beschäftigten, kann sich aus der Beurteilung die Konsequenz ergeben, dass er mittels einer Abmahnung aufgefordert wird, seine Leistung zu steigern.
Nach der Rechtsprechung des Bundesarbeitsgerichtes ist es selbstverständliche Pflicht des Beurteilenden, seine Bewertung dem Beurteilten zu erläutern und zu begründen. Bei der Besprechung der Beurteilung hat der Beurteilte das Recht, die Gründe zu erfahren, die für seine Beurteilung maßgebend waren. Die Beurteilung und das regelmäßige Mitarbeitergespräch bilden letztlich auch die Grundlage für das **Zeugnis**.

Beurteilungen

bewerten das dienstliche Verhalten (**Führung**) und die Arbeitsergebnisse (**Leistung**), die Beschäftigte bei der Bewältigung der ihnen übertragenen Aufgaben auf ihrem bisherigen Arbeitsplatz erbracht haben.

Beispiel:
Der Sachbearbeiter wird vom Fachbereichsleiter beurteilt, der wiederum von der Bürgermeisterin beurteilt wird.

ÜBUNG 49

1. Legen Sie dar, welche Beurteilungen Sie im Rahmen Ihrer Ausbildung bisher erhalten haben.
2. Überlegen Sie, welchem Zweck die Beurteilungen in der Ausbildung dienen.
3. Stellen Sie dar, welche Erwartungen Sie an den Arbeitgeber haben, wenn Sie gut beurteilt wurden.

Lösung:

Leistungsmerkmale einer Beurteilung ÜBERSICHT 32

Leistungsmerkmal	Inhalt
Fach- und Praxiskenntnisse	Wie umfangreich in Breite und Tiefe ist das vorhandene fachliche Wissen am Arbeitsplatz?
Entscheidungsfähigkeit	Wie rasch und zweckmäßig werden eigenständig Entscheidungen getroffen?
Zusammenarbeit, Offenheit, Ehrlichkeit	Wie groß ist die Bereitschaft zur Zusammenarbeit? Wird über Arbeitsabläufe, Arbeitsergebnisse und sonstige wichtige Umstände informiert? Wie wird das Betriebsklima beeinflusst?
Fleiß, Arbeitstempo, Zuverlässigkeit	Werden Arbeitsergebnisse mit einem angemessenen, über- oder unterdurchschnittlichen Zeitaufwand erzielt? Wie zuverlässig und mit welchem Engagement werden Aufgaben ausgeführt?
Qualität und Güte der Arbeitsergebnisse	Sind die Arbeitsergebnisse in der Praxis verwertbar? Wie gut und brauchbar sind die Arbeitsergebnisse in Qualität und Güte?
Belastbarkeit	Wird der Belastung durch Zeitdruck, wechselnde sowie schwierige Arbeitssituationen auch auf längere Dauer standgehalten?

FALL 25   **Mut zum Assessment**
Im Mai 2015 liest die nunmehr 23-jährige **Susanne Knoop** folgende Ausschreibung:

Steuerungsunterstützung   15.05.2014

Im Dezember 2017 werden zwei Mitarbeiter des gehobenen Dienstes aus Altersgründen ausscheiden. Es handelt sich um folgende Dienstposten:

- Fachbereichsleitung Ordnungswesen, Entgeltgruppe 9 TVöD
- Pressesprecher/in der Bürgermeisterin, Entgeltgruppe 10 TVöD

Im Rahmen unseres Personalentwicklungskonzeptes wollen wir jungen Nachwuchskräften Karrierechancen eröffnen. Um die Potenziale unserer Verwaltung zu erkennen und die Fähigkeiten für die Auswahlverfahren zur Besetzung der o. a. Stellen in den nächsten zwei Jahren zu entwickeln, wollen wir ein Assessment-Center durchführen.

Angestellte der Entgeltgruppe 6 bis 8 TVöD können sich dafür bei der Steuerungsunterstützung bewerben.

Aufgaben: 1. Legen Sie dar, was ein Assessment-Center ist.
                   2. Überlegen Sie, welche Aufgabenart des AC für die einzelnen Stellen jeweils besonders geeignet sind.
                   3. Ermitteln sie, welche persönlichen Voraussetzungen Frau Knoop noch erfüllen muss, um später einen Arbeitsvertrag nach der Entgeltgruppe 9 oder Entgeltgruppe 10 TVöD zu erhalten.

Lösung:

Glossar

Abmahnung

ist eine schriftliche oder mündliche Rüge einer schuldhaften Pflichtverletzung mit Hinweis auf arbeitsrechtliche Konsequenzen (Kündigung) bei erneuter Pflichtverletzung.

Änderungskündigung

ist die Kündigung des Arbeitsverhältnisses mit dem gleichzeitigen Angebot, das Arbeitsverhältnis unter anderen Arbeitsbedingungen fortzusetzen.

Anforderungsprofil

beschreibt die Qualifikationen und Fähigkeiten, die zur Ausführung einer Aufgabe oder zur Erfüllung einer Stellenbeschreibung erforderlich sind.

Arbeitgeber

ist jede natürliche bzw. juristische Person, die wenigstens einen anderen als Arbeitnehmer beschäftigt.

Arbeitnehmer

sind Personen, die auf Grund eines privatrechtlichen Vertrages unselbstständige Dienstleistungen für einen anderen erbringen.

Arbeitsplatzanreicherung

ist die Übertragung anspruchsvollerer Aufgaben oder die Übertragung von mehr Verantwortung.

Arbeitsplatzwechsel

ist die alle zwei oder drei Jahre zu einem bestimmten Zeitpunkt stattfindende Rotation von Stelleninhabern auf gleichwertigen Stellen.

Arbeitsunfähig

im arbeitsrechtlichen Sinne ist, wer auf Grund von Krankheit seine ausgeübte Tätigkeit nicht mehr oder nur unter der Gefahr der Verschlimmerung der Erkrankung ausführen kann.

Arbeitsvertrag

ist ein schuldrechtlicher Vertrag, der durch zwei übereinstimmende Willenserklärungen der Vertragsparteien zustande kommt (§§ 145 ff. BGB) und durch den sich der Arbeitnehmer zur Leistung von Diensten unter Leitung und nach Weisung des Arbeitgebers, der Arbeitgeber zur Zahlung der vereinbarten Vergütung verpflichtet.

Assessment-Center

ist ein eignungsdiagnostisches Verfahren zur qualifizierten Feststellung von Verhaltensleistungen.

Ausbildung

ist die systematische Qualifizierung von Nachwuchskräften für einen Beruf.

Ausschlussfrist

Die Ausschlussfrist bestimmt den Zeitraum, nach dessen Ablauf ein Anspruch auf Leistungen aus dem Arbeitsverhältnis erlischt, wenn der Anspruch nicht geltend gemacht wird.

Außerordentliche Kündigung

ist eine einseitige fristlose Aufhebung eines Arbeitsverhältnisses aus wichtigem Grund.

Ausübung

Eine höherwertige Tätigkeit wird ausgeübt, wenn und solange der Beschäftigte die übertragene Arbeitstätigkeit tatsächlich wahrnimmt. Die Zeit eines Nichttätigwerdens, beispielsweise wegen Krankheit oder Urlaub, ist eine Unterbrechung und insoweit schädlich, als der Zeitpunkt des Ablaufs der Monatsfrist hinausgeschoben wird. Arbeitsfreie Wochenenden hingegen zählen dazu.

Beschäftigungszeit

ist die bei demselben Arbeitgeber in einem Arbeitsverhältnis verbrachte Zeit. Bei einem unmittelbaren Wechsel von einem Arbeitgeber, der den TVöD anwendet bzw. von einem anderen öffentlich-rechtlichen Arbeitgeber werden diese verbrachten Zeiten ebenfalls als Beschäftigungszeit bei dem neuen Arbeitgeber angerechnet.

Betriebsbedingte Kündigung

ist die einseitige fristgemäße Auflösung eines Arbeitsverhältnisses durch den Arbeitgeber wegen veränderter Arbeitsmenge auf Grund inner- oder außerbetrieblicher Ursachen.

Beurteilungen

bewerten das dienstliche Verhalten (Führung) und die Arbeitsergebnisse (Leistung), die Beschäftigte bei der Bewältigung der ihnen übertragenen Aufgaben auf ihrem bisherigen Arbeitsplatz erbracht haben.

Beurteilungsrichtlinien

sind sämtliche allgemeinen Regelungen einer Verwaltung, die Beurteilungskriterien schaffen und die Bewertungsmethode im Hinblick auf die Objektivierung der Beurteilung zur Gewährleistung des Gleichheitssatzes im Einzelnen festlegt.

Dringende betriebliche Gründe

liegen vor, wenn ohne die Verschiebung des Urlaubs der ordnungsgemäße Betriebsablauf beeinträchtigt ist.

Durchschnittsleistung

ist die Leistung, die von einem geeigneten, geübten und eingearbeiteten Stelleninhaber mit ordnungsgemäßen Arbeitsmitteln und in zweckmäßigem Arbeitsablauf unter Wahrung der Arbeitssicherheit ohne Gesundheitsschädigung auf Dauer unter Aufwendung aller geistigen und körperlichen Fähigkeiten im Durchschnitt erreicht und erwartet werden kann.

Einschlägige Berufserfahrung

liegt vor, wenn die bisherigen Tätigkeiten im Wesentlichen identisch mit dem Berufsbild bei dem neuen öffentlichen Arbeitgeber sind. Es reicht nicht irgendeine Berufserfahrung, auch keine branchenübliche Berufserfahrung.

Entgelt im Krankheitsfall

ist im öffentlichen Dienst der Oberbegriff für Entgeltfortzahlung und Krankengeldzuschuss.

Erfolgsprämie

ist eine Zahlung, die in Abhängigkeit von einem zuvor definierten wirtschaftlichen Erfolg einer Verwaltung oder eines Betriebes zusätzlich zum Leistungstopf gewährt werden kann.

Erholungsurlaub

ist die zum Zwecke der Erholung erfolgte zeitweise Freistellung des Arbeitnehmers von der ihm nach dem Arbeitsvertrag obliegenden Arbeitspflicht durch den Arbeitgeber unter Fortzahlung der Vergütung, um ihm Gelegenheit zur selbst bestimmten Erholung zu geben.

Flexible Arbeitszeiten

zeichnen sich dadurch aus, dass ein Arbeitszeitsystem besteht, das von einer starren und gleichförmigen Ausgestaltung der Arbeitszeit abweicht, um unter Berücksichtigung von Mitarbeiterbelangen phasenweise schwankenden Arbeitsanfall zu bewältigen oder die Arbeitszeit kurzfristig an unvorhergesehene Ereignisse anzupassen.

Fortbildung

ist die einmalige oder laufende Aktualisierung der fachlichen oder der überfachlichen Qualifikationen der Beschäftigten in der Verwaltung.

Führung

ist das Verhalten im Dienst gegenüber Vorgesetzten, Kollegen und Bürgern wie auch gegenüber nachgeordneten Mitarbeitern sowie Beachtung der betrieblichen Ordnung.

Höherwertige Tätigkeit

Höherwertig ist eine Tätigkeit, wenn sie den Tätigkeitsmerkmalen einer höheren Entgeltgruppe entspricht.

In der Person des Arbeitnehmers liegende Gründe

sind dann gegeben, wenn der Arbeitnehmer wegen Arbeitsunfähigkeit seinen Urlaub nicht rechtzeitig antreten konnte.

Krankengeldzuschuss

ist die Differenz zwischen den tatsächlichen Barleistungen der Krankenkasse und dem Nettoentgelt des Beschäftigten.

Krankheit

im medizinischen Sinne ist jeder regelwidrige körperliche oder geistige Zustand, der durch eine ambulante oder stationäre ärztliche Heilbehandlung grundsätzlich behebbar erscheint.

Kündigung

ist eine empfangsbedürftige Willenserklärung, die ein zwischen den Vertragspartnern bestehendes Rechtsverhältnis für die Zukunft beenden soll, sei es mit sofortiger Wirkung (außerordentliche Kündigung) oder sei es unter Einhaltung einer gebotenen Kündigungsfrist (ordentliche Kündigung).

Leistung

ist die im Dienst erbrachte Gesamtheit der Arbeitsergebnisse.

Leistungsprämie

ist eine grundsätzlich einmalige Zahlung, die nachträglich auf Grundlage einer Zielvereinbarung oder einer systematischen Leistungsbewertung als Belohnung für ein erreichtes Ziel oder die Erreichung eines Leistungsmaßstabes gezahlt wird.

Leistungszulage

ist eine zeitlich befristete, widerrufliche, in der Regel monatlich wiederkehrende Zahlung in Erwartung der Erreichung eines Zieles oder eines vorher definierten Leistungsmaßstabes.

Mitarbeitergespräch

ist ein von der Tagesarbeit losgelöster regelmäßiger (meist einmal jährlich) stattfindender persönlicher Austausch zwischen einem Mitarbeiter mit seinem unmittelbaren Vorgesetzten mit dem Ziel, die Zusammenarbeit zu verbessern und das gegenseitige Handeln auf die Ziele der Organisation auszurichten.

Nebenabreden

sind schriftliche Vereinbarungen über Leistungen, die tariflich vorgesehen oder zulässig sind oder in denen von gesetzlichen oder tariflichen Vorschriften zugunsten des Arbeitnehmers abgewichen werden soll.

Nebentätigkeit

ist jede Tätigkeit, die der Arbeitnehmer außerhalb seines Hauptarbeitsverhältnisses ausübt.

Ordentliche Kündigung

ist die einseitige Aufhebung eines Arbeitsverhältnisses unter Beachtung der gesetzlichen, tarifvertraglichen oder einzelarbeitsvertraglich vereinbarten Kündigungsfrist.

Persönliche Zulage

ist ein zusätzliches Entgelt, auf das der Beschäftigte unter den Voraussetzungen des § 14 Abs. 1 TVöD einen Anspruch hat.

Personalentwicklung

bedeutet, fortdauernd und systematisch Prozesse zu gestalten, die es ermöglichen, die Fähigkeiten der Beschäftigten, ihr Lern- und Leistungspotenzial, zu erkennen, zu erhalten und verwendungs- und zukunftsorientiert zu fördern, um die effiziente Aufgabenerledigung sicherzustellen, die Ziele der Kommunalverwaltung zu erreichen und die Motivation der Beschäftigten zu stärken.

Personalgestellung

ist – unter Fortsetzung des bestehenden Arbeitsverhältnisses – die auf Dauer angelegte Beschäftigung bei einem Dritten.

Personalplanung

bedeutet systematisch erarbeitete und festgelegte Überlegungen in Form der Planung des Personalbedarfs, der Personalbeschaffung, der Personalentwicklung, des Personaleinsatzes und der Personalkosten.

Personenbedingte Gründe

sind solche Umstände, die auf einer in den persönlichen Verhältnissen oder Eigenschaften des Arbeitnehmers liegenden "Störquelle" beruhen.

Qualitätszirkel

sind Mitarbeitergruppen der gleichen Hierarchieebene mit gleichen Aufgaben, die in regelmäßigen Abständen zusammentreffen, um Probleme des eigenen Arbeitsbereiches zu diskutieren und Lösungsvorschläge zu erarbeiten.

Sonderauftrag

ist eine in sich abgeschlossene Aufgabe, die innerhalb einer bestimmten Zeit zu erfüllen und danach beendet ist.

Systematische Leistungsbewertung

ist ein unabhängig von der Zustimmung des Beschäftigten mit der Personalvertretung vereinbartes betriebliches System zur Feststellung erbrachter Leistungen von Beschäftigten durch den Vorgesetzten nach möglichst messbaren oder anderweitig objektivierbaren Kriterien.

Tarifverträge

sind Vereinbarungen, die auf Grund des Tarifvertragsgesetzes zwischen Arbeitnehmer- und Arbeitgeberverbänden oder einem einzelnen Arbeitgeber geschlossen werden.

Übertragung

Eine vorübergehende Übertragung erfolgt dadurch, dass der Arbeitgeber kraft seines Direktionsrechtes gegenüber dem Beschäftigten anordnet, dass er vorübergehend eine andere Tätigkeit ausüben soll.

Verhaltensbedingte Kündigung

ist die einseitige fristgemäße Aufhebung eines Arbeitsverhältnisses durch den Arbeitgeber auf Grund eines vertragswidrigen Verhaltens des Arbeitnehmers.

Verschulden der Arbeitsunfähigkeit

liegt dann vor, wenn die Arbeitsunfähigkeit vorsätzlich oder grob fahrlässig herbeigeführt wurde. Die Arbeitsunfähigkeit ist dann vorsätzlich herbeigeführt, wenn der Beschäftigte den Sachverhalt, der die Krankheit bewirkt, mit Wissen und Wollen verwirklicht hat.
Grob fahrlässig hat sich der Beschäftigte die Arbeitsunfähigkeit dann zugezogen, wenn er voraussehbar und vermeidbar den Sachverhalt verwirklicht hat, der die Krankheit zur Folge hat, und dabei einen groben Verstoß gegen das von einem verständigen Menschen im eigenen Interesse zu erwartende bzw. gebotene Verhalten begangen hat.

Vorübergehend Übertragung

Die Übertragung einer höherwertigen Tätigkeit ist nur dann vorübergehend, wenn die wahrzunehmende Tätigkeit keine Daueraufgabe darstellt oder der bisherige Arbeitsplatzinhaber vorübergehend abwesend ist oder sonstige berechtigte Interessen des Arbeitgebers einer sofortigen Übertragung der Tätigkeit auf Dauer entgegenstehen.

Wichtiger Grund

Ein wichtiger Grund zur außerordentlichen Kündigung ist dann gegeben, wenn Tatsachen vorliegen, auf Grund derer dem Kündigenden unter Berücksichtigung aller Umstände des Einzelfalls und unter Abwägung der Interessen beider Vertragsteile die Fortsetzung des Arbeitsverhältnisses bis zum Ablauf der Kündigungsfrist nicht zugemutet werden kann (§ 626 Abs. 1 BGB).

Zielvereinbarung

ist eine freiwillige individuelle Vereinbarung für einen bestimmten Zeitraum zwischen dem Beschäftigten und seinem Vorgesetzten über ein angestrebtes Ergebnis auf der Basis verwaltungsstrategischer Ziele mit einer Anpassungsmöglichkeit bei geänderten Rahmenbedingungen. Weigert sich der Beschäftigte, eine Zielvereinbarung abzuschließen, kann er kein Leistungsentgelt erhalten.

Zuweisung

ist – unter Fortsetzung des bestehenden Arbeitsverhältnisses – die vorübergehende Beschäftigung bei einem Dritten im In- und Ausland, bei dem der allgemeine Teil des TVöD nicht zur Anwendung kommt.

Stichwortverzeichnis

Gesellschaft für angewandte Personalwissenschaften e. V.

G^aP

Beratung
Training
Wissenstransfer

G^aP-Vertrieb Birkholz
Hühnerberg 18
29229 Celle

Telefon:	05086 955636
Telefax:	05086 955638
E-Mail:	birkholz@gap-verlag.de
Infos:	www.gap-verlag.de

Bestellung:
Lehrgangsstärke (Studiengruppe - mind. 15 Exemplare)
Für Besteller ein Lernbuch und ein Materialband kostenfrei. Alle Preise incl. Porto, Verpackung.

Ich bestelle gegen Rechnung folgende Titel:

Anzahl	Buch	Einzelpreis [1]
	Arbeitsrecht, Birkholz/Pinski/Ropeter 5. Auflage 2011	**16,80 EUR**
	Verwaltungsrecht, Barthel/Ropeter/Weidemann 2. Auflage 2004	**16,80 EUR**
	Rechtsanwendung, Niederlag/Ropeter 3. Auflage 2010	**18,80 EUR**
	Privatrecht, Pinski 4. Auflage 2010	**18,80 EUR**
	Sozialrecht, von Ostrowski/Prieß 1. Auflage 2009	**18,80 EUR**
	Staats- und Europarecht, Pinski/Malbrich/Seybold 1. Auflage 2010	**18,80 EUR**

	Wissenschaftliches Arbeiten, Niederlag/Ropeter 4. Auflage 2010 **(auch Einzelbestellung möglich)**	**14,80 EUR**
	Gesamtpreis	

Vorname, Name ....

Straße, Haus-Nr. ....

PLZ, Ort ....

Telefon/ Telefax ....

E-Mail ....

Datum/Unterschrift ....

Bankverbindung: Konto 711 54 300, Volksbank Solling eG (BLZ 262 616 93)

[1] Mengenpreise ab 40 Ex. siehe www.gap-verlag.de

Gesellschaft für angewandte Personalwissenschaften e. V.

Am Herrenberg 11
37181 Hardegsen
Telefon: 05505 999965
Infos: www.gap-verlag.de

Die praktische Prüfung der Verwaltungsfachangestellten

Mit der Neuordnung des Ausbildungsberufes der Verwaltungsfachangestellten wurde an Stelle der mündlichen Prüfung als neue Prüfungsform die **praktische Prüfung** eingeführt. Das Praxishandbuch enthält **zahlreiche Anregungen, Illustrationen und Beispiele** für die **Gestaltung der praktischen Prüfung** und gibt Antworten auf Fragen, die mit ihrer Durchführung und mit der **Vorbereitung der Prüfer und Prüflinge** verbunden sind.

Aus dem Inhalt:

➢ Einführung in die Grundlagen – Prüflingsziele
➢ Aufgabenerstellung – Prüfungsgespräch
➢ Aktiver Prüfer – Prüfling – Beurteilung
➢ Vorbereitung der Prüfer und Prüflinge
➢ Prüfungsorganisation
➢ Prüfungsaufgaben mit Lösungen
➢ Beurteilungsbogen mit Erläuterungen

Fax-Bestellschein – 05505 999966

Bitte liefern Sie mir folgende Bücher:

Anzahl	Titel	Einzelpreis
	Gerhard Ropeter, Die praktische Prüfung der Verwaltungs- fachangestellten – Praxishandbuch für Ausbilder, Lehrer, Prüfer und Prüflinge 1. Auflage 2002	**24,00 EUR**[1]
	Gerhard Ropeter, Die berufspraktische Ausbildung der Verwal- tungsfachangestellten – Ein neues Konzept und seine Umsetzung, Tagungsband 2001	**20,00 EUR**
	(jeweils zzgl. Versandkosten) **Gesamtpreis**	

Absender ....

....

....

Fax/ E-Mail ....

Datum/ Unterschrift ....

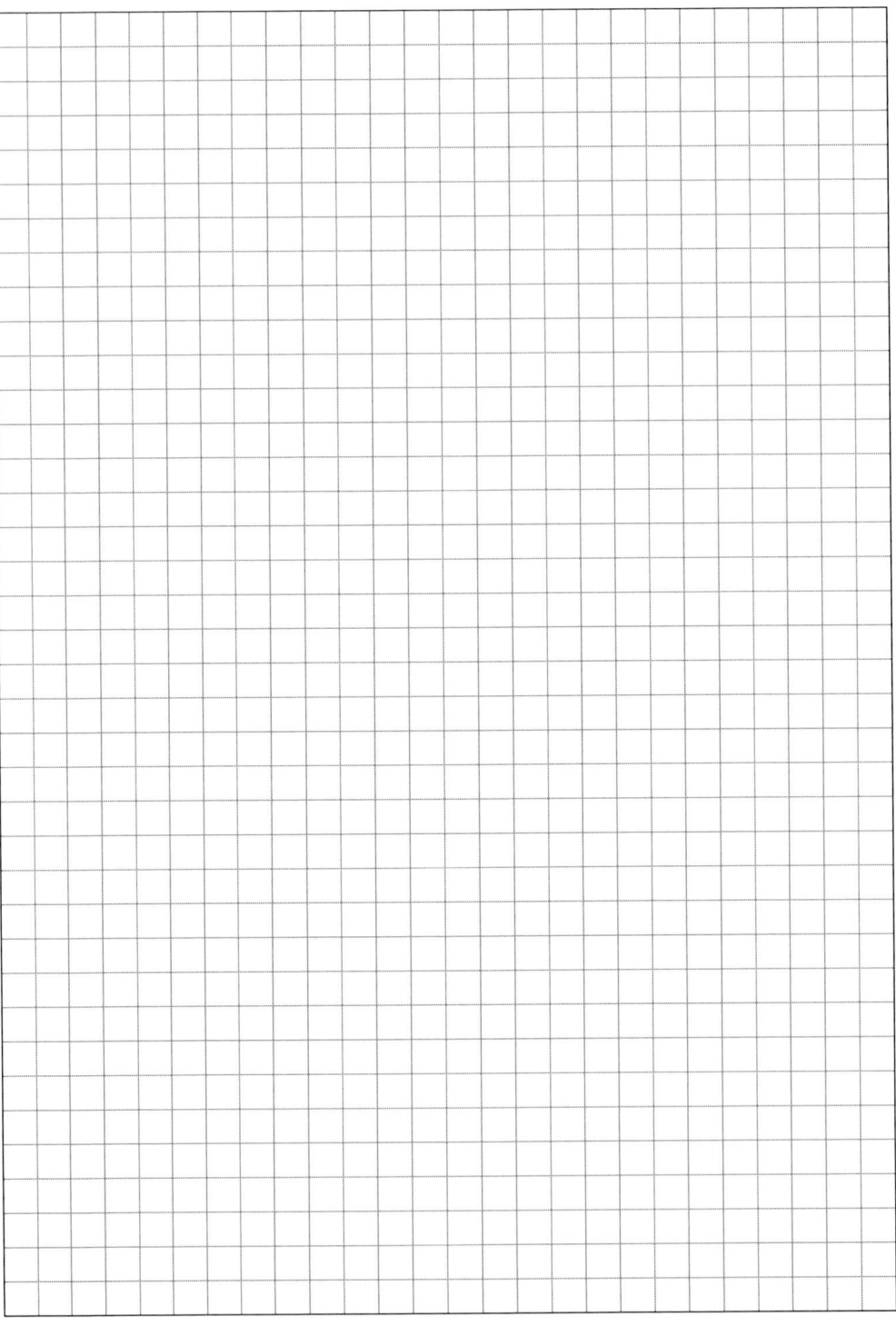

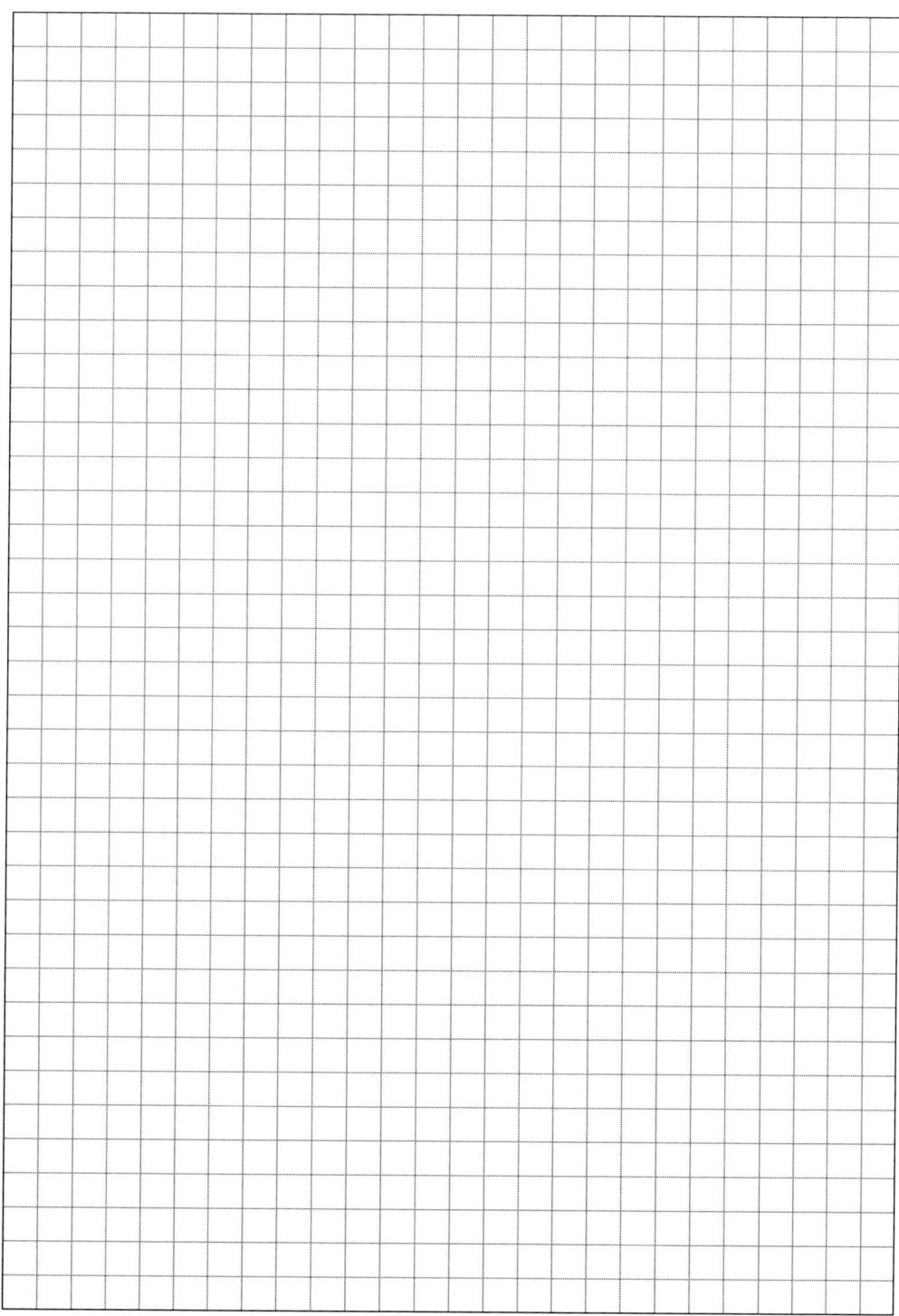

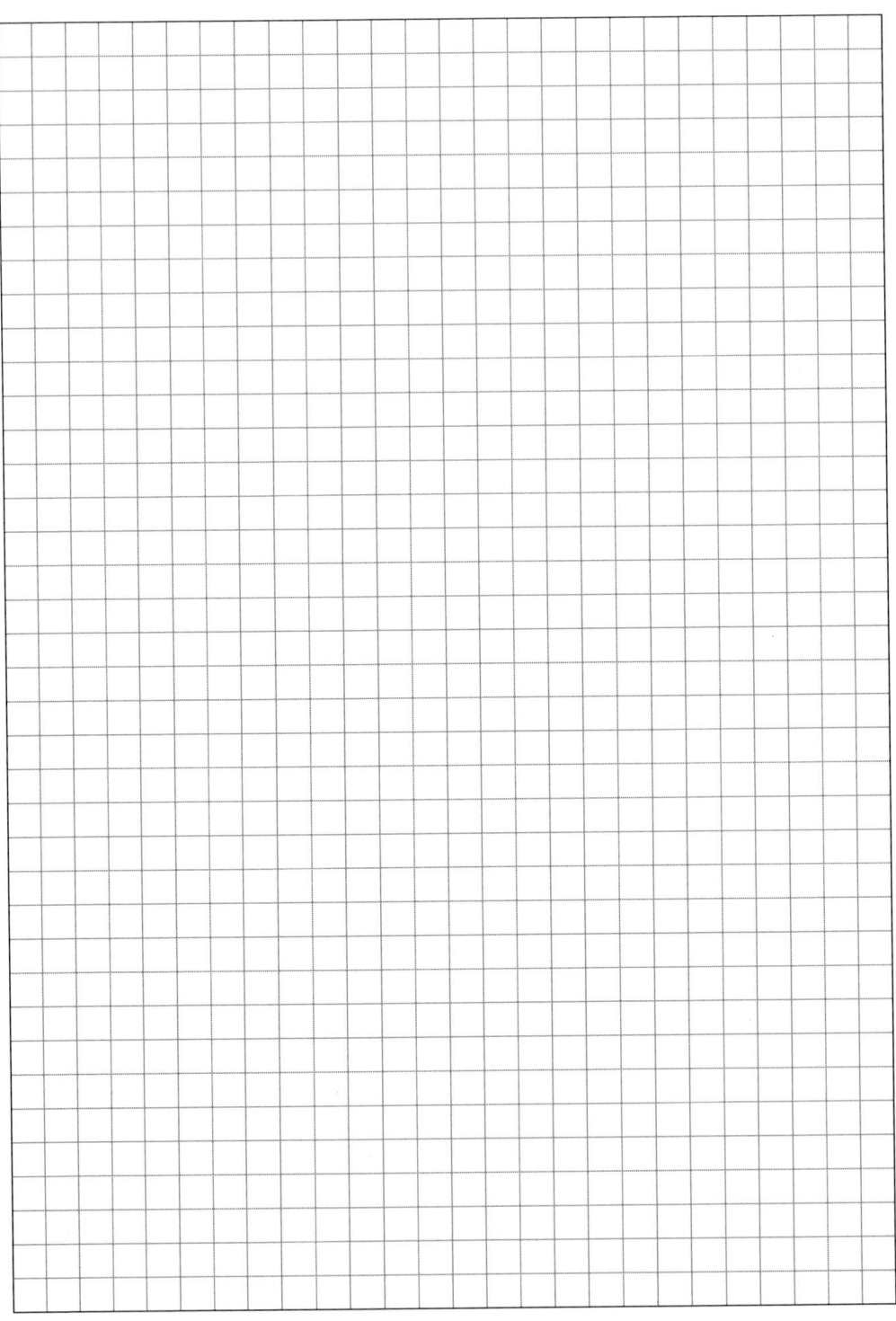